幽靈再現

馬克思及其主義的前世今生

幽靈顯現在天邊，但又似乎近在眼前，尋找馬克思，也就是尋找自己。

陳家琪 著

目　次

一個幽靈，在世界各地徘徊……

　　哲學把無產階級當作自己的物質武器，同樣地，無產階級也把哲學當作自己的精神武器。

——卡爾・馬克思。《黑格爾法哲學批判導言》。

> 一個幽靈，共產主義的幽靈，在歐洲徘徊。舊歐洲的一切勢力，
> 教皇和沙皇、梅特涅和基佐、法國的激進黨人和德國的警察，
> 都為驅除這個幽靈而結成了神聖同盟。

這是馬克思和恩格斯寫在《共產黨宣言》開首的一段最為著名的話。

到今年，2008 年，這已是整整 160 年前的事了，《共產黨宣言》1848 年 2 月第一次以單行本形式在倫敦出版。

「為驅除這個幽靈而結成的神聖同盟」還在，自然，幽靈也還在，不僅在歐洲，而且已經遊蕩到世界的各個角落。

遊蕩就是出沒不定，幽靈（德語 gespenst，英語 spectre）就是無法擺脫的顯現。

顯現（to appear）的只能是現象（appearance），人們有理由認為「現象」並不是本質，也不真實，就如太陽總是從東方升起一樣給我們以假像（「太陽從東方升起」真是一個錯誤的顯現嗎？）但我們又只能說這就是我們所看到的真實，康德也承認，為我們的知識提供「質料」的，也只能是「現象」。克羅齊曾在一個地方說過：「再美的女人在顯微鏡下也不會是美的。」我們到底是相信借助於顯微鏡的眼睛還是相信我們自己生來就有的眼睛？「生來就有的眼睛」也並非就生來能辨別人的美醜，那麼馬克思在今天的「顯現」對我們來說到底意味著什麼：是借助於顯微鏡的，還是自己本來就有的；是一直就這樣覺得是「美」的，還是後來才發覺了他的「美」？

這其實是一個無可回避的重大的理論問題：我們如何理解「幽靈本身」與「幽靈的顯現」？更具體一點說，發生在蘇聯、東歐、中國以及所有號稱以馬克思主義為指導思想的國家或地區的一切，是否都只能理解為「共產主義或馬克思主義幽靈」的「顯現」而不是這種學說的「本身」？我們一次又一次地「正本清源」，難道不就是想回到「本身」嗎？「事物」或「幽靈」真有本身嗎？

漢娜・阿倫特在《精神生活・思維》[1]的一開始就說，存在和顯現同時發生；所有一切的東西，無論人造的還是自然的，也無論是死去的還是活著的，其共同特點就是顯現。

「顯現」總是某個「東西」的顯現，所「顯現」的既可能指的是人，也可能指的是一種學說，如馬克思主義；但無論是馬克思這個人還是馬克思主義作為一個人及其主義所顯現出來的「東西」（方面）簡直太多、太豐富了，幾乎可以說每個人所看到的馬克思、所理解的馬克思主義都不一樣。那麼，我們探究的是所有這些「顯現」後面的那個人及其學說作為「顯現」的本質或本來面目，還是問所有這些顯現對今天的我們到底意味著什麼？前者就是傳統的認識論、本質論、正本清源論、真理論的思路，相信「顯現」的那個「東西」（自在之物）才最根本，最重要；後者則以「意義」問題取代了「存在」的本質、真理問題，因為存在與顯現是同時發生的，而顯現，就問的是顯現的意義，就如我們談及語言，只能討論語言在表達中的意義而不是在其能指與所指（更何況我們通常將其所指理解為某種客觀實在）的關係中論辯其真假對錯一樣。

當然，就對馬克思這個具體的人（而不僅僅只是一個符號化了的人物）來說，我們還是想努力把這兩個方面的探究結合起來；因為我們還相信「真實」，哪怕就只是意義的真實。

這裏的「真實」最好理解為一種「客觀性」，也就是說，我們相信馬克思及其學說具有一種客觀性。馬克思這個人曾存在過，這沒有誰懷疑；但馬克思的學說，或者說，一套符號體系（馬克思主義在某種意義上當然是一套符號體系），一種觀念性的學說或意義在什麼意義上可以說具有著某種客觀性，就又不是一個簡單的問題了。

此外，「顯現」還必須以一個旁觀者為前提，或者說，以人的意識活動為前提（這正是現象學的出發點），「換句話說，在顯現的時候，任何東西都不是單獨顯現的；任何存在的東西都必然被某人感知」——

---

[1]　江蘇教育出版社 2006 年版。

一當然不會只是某個人，而是眾多的人（但誰也不敢擔保所顯現的東西就是一樣的，這也就是哲學的難點之所在）；而且，幽靈的顯現，也只對那些有意去觀察、去尋找，並在尋找中想「重現」或「再現」它的「原貌」的人來說才是一個現實的問題。所以「顯現」在任何情況下一旦變成了意識中的「顯現」，就只能是一種「再生產」或「再創造」式的「顯現」。呈現在意識中的「顯現」從來不可能原封不變地與原物一模一樣。在人的意識活動中，被顯現的往往倒是那些被自己所想像出來的「現象」。

所以，為了維護客觀性，我們不得不把意識中的「顯現」與意識之外的「原物」對立起來，不得不採取一種主客對立的二元論立場。這一點，又決定性地給予了我們一種對科學的理解，決定了我們對處理「表像」的技術性手段（工具理性）的迷信。所有這些，都與所謂的「現代性危機」有關（詳後）。

一切與歷史，也就是與「死去」了的人與事打交道的人，都在從事著這樣一種「尋找」的工作（「尋找」本身就只是一種思維的工作，其中不乏想像──儘管對回憶與想像也要做盡可能深入的分析，這是誰都免不了的）；尋找「事物」（或人）在意識中的顯現方式。所以從根本上說，這種「尋找」就是一種現象學意義上的「尋找」，在自身意識活動的顯現中的「直觀」與「描述」──自然是一種包含著分析的描述，因為現象學的本來意圖就在於克服傳統的主客二元論。

我希望一開始，我們就能意識到任何對「馬克思及其學說」的探討都面臨著一個困難的哲學問題：這就是我們是否相信存在著一個本來意義上的、作為「原物」的「馬克思及其主義」，以及我們如何才能處理意識中的「顯現」與作為「顯現者」的「原物」之間的關係；我們如何才能以現代哲學（這倒並不是因為「現代哲學」就正確，而是因為我們生活在現代，而且接受了現代哲學的思維訓練）的眼光去理解馬克思，並將其學說與啟蒙運動以來的哲學趨向聯繫在一起加以思考；看馬克思是如何承續並試圖在反叛傳統哲學的過程中為新時代的

哲學思維提供另一種不同於現象學（現象學所處理的就是有關意識現象即我們所說的顯現問題）的可能的——現象學自然可以毫無疑義地被劃歸為哲學唯心論的範疇，而馬克思當然不是一個哲學唯心論者。

應該承認，當我在鍵盤上打出「尋找馬克思」這幾個字時，首先使我聯想到的，卻是尼采在《快樂的科學》第125節中所告訴給我們的那個有關「瘋子」的故事：

> 你們是否聽說過有個瘋子，他在大白天手提燈籠，跑到市場上，一個勁兒呼喊：「我要尋找上帝！我要尋找上帝！」那裏恰巧聚集著一群不信上帝的人，於是他招來一陣哄笑。
>
> 其中一個問：「上帝失蹤了嗎？」另一個問：「上帝像小孩一樣迷路了嗎？或者躲起來了？他害怕我們了？乘船走了？流亡了？」那撥人就這樣又嚷又笑，亂作一團。
>
> 瘋子躍入他們之中，瞪著兩眼，死死盯著他們看，喊道：「上帝哪兒去了？讓我告訴你們吧！是我們把他殺了！是你們和我殺的！咱們大夥兒都是兇手！」
>
> 瘋子說到這裏打住了，他舉目望聽眾，聽眾默然，異樣地瞧他。終於，他把燈籠摔在地上，燈破火熄，繼而又說：「我來的太早了，來得不是時候，這件驚人的大事還在半途上走著哩。雷電需要時間，星球需要時間，凡大事都需要時間。即使完成大事，人們聽到和看到大事也需要假以時日。這件大事還遠著呢，比最遠的星球還遠，但是，總有一天會大功告成的！」[2]

什麼叫「我來的太早了」？是說上帝來的太早了，還是說上帝之死來得太早，或者，是說「他」（瘋子）宣佈這件事宣佈得太早？

---

[2] 尼采：《快樂的科學》，黃明嘉譯，中央編譯出版社1999年版。

什麼叫「凡大事都需要時間」？「這件大事還早著呢」，是說上帝之死這件大事還早著呢嗎？不是說「是我們把他殺了嗎？」怎麼又「還早著呢」？

也許正因為一切都含混不清，所以才讓人在朦朧中感受到某種恐懼，某種大事即將到來的感覺。

「總有一天會大功告成的」，什麼「大功」？上帝到來還是殺死上帝？

「咱們大夥兒都是兇手！」

「兇手」，這個重大的、殘酷的、血腥的字眼，什麼時候也會如「專政」一樣變得具體而清晰（詳後）？

當我們把「兇手」、「死亡」、「大功」、「太早」這些字眼聯繫在一起時，難道不會使「尋找」二字變得有些過於「恐怖」和「危險」了嗎？

然而我們必須「尋找」，哪怕就是承認自己是「兇手」，這幾乎成了我們的一種宿命；一種千百萬人在充當「兇手」的同時又被「殺死」，一種在時代的錯位中感到既來得太早，又似乎還很遙遠的宿命。

但為什麼非要尋找？

為什麼？

可有人這樣問過「瘋子」？

「瘋子」是否這樣問過自己？

有關「上帝死了，是你們和我一起殺死了他」的話題，一直以來就被認為是尼采這個「瘋子」在其一生中所說出的最震撼人心的一句話，而且也被視為是尼采哲學的一個核心觀念，是對所謂「現代性問題」或「現代性危機」的集中表述；與這一核心觀念緊密相連的，就有了海德格爾在他那厚厚的兩大本《尼采》中所概括出的「強力意志」、「永恆輪迴」、「超人」、「虛無主義」這樣幾個問題；有人說，當尼采說出「上帝死了」的時候，說明他心中總迴響著與之相關的另外幾句話，比如「所以我才是歐洲最早、最傑出的虛無主義者」，「所以說明我總是如臨深淵」等等，當然，也有更多的人據此認為尼采以這句話表明了他與歐洲文化傳統的徹底決裂，表明「他要譴責道德，放棄

理性與人文精神；他視真理為無所不包的謊言；迄今為止的哲學都是自欺欺人的，基督教是被遺棄者、弱者、無能者的勝利」等等。當然，這一切同時說明「文化」（的建構與欺騙）在他那裏已經上升為一個關鍵問題，其核心就與上帝有關。上帝死了，這種文化也就應該死了。

對我們中國人來說，1919 年的「五四運動」提出「打倒孔家店」也具有著「上帝死了」的意味，因為孔子就曾是我們中國人的上帝。

在《查拉圖斯特拉如是說》的「序篇」中，尼采還多次提到「上帝之死」的話題，並借查拉圖斯特拉之口說：「從前侮辱上帝是最大的褻瀆，現在上帝死了，因之上帝之褻瀆者也死了。」

「現在上帝死了，因之上帝之褻瀆者也死了。」

所有這些話，在我這裏都具有著某種強烈地隱喻性含義，使我至今仍不得不戰戰兢兢地打出「尋找馬克思」這幾個字，因為馬克思曾取代過孔子成為、或一直到現在才是我們心目中真正的「上帝」，一個我們既可能因褻瀆了他而被處死，也可能因他的「死去」而隨之也「死去」了的「上帝」。

從 1919 年到現在，「上帝」死過兩次，我們也殺死過兩個不同的「上帝」；對孔子，我們真的沒有什麼印象了，對馬克思，恐怕我們不得不承認「現在上帝死了，因之上帝之褻瀆者也死了。」

馬克思在《路易·波拿巴的霧月十八日》的一開始就是：黑格爾在某個地方說過，一切偉大的世界歷史事變和人物，可以說都出現過兩次。他忘記補充一點：第一次是作為悲劇出現，第二次是作為笑劇出現。

這就是我們生活的現實：處在悲劇與笑劇之間。

「上帝」是一個純粹來自西方宗教的人格化了的至高無上者，而馬克思對於近代中國的命運來說，就是這樣一位蓄著大鬍子的有如上帝一樣洞視人間一切的「外國老頭兒」。

當《新約》中的耶穌，這個出生在伯利恒一間舊馬廄裏的「人子」，作為最為著名的「道成肉身」這句隱語所體現出來的全部含義，所告訴我們的其實就是耶穌的誕生既是一個宗教事件，也是一個世俗事

件，因為它既可以歸因於某種神聖的天意，也可以視為人類終於在苦難中盼望到了一個彌賽亞附體的「拯救者」時，我們事實上就已經開始了一個世俗化（上帝可以肉身化為一個人子）的過程：我們可以、也能夠在此岸建立一個美滿無比的人間天堂；儘管這個天堂是《聖經》所告訴我們的，但也是自柏拉圖的《理想國》以來就為人們所信奉而且得到了充分論證的，更何況近代科學技術的發展更是為人間天堂鋪設出了一條人人都看得見的康莊大道。

而在馬克思的學說中，有關共產主義以及技術（包括管理）在生產關係與生產力中的因素到底占多大比重的問題，又始終是一個讓人不得不重新思考的問題；比如恩格斯就明確地說：「在共產主義社會裏，任何人的利益並不是彼此衝突的，而是一致的，因而競爭就消失了。當然也就談不到個別階級的破產，更談不到像現在那樣的富人和窮人的階級了。」[3]

真的能有這樣一個「不再有競爭」和「私人佔有」，不再有「企求發財致富」和「商業危機」的社會嗎？這樣一個社會的發展動力到底來自哪裡？這裏涉及不涉及「人性」或「人性改造」、比如「新人」的創造問題？還是這位恩格斯，為什麼在《家庭、私有制和國家的起源》中會接受摩爾根的說法，以如何使用技術的單一標準來劃分人類文明發展的階段（蒙昧時代是採集現成的天然產物；野蠻時代是學會經營畜牧業和農業；文明時代是對天然產物的進一步加工），這樣的說法能讓人信服嗎？他是如何考慮各個不同民族的文化因素是如何對統一的技術標準提出挑戰的？我們相信人類文明有著如此整齊劃一的「改變」或「改造」嗎？

這樣提出問題不是為了質疑恩格斯（他已經不在了，凡創立者不在了的學說就已經轉化為傳統），而是為了質疑我們自身，並站在恩格斯的立場上，看看這樣一種傳統如果還活在今天（馬克思主義當然還活在今天）的話，它會做出怎樣的回答，對我們的今天又意味著什麼。還是如馬克思所說，任何使死人復活的鬥爭都是為了今天的需要。

---

[3]　恩格斯：《在愛北斐特的演說》，《馬恩全集》第二卷第 605 頁。

　　按照英國歷史哲學家格魯內爾在《歷史哲學——批判的文集》中的說法，馬克思是一位最為典型的世俗化了的「救世主」，他的全部思想體系都可以被歸結為某種非宗教的歷史體系，但卻與猶太－基督教的觀念有著驚人的相似，因為它們都認為歷史是一個有意義的過程，而且不可避免地會通往一個既定的目標，這就是自由王國的建立。格魯內爾說：「這就是說，它保留了諸如線性的時間概念以及把歷史看作是向某一目標發展的過程等特徵，然而它卻拋棄了神聖的和超自然的背景——只有在這種背景中，這些特徵才能被理解。」更為典型的，就是出自馬克思思想中的動力，完全來自對人的現狀和人在世界的環境的強烈不滿，認為：一、他所發現的不滿，是由於世界安排得不好，而不是因為人生來就有限、無能為力；二、人類徹底地或者局部地擺脫貧困狀態是完全可能的；三、這可能性就存在於世俗的歷史的進程之中；四、這種可能性也可以通過人自己的努力而做到；五、我們完全有可能對之加以規劃，並提出拯救的方法與方案；六、而且這樣一個自我救贖的過程是在所難免的，是受著歷史的規律和原則所支配的。[4]

　　並不僅僅只有馬克思才這樣想問題。我們甚至可以把這樣一種思想或精神傾向理解為整個現代性的趨向，這就是我們終於找到和明白了通往一個美好未來的原因、力量和途徑；而相信人類會生活在一個更加美好的社會安排之中，則是哲學的思辯之所以會有動力、會如此吸引人的最為基本的一個假設前提。

　　這樣一個過程，就某種自覺意識而言，大約是從一千年前開始的。

　　1999 年 10 月 7 日的《參考消息》上有一篇文章，說英國的 BBC 通過某種方式的統計，得出了這樣一個結論：在過去的一千年間（注意：1999 年這個年份本身就具有著某種「千禧年」和「彌賽亞主義」的意味），對人類的社會生活影響最大的十位思想家中有五位哲學家、

----

[4]　隗仁蓮譯，廣西師範大學出版社 2003 年 7 月版，參見第 35、39 頁的有關論述。

9

五位科學家；在五位哲學家中排名第一的就是馬克思，其次是湯瑪斯‧阿奎那，康德，笛卡爾和尼采；在五位科學家中排名第一的是愛因斯坦，其次是牛頓、達爾文、霍金和麥克斯維爾。我們不能否認這個統計具有某種偏頗性，因為在這十個人中英國人就占了四位，而且馬克思晚年也一直生活在英國。但不管怎麼說，在過去的一千年間，真正改變了我們這個世界的整體面貌，不管是革命、專政、流血、改造，還是理想、信念、熱情、獻身，沒有任何一位思想家能起到馬克思那樣大的作用。特別是對我們這一代生活在「新中國」的人來說就更是這樣。文化大革命是一個「破」字當頭、批判一切的年代；但同時卻又是一個不斷尋找、在尋找中創立「新神」的年代。毛澤東無疑就是這樣一位在中國歷史上幾千年才出一個的、能洞察一切的「神」。現在，毛澤東已經走下了「神壇」，但毛澤東思想作為一套觀念體系至今仍在我們的現實生活中發揮著無與倫比的作用。理論上的任何探究，都意味著要回到源頭。哪怕毛澤東這個人幾乎不怎麼讀過馬克思的書，回到馬克思及其主義的「原創性學說」對於我們如何理解毛澤東思想都是一件極有意義的事情，而且這種意義幾乎不亞於回到中國自身的文化傳統（毛無疑更願意沉浸於其中）。在馬克思與毛澤東（如毛自己所說，或許可以改為馬克思與秦始皇），在馬克思主義與毛澤東思想之間，幾乎濃縮著近代中國的古今中西的所有關係，體現著傳統與現代、歷史與未來的幾乎所有的夢想與反叛。

當然，這又是一種具有無比危險性地「回到」，我們都知道許多在那個年代裏真正思考問題並想「回到」某種「起點」上的人都因此而失去了自己的自由或生命。

但無論是十月革命還是中國革命，也無論是蘇聯和東歐社會主義陣營的解體還是中國的改革開放，甚至在某個遙遠的叢林中，我們直到今天依舊能夠看到馬克思的身影，聽到他的聲音，感受到他的力量。

就是在發達的資本主義國家，馬克思仍然活著，不但活在課堂上、圖書館裏，更活在無產階級（其實也就是社會下層或我們今天所說的

『弱勢群體』）和自認為站在無產階級的一邊（而這些人本身並不屬於無產階級這一階層）的人的心裏。就在前幾天，在上海社科院召開的一次關於現代性的國際學術研討會上，一位來自英國劍橋大學的帕米拉‧麥克勒姆（Pamela McCallum）教授還說自己是一位堅定的「馬克思的馬克思主義者」，並大講階級與階級鬥爭，認為階級完全是一個與壓迫、剝削相關的概念，而不能如同美國一些學者那樣僅僅從年薪和收入上加以區分。

與這位帕米拉女士展開爭論的，反倒是我們這樣一些來自一個據說是真正信仰馬克思主義的國度裏的學者。從大家不約而同的笑聲中，似乎真有一場笑劇在這裏上演。

如果我們把「階層」理解為一個「其成員來自不同的社會出身」，把「階級」理解為「其成員生來就已經屬於的」概念（如傳統世襲制中的「貴族」），那麼麥克勒姆教授所理解的「階級」這一概念是否適用於當今的中國、文化大革命時大講「階級鬥爭」的中國，甚至是否適用於秦「廢封建」以後的中國，都是一個大可討論的問題；當然，今天的中國也依舊沒有「階級」，有的只是「階層」，一個「階層」要成長為一個「階級」恐怕需要相當長的歷史時期。而在中國，這樣的成長兩千多年前就已經幾乎不再可能，此即所謂的「君子之澤，五世而斬」，儘管「富二代」或「紅五類」中的幹部子弟有可能成為或很想成為這樣的階級。

馬克思無疑是一位西方啟蒙思潮哺育下的現代性的熱烈推動者，但不是自由主義、個人主義（構成為資本主義的核心的價值觀念）的現代性，而是共產主義的一套嶄新的制度體系通過取代資本主義、必將使全人類獲得自由與解放的現代性。所以應劃歸為革命的或批判的現代性。我們誰都記得馬克思在《資產階級和反革命》中對英國革命與法國革命的讚美，認為它們並不僅僅只是發生在英國和法國的革命，而是整個歐洲範圍內的革命；也不僅僅是某一階級對舊政治制度

的勝利,而是宣告了歐洲新社會的政治制度的誕生。[5]再有就是恩格斯那充滿激情的宣佈:「這是一個需要巨人而且產生了巨人──在思維能力、熱情和性格方面,在多才多藝和學識淵博方面的巨人的時代。」[6]

然而,就現代性原則在過去的四、五百年間的充分展開而言,先不談其輝煌的成就,僅就其悲慘後果的一面而言,又在上個世紀末和這個新世紀的開初幾年中顯露無遺,特別對我們中國人的切身感受來說更是這樣。

如果說馬克思看到了現代性的如日東升,在他死後的一百多年間,資本主義和社會主義的現代性又都在各自的跌宕起伏和相互竟爭中走過了其鼎盛階段的話,那麼現在,就該論到我們品嘗現代性那多少有些苦澀的後果了。

我們中國在短短的幾十年間就走過了西方世界幾百年間所走過的路(也幾乎耗費了他們幾百年間所耗費的自然資源),不但享受著他們在現代化過程中所獲得的巨大成就(主要是科技成果),同時也承受著他們在觀念上所遺留下來的幾乎所有的惡果,特別是就一種人生價值上的失落、焦慮、無助和彷徨而言,我們正經歷著空前的精神和思想危機,而所有這些危機,均與現代性,即古今中西、天地人神之關係這一世界性的話題有關。

殺死了上帝的人,自己也死了。

那種把我們這個民族扭結在一起的、共尊共信的制度法則也永遠地死去了。

如果說這一共尊共信的制度法則在古代中國是有機的(靠血緣、親情的結合),在現代中國曾是有凝聚力(靠意識形態的有效控制)的話,那麼隨著兩個上帝或同一個上帝的被兩次殺死,我們心目中也就再也沒有實用化了的上帝了,唯一可能有的凝聚力,就是一切原教旨主義者在宗教教義之外都會高舉的民族主義或愛國主義。

---

[5] 《馬恩選集》第 1 卷,第 321 頁。
[6] 《馬恩選集》第 3 卷,第 445 頁。

　　對我們而言，在多少有些空泛的愛國主義口號下，真正能體現出權力的力量和外在凝聚力的，還是各級黨組織。組織本身就有支配事物的力量，而且它如當初的教會一樣，是有儀式、有規則，未經允許不得入內的。

　　也許馬克思作為上帝已經退隱了，但信奉他、忠於他，在他的思想指導下建立起的組織還在，還發揮著空前的國家動員能力。

　　這才是我們真正的「特色」與「法寶」。

　　尼采在《快樂的科學》中問：這是怎麼可能的呢？那個至高無上的擁有整個世界的至聖至強者怎麼可能在我們的刀下流血？誰能揩幹我們身上的血跡？用什麼水才能洗淨我們自身？我們必須發明什麼樣的贖罪慶典和神聖遊戲？我們自己是否必須變成上帝，以便顯出上帝的尊嚴而拋頭露面？

　　這是怎麼可能的呢？是什麼力量把馬克思變成了一個我們都自以為熟悉的陌生人？一個可怕的但又與我們如影相隨的陌生人？

　　如果這不是命運（讓我們最後再解釋對「命運」的理解），那就只有相信歷史（歷史也是一個需要解釋的概念）；如果既不相信命運也不相信歷史，那就只有期待宗教的某種神聖啟示了──注意：是客觀意義上的「啟示」而不是主觀意義上的「信仰」，它的進一步的意義在於揭示出共同體生活的規則（戒律）與個人的得救（教義）的不同。

　　邁爾在其《神學抑或哲學的友愛政治？》中曾概括出了當代的人在經歷了世俗化的「偉大進步」後，為什麼又會重新對施米特的政治神學發生濃厚興趣的四個原因：第一，蘇聯帝國的崩潰及此前馬克思主義希望的落空，在許許多多的地方都激起了一種對真正的信仰確定性的追求；啟示宗教不僅應許了任何蒼白的意識形態都無力實現的保障，而且還能有效地反對自由主義和資本主義在全球範圍內的勝利聯手，從整體上開啟了一種替代現代世俗主義的選擇方案；第二，於是，我們看到伊斯蘭教、猶太教、基督教的正統教義都在得到不同程度的強化，這種強化重新賦予了宗教與政治的關係問題以緊迫性，賦予了在現代性的除魅

後如何重新建立一個與上帝之國密切相關的拯救期待；第三，於是，對一種新的、絕對義務的的渴望，一種回歸正統性和對神學－政治基礎問題的重新思索也就成為了學界的主要趨向；第四，也就是最後，邁爾認為在「後現代」的大潮中，人們忽然有了一種對「大事件」的混亂企盼，認為「大事件」一旦登場，這種似乎看不到前景的「荒漠之旅」也就宣告結束；比如著名的後現代思想家列奧塔就在「解構」一切現代觀念、特別是科學觀念的同時，想起了上帝要亞伯拉罕獻祭以撒的命令，想起了亞伯拉罕的的信仰順從──這種信仰順從被認為是「大事件」的範例，即一種對無法預見其結果的召喚的順從的範例。總之，邁爾說，在「後現代」的激進態度後面，是以一種錯綜複雜的方式、或隱秘或抑鬱地轉向了權威、啟示和順從這樣一些涉及「大事件」的關鍵性使命。[7]

但不管怎麼說，資本主義的現實罪惡，我們在市場化了的現實生活中所感受到的種種罪惡，使得共產主義作為目標永遠也不會過時；而且我們越深入我們的現實生活，也就越感受到資本作為一種普世性的運行邏輯的強大和階級分析的有力。而這一切，都是我們在以前的生活中所根本沒有體驗到的。

黑格爾在《法哲學原理·序言》的最後說，密納法的貓頭鷹要等黃昏到來，才會起飛；哲學作為有關世界的思想，要直到現實結束其形成過程並完成其自身之後，才會出現。馬克思和馬克思的學說主要針對的是資本主義的「現實」，但那又是一個尚未「結束其形成過程並實現其自身」的資本主義。對我們來說，也只是近些年才對「資本主義」的市場經濟有了一些「現實的感受」；但與過去比較起來，「現實」畢竟正在成為「現實」，也就是我們一開始所說的「顯現」。

我們也正是在這樣一種背景下開始了「尋找馬克思」的思想之旅；就如雅克·德里達在《馬克思的幽靈》中所說的那樣，開場白或引言，第一個名詞因此揭開了第一幕的第一場，這個名詞就是「幽靈」：

---

[7] 參見劉小楓主編的《施米特與政治法學》，上海三聯書店 2002 年版，第 277-279 頁的有關論述。

就像《哈姆雷特》中，那個墮落國家的王子，所有的一切都是從一個幽靈顯形開始的，更確切地說，是從等待這一顯形開始的。……這某個他人的幽靈注視著我們，我們覺得自己正被注視，並且是在任何共時性之外，甚至在我們的任何目光之前和之外，……不能沒有馬克思，沒有馬克思，沒有對馬克思的記憶，沒有馬克思的遺產，也就沒有將來：無論如何得有個馬克思，得有他的才華，至少得有他的某種精神。[8]

8　何一譯，中國人民大學出版社 1999 年版，分別見第一章第 8、13 和 21 頁。

誰是馬克思？

　　在埃斯庫克斯的《被鎖鏈鎖住的普羅米修士》裏已經悲劇式地受到一次致命傷的希臘之神，還要在琉善的《對話》中喜劇式地再死一次。歷史為什麼是這樣的呢？這是為了人類能夠愉快地和自己的過去訣別。

　　　　　　　　　　——馬克思。《黑格爾法哲學批判導言》。

誰是馬克思？馬克思是誰？

這兩句問式，在中文表達上幾乎沒有什麼差別；但一旦想起相應的外語中的這兩個「是」字的現在時與過去時，想起語言哲學中有關專名、指稱、含義、摹狀詞、意義、意向、實在等等的問題，這兩個不同的問式就大有學問可做了。但我們在這裏並不需要這樣做。對我們來說，之所以要用這兩種不同的方式提問，無非是因為對我們來說，實際上存在著兩個完全不同但又有著相互聯繫的問題：一是要對我們現在所談論的馬克思進行一番識別（identifying）工作：誰是馬克思？過去的還是現在的？中國人的還是外國人的？你的還是我的？是那個我們幾乎每天都能看到的有著一臉大鬍子的名叫卡爾・馬克思（Karl Marx）的德國人嗎？這裏的前提是我們都知道在歷史上確有卡爾・馬克思這樣一個人存在過，並大體上知道他的一些簡歷和著作；知道他1818年5月5日凌晨二時出生於特利爾（Trier），1843年25歲時和燕妮・馮・威斯特華倫結婚，先後在波恩大學和柏林大學讀書，獲哲學博士，辦報紙、雜誌，參加各種抗議活動，先後被德國、法國、比利時驅逐，最後於1849年定居英國，1883年3月14日逝世，安葬於英國的海格特公墓，墓碑上銘寫著他那句名言：「哲學家們只是用不同的方式解釋世界，而問題在於改變世界」。

馬克思以自己的死和墓碑上的這句話同時宣告了哲學（以不同的方式解釋世界）的死亡；取代哲學的死亡的，就是哲學的理想在現實世界的實現。

我們現在要問的是：我們所談論的是這個馬克思嗎？當然，這有些多餘，我們肯定談論的就是這個馬克思。但對於這個馬克思，我們又確實有許多的不知道，包括自以為知道，其實並不真確的各種材料。我認為這種「識別」工作並不是我們的主要工作，當然，對於「尋找馬克思」這樣一個本身就有幾分曖昧（至少要比「去見馬克思」要曖昧許多；而在我們的電影裏，「去見馬克思」仍然是共產黨人面對死亡時的一個標準用語；當這些共產黨人說這樣的話時，是不管馬克思「認

不認」他的，萬一你要去見的那個馬克思說出「我只知道我不是你所要見的那個馬克思」這樣的話時——而馬克思是經常這樣說的，人在天堂或地獄裏的局面該有多麼尷尬）的話題來說，這種工作又是必要的。

　　至於「馬克思是誰」這樣一個問式，它要求的是要對馬克思完成一種類似於歸屬性（attributive）、描述性（descriptive）、分類性（classificatory）或歸因性（ascriptive）的工作。[1]這裏的前提是我們都知道，在不同的人的心目中有著完全不同的馬克思，我們現在就是想通過我們的研究，來描畫出我們心目中的馬克思。斯特勞森強調說，這類似於一種遊戲，在這場遊戲中，不存在任何神聖不可侵犯的東西，也不能以唯一正確的方式使用語言，所有的描述和論證，都只是為了使聽者、讀者「能通過增加關係從句識別、理解正在談論的東西」。我們現在是毫無疑義地把馬克思「歸屬」於「馬克思主義」，就如「毛澤東」已經毫無疑義地「歸屬」於「毛澤東思想」（有些是毛澤東自己說的話，但不一定就算「毛澤東思想」，而不是毛澤東說的話，倒可能「歸屬」於毛澤東思想，或創造性地發展了「毛澤東思想」）一樣，這裏的「馬克思主義」或「毛澤東思想」都是一些在內涵上遠比「馬克思」或「毛澤東」更大的範疇，就如你、我可以劃歸「中國人」，「中國人」可以歸屬於「人類」一樣，這在我們的日常生活中早已經是一件很平常、很一般、很容易理解的事了。

　　然而從理論上細細探究一下「馬克思是誰」與「誰是馬克思」的人並不多。

　　「誰是馬克思」和「馬克思是誰」其實是分不開的；對我們來說，有生活中處處都能相遇的馬克思，也有只生活在書本裏的馬克思，有那個出生在特里爾，後來又大半生寓居於英、法等國的馬克思，也有早已中國化了的馬克思；這裏的「中國化」，可以指 1988 年最早在中

---

[1]　此處參考的是 P・F・斯特勞森的《論指稱》一文，見《語言哲學》中的第433 頁，商務印書館 1998 年版。

國出現的「馬客思」的譯名、梁啟超筆下的「麥咯士」，也可以指在李大釗、陳獨秀、李達、瞿秋白、王明、毛澤東、鄧小平等等不同的人的心目中不同的「馬克思」，甚至包括胡適、張東蓀他們在辯論「主義與問題」、「科學與玄學」、「工國與農國」時的馬克思，當然更包括對我們每個人來說的文革時與現在的已經全然不同了的馬克思。1996 年 7 月 7 日（剛好也就是 10 年前的今天），我和我的妻子還有一家朋友曾一同去過馬克思的家。一到特裏爾就迷了路，而遇見的第一個想問路的德國老太太一看見我們就知道我們是在尋找馬克思的家；她說，只要在這座城市裏看到有中國模樣的人，就知道是在尋找馬克思。我們問：你能區分開日本人、韓國人和中國人嗎？她笑了，說，日本人、韓國人一般不來這裏。臺灣人呢？臺灣？她搖了搖頭，看來這個問題超出了她的理解。她還不知道一百多年前出生在這裏的那個「大鬍子」對所有的黃皮膚、黑頭髮的中國人的命運來說意味著什麼；不知道正是這個「大鬍子」幫助一批中國人打敗了一開始也曾信仰過「他」但後來又背叛了他的另一批中國人。

而被打敗的那批中國人現在就生活在臺灣；但我現在真的不知道他們對馬克思懷著一種怎樣複雜的感情。

那是一所從外面看起來最平常不過的房子，裏面卻極其寬敞，是一棟四層的小洋樓，後面還有花園；現在辟為馬克思的博物館，儘管地毯是新的，但樓梯、地板、房間的結構一定都是原樣（為此而心中暗暗慶幸馬克思故居坐落在當初的西德，否則還不知要誇張式地改變成什麼樣子）。門口有一留言薄，我翻了一下，看見有一行赫然用中文寫成的大字：「老馬，你可把我們中國人害苦了！」我們幾個人只好相視笑笑，心中充滿無奈的苦澀。（真正讓人悲哀的地方在於：肯定也正是說這些話的人，在以後的某個時候，或者說就在今天，也會在約翰·洛克或亞當·斯密的故居寫下同樣結構的一句話：老資，你可把我們中國人害苦了！我們中國人，為什麼總習慣於把一切災難都歸咎於別人或外在的原因？）

也許，就像有些人所描述的那樣：說者無心，聽者有意，馬克思的許多並不是說給那些地方的人聽的話，卻在那裏的一些最偉大的「社會建築師」手中變成了一張改造社會，超越資本主義、提前實現共產主義的美好藍圖；而最被馬克思寄予厚望的美、英、法、德，卻構築成今天的「資本主義陣營」的核心。

他到底是過早還是過晚地來到這個世界並為我們所知？

到馬克思的故居來尋找馬克思，看到的是一所比我們所能想像的地主、資本家還要富足得多的一棟洋樓；我們已經不知道在「成份的劃分」上該把馬克思化歸哪一類了，但因此也就明白了革命者之所以要革命並非是因為吃不飽飯的道理。遺憾的是，在中國人心目中，革命或造反，往往或只能發生在實在活不下去的時候，這個時候接受的「馬克思主義」，大約和「順天應人」、「替天行道」中「天意」的意思也差不多：「征伐之道，當順民心。民心悅，則天意得矣。」[2]

這次的特利爾之行，最遺憾的是竟然沒有去找燕妮的住所。燕妮的父親是男爵，酷愛古希臘作家，能背誦荷馬的作品，這一點對馬克思的一生來說絕對有著決定性的影響；這位男爵愛好浪漫主義文學，對聖西門的學說最感興趣，這些對於以後的「馬克思主義」來說都是不可或缺的。馬克思的「博士論文」寫好後也是先送給他看，儘管不免有「討好岳父」的意思，但這位男爵大人是馬克思的一位「知音」當是沒有太大問題的。這曾在一開始讓我們多少有些失望：在我們的想像中，燕妮也應該是一位不顧父母反對，堅決衝破封建牢籠，放棄優越的美好生活，寧願跟一位註定了會貧窮一輩子的革命者去受苦受難的「新女性」才好。

可惜我們竟然沒有去尋找這位多少有些神秘色彩的「新女性」或「舊女性」的家庭。有的書上說他們是鄰居，但怎麼沒有看見呢？是不是已經拆毀了？

---

[2]　朱熹：《四書章句》第 222 頁，中華書局 1983 年版。

努力在記憶中搜尋，但一切都已漸漸模糊起來。

下次吧，如果有機會再去德國，我還要去馬克思的家，同時問問燕妮的家。

這成了我們這一代人的一個心結。

但這種「心結」到底在多大程度上還有幾分虔誠，或者說這種虔誠根本上就要不得，現在也都已經有些模糊了。當我在報紙上看到每年去馬克思舊居的中國人高達一、二萬人，而且大都要求「馬克思博物館」開具證明，證明他們確實「到此一遊」時（為了回去報銷用費），我是真的一點再去的興趣都沒有了。這也從一個側面反映出某種具有「黑色幽默」特質的荒誕與無奈。

還記得文化大革命時，馬克思致燕妮的詩集竟然作為手抄本在偷偷傳閱。那是一個不能使用「愛」這個字眼的年代，「愛情」是什麼，對我們來說更是一件想都不敢想的問題。上世紀 80 年代「清污」時，有人在別人的本子中發現一張露出後背的女性肖像，就大叫「污染」，要求對持有者進行批判，最後才知道這位女性就是馬克思的夫人燕妮。想想，就在那樣一種社會環境中，有人竟拿來了馬克思致燕妮的詩集，那真是讓人在心驚肉跳中的欣喜若狂，我記得每個人都在抄，偷偷地背：一個神聖無比的革命家竟然也談戀愛，這本身就讓人感到神奇，而且他還要說他靈感的全部來源就是愛！

> 燕妮！笑吧！你定會覺得驚奇：
> 為何我的詩篇只有一個標題，
> 全部都叫做「致燕妮」？
> 須知世界上唯獨你，
> 才是我靈感的源泉，
> 希望之光，慰藉的神。

這光輝照徹了我的心靈

透過名字就看見你本人。[3]

重讀這些詩，等於是在重溫自己年輕時的情感體驗。

最後，我還想在這裏再強調一點，這就是儘管恩格斯與馬克思的區別是一個顯而易見的事實（馬克思的哲學背景是黑格爾，所以真正具有哲學思辨精神的是馬克思；而恩格斯卻師從謝林，但又從謝林身上洗脫了那種半神秘半審美的同一哲學的直覺），但這一事實也只能在我們認為有必要的時候才加以論述（比如在如何理解費爾巴哈對於馬克思所起到的作用，比如有無「自然辯證法」，比如如何理解「實踐檢驗真理」，比如關於如何理解摩爾根、如何理解恩格斯《家庭、私有制和國家的起源》，比如可不可以把馬克思的辯證法歸結為幾大規律，比如在什麼意義上理解認識論上的反映論以及晚年的恩格斯是否在思想上發生了根本變化，有過類似於社會民主黨人式的轉向等等的問題上）。在馬克思與恩格斯的關係上，至少有這樣兩種現象是最引人注意和耐人尋味的：一是在人們心目中，馬克思似乎成了一位政治經濟學（一直到今天，我們還是習慣於把「經濟學」稱為「政治經濟學」，因為無論是按古代漢語還是馬克思，「經濟」即「經邦濟世」，也就是政治或服務於政治）家，而且對現實的政治鬥爭充滿熱情（比如巴黎公社），恩格斯卻是一位哲學家，而且負責對馬克思主義作出「權威性解釋」；二是在所謂的「馬克思主義」中，我們這些人一般讀到的大都是恩格斯的作品和他的語錄，馬克思被引用的情況要遠遠少於恩格斯，比如在列寧和史達林那裏就很明顯。文化大革命時我有一本《馬恩列斯語錄》，是《人民日報》無產階級革命派、首都紅代會中國人民大學三紅編輯的。從這本語錄中就可以明顯看出，在選用馬恩二人的語錄上極不平衡，恩格斯的話要遠遠多於馬克思的話。

---

[3]　《馬恩全集》第 40 卷第 558 頁。

就我個人而言，對馬克思這個人的興趣與喜愛遠甚於恩格斯，更甚於馬克思主義；就對馬克思這個人而言，對他的《神聖家族·第六章》，對《德意志意識形態》、《哲學的貧困》、《道德化的批判和批判化的道德》以及《路易·波拿巴的霧月十八日》、《政治經濟學批判·導言》（其實嚴格來說應該有三份手稿）等著作又更為喜歡一些。總之偏向於「早期」，偏向於對世界的「解釋」而不是「改造」──如果把「解釋」在某種意義上也理解為一種「改造」的話。有興趣就是有興趣，喜歡就是喜歡。這也是一件沒有辦法的事情。

我想在這裏引述一段有關是否應該把馬克思與恩格斯區分開來的「權威言論」來表達這樣一個本來並不需要如此下功夫加以說明的問題：

> 當馬克思和恩格斯其中的一位原根據他們的相互一致提出一個論斷時，這個論斷只在那個問題上才有效。即使其中的一位為另一位的著作寫了幾章，這個事實也並不是應該把該書看成是他們完全一致的產物的絕對理由。不必低估第二位「恩格斯」的貢獻，但也不必把第二位和第一位等同起來，也不應該認為「恩格斯」歸諸於「馬克思」的一切東西都是絕對真實的，沒有滲透任何其他的東西。[4]

至於在盧卡奇的《歷史與階級意識》中，對恩格斯加以批判的地方就更多了，這裏暫且存而不論；我們只消記住葛蘭西和盧卡奇都是最為堅定的馬克思主義思想家、而且都有著極高的理論素養就已足夠。哈貝馬斯就說他對馬克思的興趣遠遠大於對馬克思主義的興趣；M·亨利說得更絕對一些，他認為所謂的馬克思主義就是對馬克思進行曲解的總和。[5]本書的書名之所以用「馬克思及其主義」而不用通常為人們所習慣了的「馬克思主義」，也是考慮到這樣一個基本的事實：

---

[4]　安東尼奧·葛蘭西：《獄中札記》，第 297 頁，中國社會科學出版社 2000 年版。
[5]　參見 T·羅克莫爾的文章：《評新馬克思主義者薩特和哈貝卡斯》，載《哲學譯叢》1984 年第 2 期。

一開始，人們總是會把馬克思等同於馬克思主義的（就如同把毛澤東等同於毛澤東思想一樣）；後來才會把馬克思及其學說與這種學說的「被接受史」（即「馬克思主義」的形成）區分開來（如毛澤東思想與鄧小平理論的不同）；再後來，才會想到如何在不同的「接受者」那裏做出必要的區分以及發現這種區分對我們所具有的意義。所以本書的重心在「馬克思及其主義」而不是通常意義上的「馬克思主義」。

　　當然，在一般情況下，當我們問「誰是馬克思？」或「馬克思是誰？」時，我們是把馬克思與恩格斯「合二為一」的。這其實也是世界各國在目前都比較認可的一種權宜之計；但對於列寧和史達林，則應該另當別論。我們都不會忘記著名的古希臘神話學家——讓皮埃爾・韋爾南（Jean-Pierre Vernant），在 1934 年第一次去了蘇聯後對阿爾都塞所說過的那句話：「我在不少國家旅行過，但我所見過的最反動的國家，恰恰是蘇聯！」韋爾南是一位老資格的法國共產黨黨員，17 歲就參加了革命的無神論者協會，他的妻子原籍俄羅斯，他們都是二戰期間堅定的抵抗運動的成員，而且認為馬克思和列寧所說的「國家的逐漸消亡」體現了真正意義上的直接民主。他說：「我把這一精神上的符合想像，當作現實中的一種事實」。又說，「蘇聯共產主義的垮臺是一個具有巨大意義的事件，那是整整的一個文化遠景在我們的眼皮底下改變了。隨著這一改變，一個空無產生了。過去，我常常心血來潮地說，『布爾什維克在哪裡經過，哪裡的馬克思主義就將不再萌芽』，還必須補充一句，相反，人們原以為已被一勞永逸地剷除掉的野草，就會繼續在那裏生長。戲劇性的證明是，在東歐存在了半個世紀的社會主義，以及它所帶來的強制、意識形態的宣傳，今天已一無所剩。」[6]甚至有人以更極端的話語方式把這種思想表述為：最需要馬克思主義的地方，恰恰也就是最不能實行馬克思主義的地方，因為那些地方還

---

[6]　韋爾南：《神話與政治・共產主義的黑洞》，第 579 頁，余中先譯，北京三聯書店 2001 年版。

遠不具有馬克思所理解的那種社會基礎。當然，當我們這樣說時，把
列寧與史達林區別開來的意義也許比把馬克思與恩格斯區別開來就顯
得更為重要，但這並不是本書的目的。我相信以後會有人做的。

　　區分，在同一個學派中應該把這個人與那個人區分開來；在同一
個人身上也應該把此一語境下的話與彼一語境下的話區分開來，這是
我們所有研究哲學史的人其實都明白的一個基本道理。我們根本就不
相信馬、恩、列、斯會是完全一致的；更何況毛從剛一開始就強調的
是他的「具有中國特色的馬克思主義」。

　　就列寧這個人物而言，我還是比較信服盧卡奇的說法：

> 列寧絕不是一個簡單地、直接地踩著馬克思、恩格斯的理論腳
> 印走的人；他的理論力量在於，無論一個概念在哲學上多麼抽
> 象，他總是考慮它在人類實踐之中的現實意義，同時，他的每
> 一個行動總是基於對有關情況的具體分析之上，他總是要使他
> 的分析能夠與馬克思主義的原則有機地、辯證地結合在一起。
> 因此，就理論家和實踐家這兩個詞最嚴格的意義而言，他既不
> 是前者，也不是後者。他是一位深刻的實踐思想家，一個熱情
> 地將理論變為實踐的人，一個總是將注意力集中於理論變為實
> 踐、實踐變為理論的關節點上的人。[7]

　　但也許正因為在馬克思、恩格斯、列寧、史達林之間存在著如此
複雜的關係，「馬克思在尋找中的再現」才對我們的今天來說顯得格外
必要和重要，因為在馬克思主義誕生的這一百多年，在中國共產黨人
接受了馬克思主義、特別是在 1949 年後的這半個多世紀裏，被這樣或
那樣理解的「馬克思的學說」（無論從任何一個意義上講，對我們而言
的「馬克思主義」都是「被賦予、被灌輸的」，這話是列寧說的）在某
種意義上已經化為了我們民族的一種精神的或可理解為思維方式上的

---

[7]　盧卡奇：《歷史與階級意識‧新版序言》，商務印書館 1995 年版。

遺產。我們走不出來；離開這樣一種方式（甚至可以具體為一種話語方式，至少是公共話語的表達方式），我們幾乎不會分析問題、歸納問題。所以「尋找馬克思」在某種意義上也就等於在「尋找我們自己」；馬克思的再現也就是我們自身的再現；或者把這種「再現」理解為「重塑」也行。尋找、再現、重塑本來可能會是的我們（這裏面有無限多的可能性）與現在已經成為或只能成為這個樣子的我們之間的差異，必須引起我們高度地注意，因為也正是差異，才使我們有了自我認識的可能；也許換成福柯的話，就是：重要的不是知道我們是誰，而是拒絕我們所是的那個人。但，我們做得到嗎？至於被解釋、被拒絕、被重新塑造成的我們會是一種什麼樣子，那就只有留待後人去評說了。

　　在一個思想貧乏到蒼白、而又孕育著某種可怕的暴力的時代，努力把尋找與再現、解釋與重塑、他者與自我、真理與意義聯繫在一起，在聯繫中使得差異凸現出來，這恐怕就是我們這些多少有些自不量力的人所能從事的工作了；對馬克思是這樣，對似乎已經非常非常遙遠的孔孟老莊的學說來說也是這樣，因為斷裂已然發生，而且就橫在我們每個人的面前。

　　當然，這裏的「斷裂」，指的是「範式」（paradigm）或意識形態（idealogy）上的斷裂，即前面所說的孔子與馬克思這兩個「上帝」的歸隱；至於現實歷史中的政體模式，我們卻依舊緩慢地走在古老的道路上。

第一節　馬克思與希臘文明

　　西方文明的起源在希臘。馬克思和恩格斯對希臘文明充滿了讚美；這種讚美主要涉及兩個方面的原因，一是當時城邦的奴隸制度太有研究價值了，二是興起於古代希臘的神話、哲學、科學思想一直支配著西方人的精神世界。

就奴隸制度而言，它主要與馬克思所確信的正是由於分工才推動和促進了人類社會的巨大進步這一信念有關。恩格斯就在《反杜林論》中說：

> 奴隸制被發現了。這種制度很快就在一切已經發展得超過舊的公社的民族中成了占統治地位的生產形式，但是歸根結底也是他們衰落的主要原因之一。只有奴隸制才使農業和工業之間的更大規模的分工成為可能，從而為古代文化的繁榮，即為希臘文化創造了條件。沒有奴隸制，就沒有希臘國家，就沒有希臘的藝術和科學；沒有奴隸制，就沒有羅馬帝國。沒有希臘文化和羅馬帝國所奠定的基礎，也就沒有現代的歐洲。[8]

通過這段敘述，我們可以明顯感受到恩格斯那種直線式的、階段論的歷史觀，它告訴了我們歷史的意義就在於從古到今，一個階段為下一個階段提供了基礎；既然前一階段總是在為後一階段提供著準備，所以歷史的意義就是通過結果而得到體現的；由於這個「結果」只能是明天，因為今天的一切都是在為明天的到來作好準備，所以今天總比昨天好，明天也一定會更好。這就是一種對待生活的態度。人是為明天活著的，這一代人是為下一代人活著的，人的高尚大概也就體現在這裏。更重要的，我們可以從兩個向度上看到恩格斯的「因果決定論」：一是時間的先後，比如沒有希臘就沒有羅馬，沒有羅馬就沒有（中世紀），沒有（中世紀）也就沒有文藝復興，沒有今天，總是前面的決定了後面的；再是空間的，比如分工作為一種生產關係的改變，決定了希臘的藝術和科學的發展。馬克思的更為明確的表達在《政治經濟學批判》的「導言」中，而且這段話我們幾乎人人耳熟能詳，其基本意思就是「物質生活的生產方式制約著整個社會生活、政治生活和精神生活的過程」。這是另一種形態的因果決定論，因為物質生活的

---

[8] 《馬恩選集》第 3 卷，第 220 頁。

變化總是在先的，隨著物質生活的變化才有了社會生活、政治生活和精神生活的變化。所以馬克思的唯物主義是一種具有特殊形態的唯物主義，它並不突出人的肉體和生物學存在，並不強調說講人首先要講人的身體的存在，更不似我們在課堂上給學生們講的那樣說是因為大腦的活動（人腦的機能）才產生了意識的活動，而大腦是純粹物質的存在。

　　「因果決定論」的觀念是否適用於人類社會是一個在哲學史上長期爭論不休的問題。我想在這裏引用典型的現代自由主義思想家以賽亞・伯林的一段話來對此加以說明：

> 在此我想再一次重複我從未放棄的一些基本觀點：因果律是可以運用於人類歷史的（對不起卡爾——這裏的卡爾指的是當時正與伯林展開辯論的一位名叫 E・H・卡爾的人——筆者注，我認為否定這個命題就是心智不健全）；歷史並不主要是個人意志間的「劇烈衝突」；……我必須重複，我惟一關心的是申明，除非這些規律與模式容許某種自由選擇，而且不僅僅是那種其本身完全由前在條件決定的選擇所決定的自由行動，否則，我們就必須重建我們相應的現實觀，這項任務比決定論者認為的更為艱難。[9]

　　他的意思是說，在人類歷史中肯定有著因果決定論；但也同時有著某種自由選擇：當我滿足我的某些願望時，我一定是自由的，雖然我的願望本身是因果性地被決定的，否則，則無法說明願望的來由。

　　但如果說「物質生活的生產方式制約著整個社會生活、政治生活和精神生活的過程」，這就不再是伯林所理解的「因果決定論」與個人的「自由選擇」之間的關係了。它涉及到一種整體上的歷史觀。而今天，按照許多人的說法，我們已經從「物質生活的生產方式」改變為

---

[9]　以賽亞・伯林：《自由論》，第 31-32 頁，胡傳勝譯，譯林出版社 2003 年 12月版。

「資訊生產的生活方式」,那麼我們整個的社會生活、政治生活和精神
生活的形態又該是一個什麼樣子呢?

　　這種時間上的連續的因果決定論顯然也面臨著一系列理論和實踐
上的問題,比如說:我們就把前面提到的「中世紀」加上了括弧;而
且我們也不知道從秦皇漢武到嘉慶光緒,是否有著歷史的進步;不知道
該如何評說中國歷史上幾百上千次的農民起義;如果說這兩千多年是為
了後來的「辛亥革命」提供著準備,那這兩千多年的時間也太長了一點。
到底如何理解歷史上大量的、處於過渡時期的「灰色階段」?還有所謂
的「歷史的倒退」以及歷史發展的「目的論」問題,其實都迴避不了;
再比如,如果歷史的價值或意義只體現在結果(今天)上,那麼以往
的「過去」是否只起到了一個工具或鋪墊的作用,過去了也就過去了,
不必過於留戀、懷舊,更反對所謂的「復古主義」?我不是說馬克思
的學說中就包含著這樣的結論,我只是想表達個人的一種聯想,因為
事實上,許多自以為是馬克思主義者的人就是這樣看待歷史、看待過
去的。至於「隨著物質生活的變化才有了社會生活、政治生活和精神
生活的變化」是一個更值得討論的問題,這一點,到我們重新審視法
國大革命爆發的原因時也許就會看得更清楚。馬克思是說過:

> 成為希臘人的幻想的基礎,從而成為希臘神話的基礎的那種對
> 自然的觀點和對社會關係的觀點,能夠同自動紡車、鐵道、機
> 車和電報並存嗎?在羅伯茨公司面前,武爾坎又在哪裡?在避
> 雷針面前,丘比特又在哪裡?在動產信用公司面前,海爾梅斯
> 又在哪裡?[10]

但馬克思也說過:

> 關於藝術,大家知道,它的一定的繁盛時期決不是同社會的一
> 般發展成比例的,因而也決不是同彷彿是社會組織的骨骼的物

---

[10] 《馬恩選集》第 2 卷,第 113 頁。

質基礎的一般發展成比例的。……當藝術生產一旦作為藝術生產出現，它們就再不能以那種在世界史上劃時代的、古典的形式創造出來；因此，在藝術本身的領域內，某些有重大意義的藝術形式只有在藝術發展的不發達階段才是可能的。[11]

馬克思要吸收的是全人類在過去時代所創造的一切文化遺產，在對藝術的認識上，馬克思遠不是一個極端「歷史決定論者」，更不是一個「功利的工具主義者」。

至於希臘的神話、哲學、科學思想，應該是馬克思讚美古代希臘的最為突出的一個方面。

這裏有這麼幾個問題應該注意：一是在德語中，「科學」（wissenshaft）一詞的含義要遠比英語中的「科學」（science）寬泛得多，至少並不似英語中的「science」那樣在今天專指自然科學。恰好，對於古代希臘的哲學家們，特別是前蘇格拉底的哲學家們來說，今天的「哲學」也就是他們當時所理解的「科學」。他們討論萬物的「始基」，也就是討論萬物的本質，這裏既包括「起源問題」，也包括「歸宿問題」，總之涉及到世界的總體原則；這當然是一個哲學問題，但這些早期的希臘哲學家們又不能滿足於神話或宗教的解釋，於是就與經驗相結合，萌生出一種樸素的科學精神，故使得哲學問題也就成為了有關宇宙論的科學問題，早期的希臘科學家也就是我們今天所謂的「自然哲學家」。請注意，這裏是就「前蘇格拉底哲學」而言的，而在馬克思心目中，他所理解的「哲學」，比如「歷史哲學」，就應該成為一種「科學」，當然，這裏的「科學」是「wissenshaft」而不是「science」。

德語中把「哲學」也理解為「科學」，而且以「前蘇格拉底哲學」為榜樣，這使得馬克思確信他所要解決的社會、歷史、人類未來等方面的問題絕非精確的自然科學或技術所能解決；但他又可以如同自然科學家發現自然界的普遍規律一樣發現人類社會的普遍規律，為共產

---

[11] 《馬恩全集》第 12 卷，第 760 頁。

主義信念找到最終的信仰依據。馬克思格外推崇「前蘇格拉底哲學」，這一點極有必要引起我們的高度注意。另兩位在現代為人們所熟知的極為推崇「前蘇格拉底哲學」的哲學大家就是尼采和海德格爾。馬克思與尼采、海德格爾都反對以柏拉圖哲學為代表的形而上學，因而也就都把目光轉向了「前蘇格拉底哲學」，這是沒有問題的；但尼采一直把柏拉圖主義和基督教哲學視為他的最大敵人，在這個意義上，他回到「前蘇格拉底哲學」，在骨子裏所表現出的是他「反文化、反理性、反啟蒙」的精神傾向，是要為人類道德價值尋找到一種不同於任何「超驗性假說」的起源，即他在《悲劇的誕生》中對日神與酒神精神的論述；海德格爾看重的是「前蘇格拉底哲學」中人與自然的關係，認為如果要想從根本上扭轉現代人的政治－倫理觀念，就必須回轉到前蘇格拉底的「自然哲學」，並以「存在」的敞開與遮蔽藝術式地理解人生何以會「淪落」到今天這樣的地步；而馬克思則強調的是「前蘇格拉底哲學」中的科學精神，或者說，也可以理解為在「前蘇格拉底哲學」那裏是如何把哲學當成或變成了科學的。但反對哲學的形而上學化，在他們三個人那裏卻是一致的。我們甚至可以說，馬克思、尼采、海德格爾，甚至可能包括黑格爾，他們心目中的希臘哲學都是「前蘇格拉底」式的，而且都在某種意義上背離了康德所開創的真正的「德國哲學傳統」；當然，最繼承康德的還是黑格爾，以後就遞減；而反叛最甚的，則是尼采。當然，這種「反叛」，又似乎孕育著某種令人感到可怕的東西。至於這個東西到底是什麼，我們一時還無法判斷，也許這與他始終不為我們提供一個什麼是他心目中的公正社會的概念有關。

在「前蘇格拉底哲學」那裏，不但把哲學與科學結合在一起，而且有留基波、德謨克利特的「原子論」，這種「原子論」強調的是「原子」一樣的「個人的獨立性」，個人的感覺主義和相對主義[12]，而所有

---

[12] 參見葉秀山的《前蘇格拉底哲學研究》，三聯書店 1982 年版，第 27 頁。

這些，都與經驗的認識論原則和啟蒙主義的個體性原則有關。所以在
《共產黨宣言》中的馬克思才說「每個人的自由發展是一切人的自由
發展的條件」[13]，更為重要的，如果我們考慮到馬克思的「博士論文」
〈德謨克利特的自然哲學與伊壁鳩魯的自然哲學的差別〉，我們就會發
現在更深的層次上，馬克思是在想把一種自柏拉圖所確立的有關「正
義」的政治哲學轉變為一種有關「幸福」的人生觀。劉小楓在為「意」
詹姆斯‧尼古拉斯所著的《伊壁鳩魯主義的政治哲學》所寫的「中譯
本前言」中，引用了畢希納的《丹東之死》中的一句臺詞：

> 羅馬人如果願意蹲在牆角煮蘿蔔吃，這是他們的事——我們共
> 和國的掌門人應該是快樂歡暢的伊壁鳩魯和臀部豐滿的維納
> 斯，而不是道貌岸然的馬拉和沙里葉。

伊壁鳩魯是法國大革命中「共和國的掌門人」，這是一句很有意味
的臺詞，至少讓我們明白了為什麼在哲學史上，伊壁鳩魯的「唯物主
義」往往被等同於「享樂主義」，而且明白了羅伯斯庇爾的道德激情與
丹東的自然慾望為什麼是「一體兩面」，乃至後世的革命者為什麼也會
往往把「革命」與「放縱」聯繫在一起。在 1968 年「五月風暴」的法
國，索邦大學的階梯教室上就寫滿了：

> 「我把我的諸多慾望當作現實看，
> 因為我相信我慾望的現實性格」
> 「能意識到自己的慾望就叫自由」
> 「已經快活十天了！」[14]

儘管伊壁鳩魯的「幸福」指的是「心靈的安寧」和「不懼怕死亡」，
但畢竟把在柏拉圖那裏所討論的正義問題轉移為如何擺脫死亡恐懼的

---

[13]　《馬恩選集》第 1 卷，第 273 頁。
[14]　安琪羅‧誇特羅齊、湯姆‧奈仁合著，《法國 1968：終結的開始》，第 7 幕
　　　和第 16 幕的題詞，北京三聯書店 2001 年版。

問題；而這種提問角度，實際上與後來的另一位「唯物論者」霍布斯是一樣的。

在我們的日常理解中，「唯物論」與「唯心論」的一個最為直接的區別其實就表現在對待死亡的態度上；而如何面對死亡，又是一個最為直接的哲學問題。這裏面的問題太多了，可惜我們的「唯物主義教育」把這一切都省略了，或者說把一個最為直接的生活態度問題變成了一個經院哲學的抽象概念之爭。這些都是後話。

另外，在馬克思和恩格斯的著作中，我們還可以發現許多對於「前蘇格拉底哲學」的溢美之詞，其數量當遠多於對蘇格拉底、柏拉圖哲學的論述。這也說明馬、恩二人比較早地就具有了某種「反形而上學」的意識（這也和他們想自覺地從黑格爾哲學中擺脫出來有關）。比如恩格斯就說：

> 在希臘哲學家看來，世界在本質上是某種從混沌中產生出來的東西，是某種發展起來的東西、某種逐漸生成的東西。

這裏所說的「希臘哲學家」，就指的是「前蘇格拉底」的哲學家；他還說：

> 這個原始的、素樸的但實質上正確的世界觀是古希臘哲學的世界觀，而且是由赫拉克利特第一次明白地表述出來的[15]

但我們又都知道蘇格拉底是古代希臘哲學的一個轉捩點，用古羅馬的西塞羅的話來說，就是前蘇格拉底哲學關注的是數字和運動，探究事物來自何處，去向何方；蘇格拉底是第一個將哲學從天上喚到人間的人；他甚至把哲學引入尋常百姓人家，迫使哲學追問生命與風俗習慣的關係，追問好與壞的根據（這是一段廣為流傳的話，幾乎到處都有，儘管個別字句上有所不同，但基本意思是一樣的）。但馬克思為

---

[15] 《馬恩選集》第三卷，第 60 頁。

什麼「忽略」或「繞開」了這個在西方哲學史上最為著名的「蘇格拉底問題」（包括蘇格拉底這個人的生平活動以及他與阿里斯多芬、色諾芬、柏拉圖的關係，還有就是蘇格拉底的受審與被處死和與之相關的對古代希臘的民主制度的評價等等問題）呢？

按照黑格爾在《哲學史講演錄》中的說法，蘇格拉底之所以具有世界史的意義，是精神本身的一個轉捩點，就在於他使得古代希臘的倫理學（樸素的風俗習慣、一般的行為規範）轉變為道德學說（我的識見，我的意圖），於是將倫理與個人的反思結合起來；蘇格拉底之死之所以具有悲劇性，就在於在他身上發生了兩種完全正當的倫理力量的衝突，一種是客觀的、神聖的法律，要求人們在其規律中自由地、高尚地、合乎倫理地生活；另一種是來自自身的知識、理性、判斷，它也是神聖的法律，但要求的是主觀的自由。古代希臘的人知道人要行善，但蘇格拉底說善不是一種有如天真那樣的消極狀態，只要用心良好就行了，它是一種技術（知識），要讓你知道如何才能善於行善，所以從邏輯上講，「最有知識」或「最善於統治」的哲學王也就最應該成為城邦的統治者（《理想國》中的蘇格拉底笑著問：既然我們都知道木匠、鐵匠都是一些有專門技藝的人，難道守護城邦、統治城邦就不需要有專門技藝即智慧的人了嗎？）；假設有智慧的「上層人」無法通過勸服的辦法來統治「下層人」的話，那就只有通過法律這一間接途徑來實施統治；當然，這是退而求其次的思路。但在柏拉圖晚年，他在寫作《法篇》時，已越來越意識到也許只有法律的統治才能實現力量的平衡；但那實在是出於無奈，因為覺得自己「有智慧」的人實在是太多了。「哲學」這個詞的希臘文之所以是指「愛智慧」而不是「有智慧」，就在於「有智慧」的人已不再「愛智慧」。

黑格爾說，在某種意義上，蘇格拉底的道德哲學在精神史上所發生的轉折相當於康德的道德哲學在近代的啟蒙；馬克思無疑是一位堅定的思想啟蒙者，但他也同樣堅定地反對蘇格拉底－柏拉圖所開啟的政治哲學的思路，因為這條思路在區分開自然與習俗的同時，也就把

自己與城邦對立起來，瓦解了城邦的共同性法則；而所謂的「自己」，不過是一個在沉思生活中把知識等同於美德，再把有知識的美德等同於幸福，從而把作為「上層人」的「自己」與懵懂無知的「下層人」區分開來，構建一個不同等級的人「各得其所」的「理想國」的政治哲學。所謂的法律的統治，當然也只能理解為一種統治手段的實施或完善，就如沙拉敘馬霍斯所說的那樣，正義不過是強者的利益而已。

看來馬克思也與沙拉敘馬霍斯一樣，相信所謂的「有智慧者」，不過是「強者」的代名詞而已。

人類歷史也早已證明，能治國安邦者多為「強者」而非「愛智慧者」。

武則天曾講過一個關於她的故事，說：我年輕的時候伺候太宗皇帝。皇帝有一匹駿馬叫獅鬃嗎，無人能夠馴服。我向皇帝說：我能；只要給我三件東西，一個是鐵鞭，一個是鐵錘，一個是利劍；鐵鞭不行就用鐵錘，鐵錘不行就用利劍，總能把它制服。皇上很誇獎我的勇氣。史書上說此人通文史，多權謀，所以才能登基皇位，為中國歷史上的第一位女皇帝。

列奧・斯特勞斯在《蘇格拉底六講》中一開始就說，「政治哲人最初指並不參加政治活動，但試圖描述最好政體的人。」蘇格拉底就是這樣一個人，柏拉圖的《理想國》也只是一個只存在於言說的邏輯中的「理想國」。當然，也有人說蘇格拉底是一個善於躲在幕後的策劃者，說柏拉圖是因為在現實的政治活動中屢遭失敗才不得不這樣的；但不管怎麼說，蘇格拉底其實是深知政治之險惡的，而且認為政治家根本就不可能堅持正義和公平；所以真正有知識、最聰明的人反倒最應該過隱居生活。伽達默爾也說他在柏拉圖的書中，能讀到一種強烈的懷舊和對昔日的依戀之情。盧卡奇 1967 年在為他的《歷史與階級意識》所寫的「新版序言」中也說，他對共產主義的全部興趣都來自於一種理論興趣，來自於一種倫理的考慮，一點也沒有投身實際的政治運動的意思，更沒有想到十年後自己竟成了一位政治家。我想，就是馬克

思，也是出於理論的熱情；只是由於「言論封鎖」和「政治迫害」，才使得或才迫使馬克思不得不相信重要的只是「如何改變世界」。

但從柏拉圖到黑格爾的形而上學是如何在更深的層次上影響並決定了馬克思的思想的，將是我們在後面要詳加討論的一個中心問題。

這裏要特別提一下黑格爾。

在 1868 年 11 月 7 日和 1868 年 1 月 11 日連著兩封給恩格斯的信中，馬克思都說了：

> （狄慈根）這個人恰恰沒有研究過黑格爾，這就是他的不幸。

> 德國的先生們⋯⋯認為，黑格爾的辯證法是條「死狗」，就這方面說，費爾巴哈是頗為問心有愧的。

但馬克思也萬萬沒有想到，在他去世後僅僅一年，恩格斯在《路德維希・費爾巴哈和德國古典哲學的終結》中竟過於誇大了費爾巴哈的影響；而這一點，又決定性地影響了普列漢諾夫，使普列漢諾夫也過高估計了費爾巴哈作為黑格爾和馬克思之間的仲介的作用；而這一點，更是直接影響了蘇聯和中國對有關馬克思主義的理解，這就是在過於抬高了費爾巴哈的同時又過於貶低了黑格爾對馬克思及其主義的形成所具有的決定性影響（這裏不僅僅指的是方法，更重要的是一種辯證發展的歷史觀）。

在這一意義上講，列寧要敏銳得多。正是列寧在他的《哲學筆記》中反覆強調，不懂黑格爾，也就不懂馬克思，而現在的許多自稱為馬克思主義者的人，竟然連黑格爾是誰都不知道。盧卡奇也在 1967 年說，「對任何想回到馬克思主義的人來說，恢復馬克思主義的黑格爾傳統都是一項迫切的義務。」[16]關於這個問題，我們在後面還會多處涉及。也許在這裏只能半真半假地提到這樣一個事例：馬克思是正規受過到大學教育及黑格爾哲學的薰陶的；恩格斯只上過中學，喜歡寫作，

---

[16] 盧卡奇：《歷史與階級意識・新版序言》。

加入過文學激進派「少年德國運動」，由於從軍並在柏林服役期間多與「黑格爾左派」（一個名為「自由人」的激進小團體）來往才由文學而轉入哲學，但相對於黑格爾哲學，他還是有些生疏；列寧讀了大學，與馬克思一樣，也是先學法律，但在黑格爾哲學上下了很大的功夫，這有厚厚的一大本《哲學筆記》為證；至於史達林，也曾是一位中學生，至於他什麼時候讀過黑格爾的書，至少在我，現在還不得而知。我在這裏絕無以學歷取人的意思；但僅僅就閱讀和理解黑格爾這一極其有限的意義而言，正規的大學或研究生教育還是必不可少的。這也是我個人在求學經歷中的一種體會。當然，這是一些多餘的話。

在「前蘇格拉底哲學」中，馬克思、恩格斯特別讚美了希臘的神話和傳說，認為「希臘神話不只是希臘藝術的武庫，而且是它的土壤。」恩格斯更說，「荷馬的史詩以及全部神話──這就是希臘人由野蠻時代帶入文明時代的主要產物」。[17]在馬克思和恩格斯的著作中，據統計，總有近百處對希臘羅馬神話、傳說的引用，其中最引人注意的就是普羅米修士這個希臘神話中作為一名反叛者和受難者而出現的神──人形象。

馬克思早在他的《博士論文》中就說：「普羅米修士是哲學日曆中最高尚的聖者和殉道者」。

也正是由於有了馬克思對於普羅米修士至高無上的評價，所以普羅米修士在我們的心目中也就成了一位真正的「神」，一位為了給人類盜取天火而受到宙斯的懲罰，被釘在高加索山頂的峭岩上，每天叫一隻大鷹來啄食他的肝臟，到了晚上，肝臟復原，第二天再啄食，如此反覆，就這樣受了三萬年折磨的英雄。「普羅米修士」在希臘文中的意思是「具有先見之明」，所以他能忍受，知道日後會有一位神來營救他；他的弟弟厄庇墨透斯的意思是「後知後覺」，因為他上了宙斯的當，娶了潘朵拉為妻，結果最後出於好奇，打開了潘朵拉帶來的一個盒子，從裏面飛出人世間所有的不幸，最後留下的就只有一個美好的東西，這就是「希望」。

---

[17] 《馬恩選集》第 4 卷，第 22 頁。

關於普羅米修士，我們大概瞭解的也就這麼多，總之普羅米修士是一位造福於人類的英雄，而宙斯則是一個兇殘、狡詐的暴君。

「普羅米修士被釘在高加索山頂的峭岩上」常常讓我們聯想到孫悟空被壓在五行山下，孫悟空肯定是好的，儘管如來佛並不似宙斯那麼壞。

至於希臘神話中的普羅米修士到底是怎麼一回事，不要說我們，就是外國的、包括希臘的神話學家們也所知不多，而且說法不一。

僅就我們現在所知的世界著名的希臘文化研究專家讓－皮埃爾·韋爾南的講述而言，我們知道在赫西奧德的《神譜》中，普羅米修士是作為與奧林匹斯神的對立面提坦神的後裔而出現的；儘管他是提坦神的後裔，但又不完全是奧林匹斯神的對立面，因為他並不反對宙斯，只是同情那些被宙斯所建立的秩序排除在外、從而遭受痛苦的人們（我們似乎在這裏可以隱隱感受到馬克思作為一位猶太人的後裔但又從不公開反對基督教的「無神論者」的微妙處境）；所以，在一次由他主持的在奧林匹斯諸神與凡人之間的祭品分配中，他使用了一種他所特有的智力計謀，「一種拐彎抹角的、欺詐的、作弊的行為，一種在宙斯和他之間展開的計謀的竟爭；在表面的優雅和假模假樣的相互尊重後面，隱藏著的溫和地束縛對方的願望」。具體做法就是普羅米修士當著眾神和眾人的面，牽來一頭肥大的公牛，宰殺後，切成小塊，分成兩份；第一份祭品在誘人的香氣下，是被剔得乾乾淨淨的牛骨頭；第二份則是包藏在牛皮和胃囊中的好肉。按照規定，當然是由宙斯先選；宙斯已經識破了普羅米修士的計謀，但故意裝作不知道的樣子，選擇了散發著誘人香氣、在薄薄的一層油脂底下藏著不能食用的骨頭的那份，這就是後人為什麼會在香氣芬芳的獻祭臺上，為神明焚燒畜生的骨頭，而自己則享用犧牲的肉的原因。

宙斯選擇了骨頭，給人類留下了肉；這裏有表面與實質的不同（又涉及到了顯現與本身的關係！）；普羅米修士把實質上是肉、也就說是「好」的一份留給了人類，這看起來使人類得到了好處，但從另一種實質上來看，卻使得人類自此以後變成了一個不得不靠肉、靠不斷補充

食品才能生存下去的「臭皮囊」：人類那不斷循環出現的饑餓，實際上也就意味著力量的消耗、疲勞、衰老和死亡；而當初只吃到了骨頭的諸神，則滿足於焚燒骨頭時的香煙繚繞，靠薰香和氣味而成為不朽者。

（當然也可以反過來看：假設人可以不吃飯，而且不死，那人就幸福嗎？顯然不是。那是另一種形式的「天罰」，而且更加不幸。）

而且宙斯必須懲罰普羅米修士，讓他為自己的陰謀詭計付出代價；於是藏起了火，想讓人類如同其他動物一樣無法烹燒自己所分得的那份肉，而且藏起了穀物食品的種子，使得大地從此也就不會自動生長糧食，而人類也就必須從大地的懷抱中通過辛勞的耕種才能收穫糧食[18]。總之，為了填飽肚子，人類必須勞動。吃，成了第一需要，這也就有了馬克思在《德意志意識形態》中論及「費爾巴哈」時所說出的那段最為著名的話：

> 所以我們首先應當確定一切人類生存的第一個前提也就是一切歷史的第一個前提，這個前提就是：人類為了能夠「創造歷史」，必須能夠生活。但是為了生活，首先就需要衣、食、住以及其他東西。因此第一個歷史活動就是生產滿足這些需要的資料，即生產物質生活本身。[19]

吃，吃飽肚子，這是人類的第一需要，對從饑餓中走過來的我們，對這一點有著刻骨銘心的記憶。

我們完全有理由認為當馬克思在頌揚普羅米修士的時候，一定想到了這位「偉大的盜火者」為了使人類能夠吃上熟食而付出的代價，當然也會想到人類因普羅米修士的「代價」而必須承受的「懲罰」（這就是永不停息地勞動，而馬克思心目中的理想就是有一天勞動對人類

---

[18] 以上有關普羅米修士的所有說法，均採自韋爾南的兩本書：《古希臘的神話與宗教》，杜小真譯，北京三聯書店 2001 年版和《神話與政治之間》。

[19] 《馬恩選集》第 1 卷，第 32 頁。

來說終於變成了享受），所以在當代另一位馬克思主義哲學家馬爾庫塞
看來，馬克思之所以如此讚美勞動和生產的價值，就是因為：

> 普羅米修士是代表苦役、生產和由壓抑而進步的文化英雄……
> 是耍花招的人和反抗諸神的（受磨難的）人，以不斷的痛苦為
> 代價創造了文化。他象徵著生產這種不懈的把握生活的努
> 力。……普羅米修士就是表現操作原則的英雄原型。[20]

斯洛文尼亞的斯拉沃熱・齊澤克也認為，既然勞動已經成為對人
類而言的「天罰」，是人類擺脫不了的「苦役」，那麼馬克思對人類最終
命運的思索就不是如何擺脫體力勞動，而是怎樣才能從體力勞動中發現
一種集體經歷的快樂和滿足感。我認為這一點極其重要，因為在我們
這一代人的成長中，如何使你認識到越重的勞動就越快樂曾是一個最
重要的教育課題。到下鄉插隊時，我們依舊把勞動認作改造自己並從
中獲取快樂的唯一源泉。我們沒有人想到普羅米修士的故事，更不會有
人把普羅米修士的「受罰」與人類的「勞動」聯繫起來，但馬克思主義
的一個重要內容就是歌頌勞動，歌頌勞動人民，這一點是毫無疑問的。

附帶提一句，當年我在監獄工作時，給犯人們講得最多的也是勞
動的光榮和勞動對人的改造。我認為這一點無疑是對的。但我也彷彿
記得，奧斯威辛集中營的大門上也懸掛著一句歌頌勞動的話。

這說明某句話、某個觀點的「對錯」並不取決於這句話本身，而
是取決於其語境、環境，取決於誰說和對誰說。

也許有必要在這裏提到查理斯・泰勒的一個觀點，他認為希特勒
的法西斯主義實際上所體現出的就是一種「試圖以一種混合的方式把
上面『狄奧尼索斯』的精神與『普羅米修士』的抱負結合起來」的使
人掙脫束縛的意識形態。尼采推崇的是狄奧尼索斯的酒神精神，馬克

---

[20] 參見（美）馬歇爾・伯曼所著的《一切堅固的東西都煙消雲散了》，第 162
頁，商務印書館 2003 年版。

思讚美的是普羅米修士的遠大抱負；差之毫釐，謬之千里，這二者的神奇結合為什麼會走向法西斯主義，這依舊是一個可供討論的話題。[21]

在人類發展史上，火的發現，語言的使用歷來就是一個不斷引起爭論的話題；更多的人在後來相信了基督教中「創世記」的說法。馬克思不會採用那種解釋，但我們也不能否認希臘神話會給人思想的靈感，這也是我們每個人在讀書寫作時都有過的體會。

但整個有關普羅米修士的神話，所告訴我們的是這樣幾個與「宗教」、與「政治」的關係更為密切的問題：首先，「在世界的核心中存在著對抗」，或以智力角逐，或以暴力相逼；宙斯作為最高權威，一方面必須得到維護，另一方面又不能允許過分的報復，特別是對於人類來說，更無法忍受因其先輩的罪孽（詭計）而世世代代所忍受的報應，這是埃斯庫克斯在其悲劇《被束縛的普羅米修士》中所揭示出的人類的一種悲劇性處境；其次，赫西奧德的《神譜》所告訴我們的是：奧林匹斯山上的諸神有一個嚴格的等級秩序，他們之間的關係不可能用單純的空間模式，比如位置、距離、運動等等概念來加以描述；他們的關係是由力量、座次、權力、出身等等因素所構成的一個統治和服從的關係（這讓我想起了水泊梁山上的排座次和權力結構），也就是說，它不是一個自然科學的研究課題，而應該想到人與人在職能（分工）、價值（勞動）、地位（權力）上的差異，也正是這些差異，構成了人類社會的等級序列，也許中國人最早就意識到了這一點；無論在任何一個社會秩序中，這種「等級序列」都是必不可少的，問題不在於如何取消，而在於怎樣認識與對待；第三，人類社會的秩序不是以必然的方式通過那些世界基本元素的能動作用顯示出來的，而是以戲劇性的方式通過一個原動者的功績建立起來的，這種神話學說其實也涉及到馬克思學說中個人在歷史上的作用問題。普列漢諾夫在

---

[21] 參見查理斯・泰勒的《黑格爾》，第 840 頁，張國清、朱進東譯，譯林出版社 2002 年版。

《論個人在歷史上的作用》中就運用馬克思的觀點談到了歷史的戲劇性、偶然性以及與「發起人」（Beginner）間的關係，以後的列寧也多次談到群眾、政黨、領袖間的關係，認為：

> 歷史早已證明，偉大的革命鬥爭會造就偉大人物，使過去不可能發揮的天才發揮出來」，「只要千百萬勞動者團結得像一個人一樣，跟隨本階級的優秀人物前進，勝利也就有了保證。[22]

這一觀點從根本上講，與以後的基督教在歷史進程中所信奉的「千禧年主義」有關，這一點後面再談；最後，世界被這個原動者的巨大力量所主宰，他是唯一的、享有特權的、處於高於其他神明的層面上：神話把他設想為高居宇宙大廈之巔的君主，也正是他個人的統治維持著各種力量之間的平衡，界定了他們的職能、特權和應得的榮譽。[23]總之，所有神話，無論是東方的還是西方的，都與王權思想有關；當王權分裂後，神話也就擺脫了繁複的宗教儀式，具有了一種更超脫、更自主的性質，這也就以更為獨特的方式提出了宇宙起源問題，並為哲學家們的思考提供了更多的素材，比如阿那克希曼德就可以設想「公共之火」應該安放在廣場的公共建築中，與各家各戶的距離都相等，但又不屬於任何一個家庭，成為一個公共、平等、對稱的「世俗中心」，以利於以後的不同派別間的辯論。

概括而言，馬克思是希臘的科學（前蘇格拉底的哲學）與神話（前哲學的有關包容一切的宇宙秩序的起源）的共同產兒；他和尼采都要回到「前」（「前蘇格拉底哲學」與「前哲學」，更有人把這種「前」理解為「前無產階級專政」與「前法西斯主義」），不僅是因為那時的哲學就是科學，尚未生出後來的主客二分，更重要的，也是因為蘇格拉

---

[22] 分別參見《列寧全集》第 29 卷第 71 頁和第 30 卷第 402 頁。
[23] 韋爾南：《希臘思想的起源》，秦海鷹譯，北京三聯書店 1996 年版，第 102-103 頁。

底以他的「認識你自己」使「自己」與「共同體」對立起來，並對共同體的普遍秩序提出了挑戰。馬克思終其一生都對這種挑戰表現出極大的熱情；但給馬克思最大影響的還是黑格爾，特別是當他投身無產階級革命事業並進一步思考國家的權威（比如在《法蘭西內戰》中）時，他也就更根本地從個人的道德意識（區分於意見的知識）走向了國家的正當性依據（區分於契約論的階級利益）。

這裏面也有一個從諸神間的關係或「神聖利益」向人世間關係及「世俗利益」轉化的過程，就如馬克思在《資本論》第一卷中所說的那樣：

> 使相對過剩人口或產業後備軍同資本積累的規模和能力始終保持平衡的規律把工人釘在資本上，比赫菲斯塔斯的楔子把普羅米修士釘在岩石上釘得還牢。[24]

馬克思希望自己的一生都如普羅米修士一樣獻給自己的事業——其實也就是一種追求，一種在反抗和受難中的追求。這種精神把幸福就理解為戰鬥，理解為無休無止地勞作與探險式地生活。把普羅米修士的精神再加上浮士德式的懷疑與不安，想嘗試人類所可能嘗試到的一切樂趣與苦難，這大概也就可以理解為整個德意志民族的精神；在它的後面，應該既包含有浪漫主義、理想主義的情懷（想想歌德與啟蒙運動中的「狂飆突進」），也有理性主義、科學精神的決定論（想想牛頓的力學、達爾文的進化論、萊布尼茨的「先定和諧」、斯賓諾莎的「自由就是對必然的認識」以及黑格爾關於「概念所教導的也就必然是歷史所呈示的」的有關論述）。

---

[24] 《馬恩全集》第 23 卷，第 708 頁。

第二節　馬克思與德意志精神

在德語中，「精神」（geist）也是一個完全無法用英語中的「觀念」（mind）、「精神」（spirit）、「靈魂」（ghost）、「心靈」（soul）、「智慧」（wit）來加以「翻譯」的詞語。按照黑格爾的解釋，「精神」之所以是「精神」，就在於它區別於「自然」；而「精神」區別於「自然」的意義，就在於它的實體或本質是「自由」；所謂「自由」，指的就是「精神」要在它自身之內爭得的對於他物（也就是自然）的不依賴性。所以談到「精神」，就必須談到「精神自由」；談到「精神自由」，就必須同時強調這種「自由」意味著在其自身之內的對其所有的「自然性」的一面，也就是外在性、異己性的揚棄與克服；而「精神」之所以能揚棄其「自然性」也就是外在性、異己性的一面，又無非是因為「自然」不過是「精神」自身的「異化」、「外在化」或「對象化」；也就是說，「精神」或「自由」與「自然」本來就是一體（只有作為「自然」的「自由」才是真正的「自由」），只不過在「精神」的「自我發展」中，才需要這樣一個作為「自然」的「他物」：

> 這個他物對於精神不僅是可能的，而且是必要的，是它所能夠忍受的。因為它知道，這個在它之內的他物是它設定起來的，因而也是它能夠重新加以揚棄，使之成為它的他物（即「我的某某表像」），就是說，它在這個他物裏仍然保持著它自己，即依然是自己與自己本身相聯繫的。這就證實了它的觀念性，表明了它是自由的。25

所以，在黑格爾看來，他物、否定、矛盾、對立、揚棄、分裂以及這些概念中所包含的「痛苦」，都屬於「精神」的本性；是「精神自由」的題中應有之義；「精神」或「精神自由」的最後實現體現在「國

25　黑格爾：《精神哲學》，楊祖陶譯，人民出版社 2006 年版，「譯者導言」。

家」中，因為國家作為一個有法的、合乎道德的組織狀態，無非是一個由精神所創造並適合其本質概念的自由的外在世界；如果說「精神」是它自己的自由的產生者的話，國家也就可以理解為精神自由的產生者。但如何把精神的自由（也可以理解為道德的自主）與公共生活的規範統一起來仍是一個問題，就如一開始說到「精神自由」時必須強調這種「自由」與其自身的外在性、異己性處於矛盾之中一樣，道德上的自主性（自由）與國家作為一個共同體的外在性、異己性（自然）仍在矛盾之中，儘管我們可以說國家的這種外在性、異己性不過是精神自身設定的。

這些話都說得很哲學，這恰是德國哲學的一大特點。所謂精神「要在它自身之內爭得的對於他物（也就是自然）的不依賴性」，換成以賽亞・伯林的話，就是「我把自由理解為不存在阻礙人的慾望得到滿足的障礙」，後來，再改為「在你尊重別人被恰當理解的道德權利的情況下做你所願做的任何事情」；不管怎麼說，囚禁、壓迫、奴役總不是自由，而且自由指的是行動的機會，而不是行動本身。[26]這話都說的很好：那就是說，我有如此行動的自由，我也有不如此行動的自由，這就是「機會上的自由」——比如我願意待在監獄裏，這就是一種自由，而不必把自由就理解為「沖決」、「打破」、「解放」等等。這樣想來，當黑格爾把國家說成是「精神自身設定的」時，我們可以把它理解為保守，一種為國家所做出的辯護，但也可以如伯林那樣理解為一種對理論上的「機會」所做出的辯護——國家不過是精神的自我設定而已。

我們要注意的，就是這裏凝聚著馬克思與黑格爾的分歧，具體論述在《黑格爾法哲學批判》之中。

黑格爾的思辨，所體現出的就是德意志精神的矛盾：自由與自然的矛盾，設定與揚棄的矛盾，自主與規範的矛盾，個體與整體的矛盾如此等等，這裏重要的是必須把這種矛盾理解為事物自身（精神自身、自由自身）的矛盾。

---

[26] 以賽亞・伯林：《自由論・消極自由與積極自由》；同時參見馬克・詩克的《合法性與政治》一書，中央編譯出版社 2002 年版。

歌德把話說得更明確：德國人是這樣一些人，就是說他們時時處處總要引起矛盾，引起麻煩，最後的結果就是於人於己都不利。

為什麼會這樣？就是一個自由問題。

黑格爾把「精神」認作實體（這註定了他們是唯心主義，而且是客觀唯心主義）；強調「精神」的本質即「自由」。

當我們說人是一種精神存在物時，就是說精神通過人體現出了自己的自由，而人則應該合於自己的這種自由。

這就是人的一切麻煩之所在。

當我們齊聲朗讀毛主席語錄，高喊「人是要有一點精神的」時，就感到自己身上有了一種「精神」；但這是一種什麼「精神」？它要幹什麼？我們那時想到的就是工作、吃苦、幫助別人和視死如歸，但卻從未意識到所謂「精神」，所謂人有「精神」，動物只有生命而沒有「精神」，就在於人知道追求自由（黑格爾說，說到精神而不說自由，就與說到物體而不說重量一樣荒謬）；更未如伯林那樣把自由理解為一種「機會」，而不是行動。

自由總是相對於束縛而言的，而且對自由（精神）的束縛就來自於自由（精神）自身，來自於自由（精神）對自由本身（精神本身）的不懈追求。它的前提是不滿足，是相信有「真正的自由」或「徹底的自由」，即自由本身；它決不會是相對於個人而言的，它一定是一種普遍性的精神存在的體現。它涉及到對任何公民而言都離不了的國家，而且公民只有在為國家服務時才能實現自我的自主與自有。這當然是矛盾的，所以免不了某種神秘的味道；但黑格爾思辨的秘密也就在這裏。如果像禪宗那樣頓悟了，不追求了，精神或精神的自由也就似乎到手了。德國人並不這樣想，儘管也有人這樣想過，比如叔本華式的解脫。

我們一定要記住，在這一意義上，馬克思是一個真正的、具有全人類普遍意識的德國人，「一位德國哲學家」。

作為這樣一個「人類的德意志人」，馬克思的矛盾就體現在：一方面，正如與他同時代的霍夫曼・馮・法勒斯本勒在當時最為著名的〈德意志人之歌〉（1840 年）中所唱的那樣：

> 爭取德意志祖國的
> 統一、法制、自由

另一方面，又如席勒在一首獻給德意志人的詩歌中所說的那樣：

> 德意志人，你們想把自己
> 結成一個民族國家的希望落空了。
> 還是培養自己──你們可以做到──成為更自由的人吧。[27]

現在讓我們來討論「精神」的另外一層含義。

如果說「精神」指的是「人類精神」（黑格爾稱之為「世界精神」或「絕對精神」）的本質特徵，那麼「德國精神」就在這一總體特徵下應該有著自身的另外一些不同於其他民族的精神特徵。這樣，厭惡國家，不理睬國家是否統一的一批思想家就可以把注意力轉向民族這個概念，或者說，以「文化」的多樣性取代精神作為一個普遍性的哲學概念在國家意志中所獲得的體現。

最早把這一點明確了下來的應該是赫爾德（Johann Gottlieb Herder）；他在《關於人類歷史哲學的思想》中說，社團是由親屬關係、歷史、社會團結和文化密切等因素紐合在一起的，其中最重要的因素是語言，因為只有語言才能表達這個團體的集體經驗。那麼也就是說，一個社團的成員：

> 應當依照其世界特定的目標、價值和情景，以一定的方式去思想和行動。以這樣的方式去思想和行動就是一種歸屬，就是整

---

27 參見戈登・A・克雷格所著的《德國人》，第 397-398 頁，上海譯文出版社，1998 年版。

體中的一部分，就是與團體精神的一致。德意志人說話和行
動、吃喝以及談戀愛和制定法律的方式就應該與其他民族的行
為和感情模式不一樣。[28]

語言成了他們的靈感與創作的源泉；在語言的神秘中也集中體現
著他們對自然、生命、自我、夢幻所感受到的神秘，集中著他們所體
悟到的在語言的統一性中所顯現出來的民族的統一性，集中著他們對
潛伏於人類精神之中的某種神秘的但又是必然的力量的讚美。

有人把這種浪漫思潮（等同於非理性主義）理解為反啟蒙主義（等
同於理性主義）的；也有人認為浪漫主義不過是啟蒙主義所表現出來
的另一個方面，它指向的是一種不同於理性主義的生活態度，而不是
針對著思想的啟蒙。但不管怎麼說，通過赫爾德（也許還可以加上
在他之前的維科、盧梭），文化的多樣性已經成為了一個思想的事
實，而且人只有在歷史中通過語言和文化才能形成自己的價值觀
念。如果僅僅著眼於道德經驗，那麼道德觀念一定是尖銳衝突的，
各種重要的政治價值也一定會互不相容；那麼，用什麼保證進步的
普世價值，保證所有民族、所有文化都會最終處於一種普遍和諧的理
想狀態之中；民族、文化、語言差異後面的那種統一性的、可稱之為
「人類」的東西到底是什麼，到底來自哪裡，這無疑是一個必須回答
的問題。

無論是黑格爾還是馬克思，都應該視為這兩種傳統的「後裔」（康
德與赫爾德就是這兩大傳統的幾乎在同時出現的代表性人物），而且也
都想以不同的方式解決這二者間的衝突——應該承認，開創性的貢獻
屬於黑格爾；但馬克思卻以完全不同的形式處理了民族、文化的差異，
並更為徹底地體現出他浪漫主義的一面。

首先，黑格爾是完全承認民族傳統的不同的，而且認為這種不同
在某種意義上就可以用「文化」、「倫理」或「民族精神」來加以表示

---

[28] 參見《德國人》，第 33 頁。

（黑格爾從赫爾德那裏繼承了更多的東西，因為他在赫爾德身上看到了更多與康德的不同，這一點，對馬克思形成自己的思想尤其重要。詳後）。當然，如果我們認為所謂的「世界精神」不過是一種被精神所自覺到的邏輯的或自然法則的秩序的話，那麼「民族精神」說到底也不過是「世界精神」在實現自身的邏輯過程中的一個環節或工具。把這一邏輯再推進一步，我們又可以認為在黑格爾看來，任何個人都不過是「精神」藉以實現其自身的環節或工具。請注意：當黑格爾如此關注「精神」的自我實現時，馬克思關注的是「人」的自我實現，而且是現實的人的自我實現；那麼在邏輯上，「人」就不是「精神」（或可理解為上帝）藉以實現其自身的環節或工具，而是反過來，「精神」（或可理解為上帝）只是還沒有獲得自己或再度喪失了自己的「人」的自我意識和自我感覺[29]，馬克思在這裏所完成的，不過是同一邏輯的「自我顛倒」。

當然矛盾還在；但也正是這種矛盾中的掙紮，體現著德意志精神的活力。

所以就如雅斯貝爾斯在評論尼采時所說的那樣：充滿激情的自我矛盾恰恰最能透漏出事情的原委：

> 如此這般形成地矛盾似乎就是事情本身而來的、必然的，它不是偽劣思想的標誌，而是思想具有真理性的標誌。[30]

而尼采自己又把這種矛盾歸結為某種統一性原則對本能、個體意志和可能性的壓抑；或者是超本能的文化（上帝、制度、道德等）對人的本能性力量（權力意志）的壓抑。

當我們準備重新「尋找馬克思」時，就必須考慮到德意志民族文化的這種矛盾特徵或在自我矛盾中所體現出來的倫理意識，考慮到它

---

[29] 《全集》第一卷，第 452 頁。
[30] 雅斯貝爾斯：《尼采其人其說・導論》，魯路譯，社會科學文獻出版社 2001 年版。

的自我否定性的民族精神；同時更要注意到民族精神與世界精神或絕對精神之間的關係；考慮到個人與歷史、與共同體、與人類未來的關係，並且把這種關係認定為一種「精神關係」；認定這種「精神關係」是為另外的非精神關係的「物質關係」所決定的──只不過黑格爾考慮的是「如何擺脫」，馬克思則認為「精神關係」恰恰本來就是被「物質關係」所決定的；精神的最後解放，就在「物質關係」的完全改變之中。我認為馬克思本人作為一個「人類的德意志人」，也堪稱一位體現著德意志民族精神的典型表率。

所以「精神」既是「人類精神」或「絕對精神」（哲學的），也是「民族精神」或「德意志精神」（文化的）。

德國的啟蒙意志就糾纏在哲學與文化的衝突之中；這種糾纏，從康德與赫爾德，經過費希特、黑格爾，也一直延續到馬克思這裏。當然，如果說黑格爾偏重於德意志的社團、民族、傳統的話，馬克思則偏重於在「全世界無產者」身上所體現出來「人類意志」。

但這裏的「精神」到底意味著什麼呢？

其實就意味著一種「客觀的實在」，一種終極的法則或力量，也正是這種法則或力量維持著或給予了世界以秩序，並負責提供有關自身的最後的解釋。

當然同時，這種「客觀實在」或終極性的法則與力量又與現實世界處於不可調和的矛盾之中。

所以西方哲學中最高的本體論概念「存在」作為一種對「客觀實在」的標誌，本身就是一個處於「矛盾」中的概念，我們可以把這種「矛盾關係」理解為無與有、精神與物質、靈與肉、本質與現象、主體與客體、現實與歷史、遮蔽與顯現的矛盾，更可以理解為上帝與塵世的矛盾。

在世俗化的浪潮中，上帝作為一個人格化了的神，也可以理解為就是這種「客觀實在」的化身。當然，它的前提就是人必須同時生活於塵世與天國這兩個完全不同的世界中，就如馬丁・路德（1483-1546）在「宗教改革」（這被認為是真正意義上的德語文化的起點）所說的那樣：

> 讓我們來仔細觀察一下，就人類而言，政府是雙重的：一個是
> 屬靈的，通過它，良知被培養成虔敬和對神聖的崇拜；一個是
> 俗世的，通過它，個人被委以作為個人和公民必須履行的那些
> 義務。一般賦予這二種形式以屬靈的和俗世的管轄權這些不恰
> 當的名稱，以表現前一種形式與屬靈的生命有關，而後一種形
> 式則同現世生命的事務有關，不僅是同衣食住行有關，而且也
> 同法律的制定有關，法律要求個人與他的同伴們心地純潔、富
> 有尊嚴並有節制地生活在一起。前者在靈魂中佔有一席之地，
> 後者則僅僅控制著外部行為。我們稱其一方為屬靈王國，另一
> 方為俗世王國。[31]

所以德國哲學從一開始，如何處理屬靈與俗世這兩個世界就成為
了一個核心問題，屬靈與道德有關，俗世與法律有關；還是當初聖‧
奧古斯丁提出的問題：教徒與公民，孰重孰輕？

而馬克思的回答就是：

> 因此，彼岸世界的真理消失以後，歷史的任務就是確立此岸世
> 界的真理。人的自我異化的神聖形象被揭穿以後，揭露非神聖
> 形象中的自我異化，就成了為歷史服務的哲學的迫切任務。於
> 是對天國的批判就變成了對塵世的批判，對宗教的批判就變成
> 了對法的批判，對神學的批判就變成了對政治的批判。[32]

馬克思把道德與屬靈世界、彼岸世界聯繫在一起，所以在馬克思
的著作中，很少或基本不涉及道德、宗教這些為德國哲學家所熱衷的
話題，他更著眼於對此岸世界的批判，對法、對政治的批判。在這種

---

[31] 參見路德的《論善功》、《論俗世權威；論對俗世權威服從的限度》以及加
爾文的有關論述，引文出自列奧‧斯特勞斯主編的《政治哲學史‧上》第
358頁，河北人民出版社1998年版。
[32] 《馬恩全集》第1卷，第453頁。

批判中，我們完全有理由質問：塵世、法、政治，最重要的還有國家，其正當性的依據難道僅僅來自人自身的「發明」和「創造」嗎？

　　這就涉及到現代性理論與前現代學說之間的一個根本性的差異：在前現代的學說看來，塵世中的一切秩序、法、政治、道德都是被給定的，比如是被無可捉摸的神諭、命運所決定的（古代希臘），或者是被上帝的啟示、戒律所規定的（中世紀）；到了近代，笛卡兒的「自我」的出現就已經對外在世界所給定的秩序提出了質疑，於是人類開始相信自己就能夠理解自然、構造社會，實現自己的目的。黑格爾就是這樣相信的，但他相信的是精神自身的必然性（可以等同於精神的自由）；而馬克思則相信的是人（不是孤獨的個人，但也不是抽象的人類，而是負有階級使命的無產階級），人的有意識的設計、行動和目標的確定。查理斯・泰勒說：「設計出一個國家制度然後將它諸實踐的理想是啟蒙運動的理想。它把整個事情看作是一個工程問題、一個手段和設計的外在問題。」（想想我們這裏，上至國家發展計畫，下至一次環境衛生的整治活動，都早已被理解為「工程建設」的計畫問題[33]；與此相關的，就是一個組織管理問題，所以就讀管理學的大學生才那麼多）馬克思是啟蒙運動的傳人，相信歷史目的實現是人的有意識的行動；但他不同於以前的「外在設計者」（如霍布斯、洛克、盧梭等等）的地方，就在於他找到了這一歷史目標實現的承擔者（即無產者），而且認為「人的實質就是人的共同體」，「個人是社會存在物」，歷史目的的實現也就是：

> 人以一種全面的方式，也就是說，作為一個完整的人，佔有自己的全面的本質，所以「解放」是一種歷史的活動，而不是思想活動，「解放」是由歷史的關係，是由工業狀況、商業狀況、農業狀況、交往關係的狀況促成的……[34]

---

[33] 參見《黑格爾》，第 646 頁。
[34] 均見《馬恩全集》第 42 卷，第 117、368 等頁的論述。

其實，馬克思在這裏已經把他心目中的「人」(無產者)等同於「神」（當彼岸的人格化的神消逝以後，人們自然就會在此岸發現新的神，這就是作為一個階級的無產者）；而這個「神」之所以是現實的，就在於他「作為一個完整的人，佔有自己的全面本質」，這裏的本質指的是人同世界的任何一種人的關係，比如視覺、聽覺、嗅覺、味覺、觸覺、直觀、感覺、願望、活動、愛，等等。

但「人」到底是怎麼變成「神」的呢？

黑格爾之所以在《哲學史講演錄‧第四卷》一開始就把雅各‧波墨作為第一個德國哲學家來加以介紹，認為「他的哲學思想的內容是真正德國氣派的」，就是因為他把屬靈的世界納入自己固有的心靈，在自己的自我意識中直觀、認識、感覺過去被放在彼岸的一切；而這一點，也就在從一開始就給德國的啟蒙思想或思想革命打上了某種神秘主義的、浪漫主義（這兩個概念都需要重新解釋，詳後）的特質的同時，使人有了與神進行溝通、交往的可能，而這，是人想在思想上追求一種解放的前提。把屬靈的世界納入自己固有的心靈，使得人所關注的問題就會始終是一個總體性或整體性的話題，它與人如何才能認識那一本屬「屬靈世界的客觀實在」並順應其道德要求密不可分。我們甚至就可以把這樣一種追求稱之為德意志精神；而這一「客觀實在」從柏拉圖的理念、基督教的上帝，再到笛卡兒的「自我」，所有這一切都為德國哲學形成自身的獨特品性提供了思想的資源；沒有這些資源，也就不可能有在德國哲學中終於大放異彩的理性、歷史、國家、人民、生產力等等這些分別用來取代「上帝」的「客觀實在」（而這些概念又是在什麼意義上逐步取代了馬克思先前的有「孤立個人」之嫌的「人」概念的，是馬克思思想的下一步躍進）。

所以，如果說伴隨著啟蒙運動開始的世俗化過程就是以「人」取代「神」的話，那麼如何使這裏的「人」成為現實的，也就是社會的、歷史的、階級的人，則主要是馬克思的理論貢獻。

　　「實在」一定是客觀的，但又不是我們的感官所能感知的；沒有
人懷疑世界或宇宙存在著，也沒有人懷疑自己的、他人的存在，但當
我們這樣說時，我們又不得不承認這種「相信」其實基於的就只是「相
信」：我們無法描述或證明我們所相信的「實在」的真實性，比如「原
子」或根本看不見的「行星」的存在。當我們相信我們有思想時，也
就相信有些「實在」是不可被感官感知的純粹的「思想之物」。今天的
人們之所以更相信科學而不是宗教的說法，是因為科學能讓我們看到
許多「結果」，比如飛機、火箭的上天，比如在月球上著陸，但「為什
麼會這樣」或者說「竟然真是這樣」都仍是一些讓人感到困惑或實在
不好回答的問題。科學所提出的問題不是信不信，而是為什麼竟會有
科學。在這裏「有」（存在）是前提。把這個前提再追問一步，就又回
到了人（從存在到此在，從哲學到科學，再通過對科學的追問回到哲
學，人類思想就徘徊動搖於其間）。愛因斯坦的相對論告訴我們，當我
們這樣認為時，其實與我們正採用的角度有關；離開這樣那樣的角度，
也就沒有了世界本身是什麼樣子的問題。科學的任何成就都是在向哲
學提出問題，而哲學的存在，就在於能不斷提醒我們總有科學所回答
不了的問題。

　　但我們相信一定有世界本身的樣子，而且相信我們能夠從最確信
無疑的一點做起，使我們所具有的知識成為真理（「普遍必然的」的知
識而不僅僅只是「事實的」的意見）。

　　首先得這樣相信，首先得相信科學家所告訴我們的有關自然界的
知識是「真理」；其次再相信在人類的社會生活中也存在著「事實的真
理」；最後就會遇到那些最困惑人的真正的哲學問題，比如生活的意
義，比如身心關係，比如道德與幸福的關係，正義與社會制度的關係
等等。馬克思並不認為他在所有這些問題上都發現了真理，他發現的
是這些領域裏的問題就是哲學家們所謂的「實體」或「人的本質」的
現實基礎；其他所有的哲學家們都用「實體」和「人的本質」來壓制
和對抗這些「基礎」，而他作要做的只不過是要恢復基礎之為基礎而

已[35]，這很有點像後來的海德格爾說他只不過想告訴人們的是：當你們奢談「存在者」時，遺忘或掩蓋的恰恰是作為基礎的「存在」；他所要恢復的，只不過是「存在」之為「存在」的基礎而已。

馬克思就屬於這樣一個首先「相信」在大家所談論的東西後面一定還有著更為根本的「基礎」的思想家（這也說明瞭馬克思還是一位「古典哲學家」，因為現代哲學家更願意用「意義」問題取代「真理」問題，比如不討論生活這一現象後面的基礎或真理，而是討論這樣提出問題對我們意味著什麼，有何意義）；而「相信」，在德國思想家中一直占主流，就是以懷疑論著稱的康德（他也相信這一「基礎」的存在，只是不可知而已），他所「相信」的東西（比如人類的永久和平）還是遠遠多於他所懷疑的東西（比如世界本身的可知性問題）。

為什麼會這樣？

這就涉及到德意志的民族精神。

我不知道漢語界是從什麼時候起把「deutsch」翻譯成「德意志」的，但很湊巧，這裏所強調的「意志」，就最能表明德國人的一種精神，俄裔法國思想家科耶夫（Kojeve，我們以後還會經常碰到他）在講解黑格爾的《精神現象學》時就格外強調了「意志」，認為「重要的是意志的力量，只有意志才能昇華（揚棄）『自然的』自我。努力的程度是不重要的，重要的只是努力的事實。人生來是異教徒，只有通過意志的努力（信仰的改變）才能成為基督教徒。」既然人能夠通過意志的努力從異教徒成為基督教徒，那麼人也就能夠通過意志的努力從自然的存在成為精神的存在。德國哲學作為一種思想形態自然與歷史或文化密不可分，而德意志的民族性格就是德國的歷史與文化的重要組成部分；甚至，在尼采看來，價值觀也只能理解為民族精神的產物，而且僅僅與這種精神的意志體現相關。

---

[35] 《馬恩選集》第一卷，第 44 頁。

　　黑格爾自己在《法哲學原理‧導論》中也說，法的基地一般來說就是精神的東西，精神一般來說就是思維；但人並不是一個口袋裏裝的思維，另一個口袋裏裝的意志。意志不過是一種特殊的思維方式，「即把自己轉變為定在的那種思維，作為達到定在的那種思維。」[36]

　　請注意「達到定在的那種思維」，就是說，人總是會使自己成為一個什麼的。

　　但人為什麼非要成為基督教徒，非要成為精神的存在？換成對波墨的提問，就是人為什麼非要「把屬靈的世界納入自己固有的心靈，在自己的自我意識中直觀、認識、感覺過去被放在彼岸的一切」？換成對萊布尼茨的提問，就是人為什麼要相信「前定和諧」，相信這是所有可能的世界中「最好的世界」？換成對康德的提問，就是除了人的「善良意志」和道德的「絕對命令」，人在現實世界中還能做些什麼？

　　「德國」指的是一個政治上的獨立單位即國家，現在我們都習慣上稱其為「日爾曼」（Germany），而「德意志蘭德」（Deutschland）則主要指的是那塊土地以及生活在那塊土地上的人群，屬於民族融合的概念；「德國」與「德意志蘭德」二者的真正合一是 1871 年俾斯麥統一德國以後的事。在此之前，也就是說整個十七、十八世紀，當英國的工業革命與法國的政治革命已經從根本上改變了整個歐洲的面貌的時候，「德意志蘭德」還只是一塊擁有 314 個邦和 1475 個獨立騎士領地的土地，並無一個統一的中央王權；靳希平教授在《十九世紀德國非主流哲學》的「歷史綜述」中說，那時候，用我們中國人的地理尺度去衡量，差不多一個鄉，一個鎮也就是一個獨立的政治實體。幾乎當時所有的歐洲大國都想在某種程度上維持住「德國」的分裂狀態，因為早在抵抗羅馬人的入侵時，羅馬人就稱生活在這一塊土地上的人為「日爾曼人」（Germannen），它的意思多半指那些「令人生畏的戰士」，所有周邊的鄰國也都懼怕「德國」的統一。當時的「德國」，用恩格斯在《德國狀況》中的話來說：

---

[36] 黑格爾：《法哲學原理‧導論》，第 12 頁，商務印書館 1979 年版。

這是一堆正在腐爛和解體的討厭的東西。沒有一個人感到舒服。國內的手工業、商業、工業和農業極端凋敝。農民、手工業者和企業主遭到雙重的苦難──政府的搜刮，商業的不景氣。貴族和王公都感到儘管他們榨盡了臣民的膏血，他們的收入還是彌補不了他們日益龐大的支出。一切都很糟糕。不滿情緒籠罩全國。沒有教育，沒有影響群眾意識的工具，沒有出版自由，沒有社會輿論，甚至連比較大宗的對外貿易也沒有，除了卑鄙和自私就什麼也沒有；一種卑鄙的、奴顏婢膝的、可憐的商人習氣滲透了全體人民。一切都爛透了，動搖了，眼看就要倒塌了，簡直沒有好轉的希望，因為這個民族連清除已經死亡了的制度的腐敗屍骸的力量都沒有。[37]

請比較一下恩格斯在《英國工人階級狀況》中對當時的英國的描寫：

近六十年來英國工業的歷史，在人類的編年史中無與倫比的歷史，簡短說來就是這樣。六十年至八十年前，英國和其他任何國家一樣，城市很小，工業少而不發達，人口稀疏而且多半是農業人口。現在它卻是和其他任何國家都不一樣的國家了，有居民達250萬的首都，有許多巨大的工業城市，有供給全世界產品而且幾乎一切東西都是用極複雜的機器生產的工業，有勤勞而明智的稠密的人口，這些人口有三分之二從事於工業，……[38]

在這種情況下，德意志東部「塞外」普魯士邦的「驟然」崛起，自然使整個歐洲刮目相看了。普魯士是一個德意志邦國，其核心因素是勃蘭登堡（統治這一地區的即馬克伯爵）和波羅的海沿岸的普魯士（霍亨索倫家族的統治）；而把勃蘭登堡－普魯士結合起來並造就為一

[37] 《馬恩全集》第2卷，第633-634頁。
[38] 《馬恩全集》第2卷，第295頁。

個強權國家的就是弗里德里希－威廉和他的兒子弗里德里希一世（有兩個弗里德里希一世，在位時間分別為 1701-1713 和 1713-1740）[39]；而真正統一了德國的則是 1862 年 9 月 24 日被當時的威廉一世國王任命為普魯士首相的俾斯麥。

俾斯麥統一德國的法寶就是對民族精神和「德意志」的「意志」力量的強調。

1862 年，當時的俾斯麥 47 歲，馬克思 44 歲，恩格斯 42 歲，而黑格爾已經逝世 31 年，歌德逝世整整 30 年了；那也就是說，早在俾斯麥實施他的統一德國的偉大計畫前，德國已經在思想領域裏進行了翻天覆地的「思想革命」，並將其影響一直延續到今天。當然，這種「思想革命」是在壓抑與反抗、絕望與希望、回到內心與改造社會這些不同向度上同時進行的。所以馬克思和恩格斯也都在不同地方反覆說過：當英國進行了工業革命，法國進行了政治革命的時候，德國進行的是、也只能是思想革命。就在上面引述了恩格斯關於「德國只不過是一個糞堆」，「一切都爛透了」的後面，恩格斯接著說：

> 1750 年左右，德國所有的偉大思想家——詩人歌德和席勒、哲學家康德和費希特都誕生了，過了不到 20 年，最近一個偉大的德國形而上學家黑格爾誕生了。這個時代的每一部傑作都滲透了反抗當時整個德國社會的叛逆的精神。……但是，這些都是他們青年時代的作品。他們年紀一大，便喪失了一切希望。

我們應該在這裏所補充的就是：當馬克思和恩格斯說出所有這些話，包括寫出《共產黨宣言》、《政治經濟學批判·導言》時，俾斯麥還沒有上臺；當 1867 年《資本論》出版第一卷時，德國也還沒有統一。

---

[39] 參見丁建弘所著的《德國通史》，上海社會科學院出版社 2002 年版，第 91 頁。

所以對那整整一代、當然也是最為輝煌的德國思想家來說，他們只能生活在「希望」、「相信」和「期待」之中。希望或願望自身作為一種精神價值，就具有著其無可替代的有效性。而且從 1740 年弗里德里希二世即位普魯士國王後，至少在普魯士，就進入了一個「開明君主專制」的時代；他自己稱自己為「國王－哲學家」，提倡國王與哲學家聯盟，對國家實行理性主義的統治。我們都還記得康德在《何謂啟蒙？》的最後所說過的那段著名的話：

> 這位國君本人就是啟蒙了的，並且配得上被天下後世滿懷感激之忱尊之為率先使得人類，至少從政權方面而言，脫離了不成熟狀態，並使每個人在任何有關良心的事務上都能自由地運用自身固有的理性，只有這位本身是啟蒙了的、不怕幽靈的而又同時手中握有百萬精兵可以保障公共安寧的君主，才能夠說出一個自由國家所不敢說的話：可以爭辯，隨便爭多少，隨便爭什麼，但必須聽話。

於是我們也就可以從這裏看出真正的「普魯士精神」，為什麼一方面可以在對「實在」的把握和理解上把人類思辯的精神力量推進到無比的深度，另一方面又顯出如此的懦弱與平庸，似乎只滿足於精神的自我辨究和內在的「善良意志」就已足夠。

到馬克思、恩格斯創立自己的學說時，普魯士已經又在軍事擴張中開始限制思想的自由，這從馬克思寫於 1842 年 1 月的《評普魯士最近的書報檢查令》就能看出來；正是在這篇文章中，馬克思說，「我們不是那種心懷不滿的人，在普魯士的書報檢查令還沒有公佈之前就聲明說：即使希臘人帶來禮物，我還是怕他們。」馬克思引用這句話，是為了說明連希臘人可以公開討論的真理、事物的客觀標準、精神的本質、政府與法律的關係以及什麼才叫懲罰思想等等問題在我們這裏已經不再能公開討論了；普魯士政府可能萬萬沒有想到，正是它的「書報檢查令」，才使得本來並不「心懷不滿」的馬克思，終於走

上了社會主義革命和無產階級專政的道路。因為它限制或壓制了德意志精神，即那種必須擺脫一切外在束縛、在自身內爭得自由的精神，那種被笛卡爾在《第一哲學沉思錄》中所明確表達了出來的精神：「我在好多年前就已經覺察到，我從早年以來，曾經把大量錯誤的意見當成真的加以接受。從那時起，我就已經斷定，要想在科學上建立一些牢固的、永久的東西作為我的信念，我就必須在我的一生中有一次嚴肅地把從前接受到心中的所有意見一齊去掉，重新開始從根本上做起。」

這段話換成《共產黨宣言》，就成了：

> 共產主義革命就是同傳統的所有制關係實行最徹底的決裂，毫不奇怪，它在自己發展進程中要同傳統觀念實行最徹底的決裂。

體現在德國人身上的專一性的理論要求與對人類精神活動中的一切都極感興趣，這使得他們具有了一種在必須不斷反對和克服別樣的觀點中才能體現出自己的存在的力量。當最優秀的德國人都沉溺於這樣的力量時，只有馬克思最先提出了用行動「改造世界」的問題。

整個人類歷史都告訴了我們這樣一個事實，這就是當一個時代行將沒落，當那些有熱情，有朦朧的希望，但又同時感受到無形的恐懼和壓抑的時候，這種「特定的時代氣息」是最能造就偉大的思想家和作家的；這也就是為什麼當我們分析到德意志的精神特徵時，必須考慮到「德意志蘭德」的現實與以後的俾斯麥的統一，而這樣一種思考問題的方式，本身就是馬克思所教給我們的。

第三節　馬克思與黑格爾左派

恩格斯在《費爾巴哈和德國古典哲學的終結》中說：

> 總之，哲學在黑格爾那裏終結了：一方面，因為他在自己的體
> 系中以最宏偉的形式概括了哲學的全部發展；另一方面，因為
> 他（雖然是不自覺地）給我們指出了一條走出這個體系的迷宮
> 而達到真正地切實地認識世界的道路。[40]

不僅恩格斯這樣說，當代著名的哲學家麥金太爾也在他的《倫理
學簡史》中說：

> 把黑格爾看作是倫理學史的終結點，在某些方面總是不會引
> 起異議的：這部分是因為黑格爾把自己看成是哲學史的終
> 結；更重要地是，到黑格爾所處的時代，所有基本論點都已
> 確立。黑格爾以後，這些基本論點以新的裝束和新的文化形
> 式再現，但它們的再現不過是證明瞭根本性的革新是不可
> 能的。[41]

為什麼說黑格爾哲學終結了當時幾乎所有的哲學問題呢？

從 1933 年起就講授黑格爾《精神現象學》的科耶夫，影響了法國
幾代的哲學家，在《黑格爾導讀》這本中譯本的封底，印有與這本書
的記錄者雷蒙·克諾同時聽課的巴塔耶的一段話：

> 這是對《精神現象學》的天才解釋：不知有多少次，克諾
> 和我從小課堂裏出來時透不過氣來，是的，透不過氣來，說
> 不出話……科耶夫的課程將我折斷、壓碎，殺死了不知多
> 少次。

---

[40] 《馬恩選集》第 4 卷，第 216 頁。
[41] 龔群譯，商務印書館 2003 年版，第 264 頁。

在貝爾納‧亨利‧列維的《薩特的世紀──哲學研究》中，作者有對科耶夫講解《精神現象學》在薩特思想上所引起的巨大的、可以說是翻天覆地的變化的更為詳盡的描寫，裏面說：從 1933 年到 1939年，面對著擠在高等實驗研究院的小教室裏的目瞪口呆的聽眾，說話的並不是黑格爾，而是科耶夫；雖然科耶夫的解讀正像人們所說的那樣，是瘋狂的、荒誕的、神秘化的，但重要的「不是黑格爾說了什麼，而是人們以為黑格爾說了什麼」。

黑格爾說了什麼？也許他沒有說「歷史的終結」，但他確實說了「哲學的終結」；也許他並沒有說「現在的世界是這樣，將來的世界是這樣，這個世界不會變了」，但他確實說了：

> 我們關於現在的世界和將來的世界的知識體系，已經調和了主
> 觀自由和全部的實體，提供了總體上的空間，不僅可以容納所
> 有過去的理論，而且也可以容納所有可以想像的理論。

也許他並沒有說要提出一種「更好的」哲學，但他確實說了這是「唯一的」、「最後的」哲學……

「在黑格爾之後，我們擁有了一份真理的清單，這份清單繼承了亞里斯多德和康德的抱負，但是比亞里斯多德和康德做得更好，更完善。那我們還能做些什麼呢？

科耶夫的話的大意是：我們只能重複。」

這就是當時坐在那間小教室裏的包括有巴塔耶、拉康、梅洛－龐蒂、雷蒙‧阿隆，當然也有薩特在內的幾乎所有以後在法國最有名望的哲學家們所聽到的話。後來的薩特說：「世界的未來，因此也包括現在的和過去的意義都最終有賴於我們對黑格爾作品的解讀」。最後轉向信仰馬克思主義的阿爾都塞在青年時代也專門寫文章說：

> 黑格爾已經變成了我們的世界，黑格爾在我們中不僅是真理，
> 也是現實，而且當代所有的思想都是在「黑格爾的墮落」中形

成的，也包括其否認、無知或忘恩負義，不管它是否意識到自己的起源，也不管它是否衡量了從多大程度上有賴於黑格爾哲學這一「根本上的真理」。[42]

現代的漢娜・阿倫特更是在《精神生活・思維》一書的最後說：

> 自黑格爾和馬克思以來，人們用歷史的觀點和根據人類進步的假設來考察這些問題。最後，關於這些問題，我們只能兩者選一：要麼我們贊同黑格爾的觀點，認為世界的歷史就是世界的審判（Die Weltgeschichte ist das Weltgericht），把最後的判斷留給結果；要麼我們贊同康德的觀點，認為人的精神是自由的，人獨立於自在的或已經存在的物體。[43]

而對後人來說，到底是想把馬克思「還原」為康德還是黑格爾，竟成為「誰才是真正的馬克思主義者」的一個分水嶺[44]。凡是想把馬克思「還原」為康德的，都與某種形式的自由主義有關；而凡是想把馬克思「還原」為黑格爾的，卻並不是保守主義者。這裏面有理論態度與實踐態度的區別，也有黑格爾右派與黑格爾左派在如何對待黑格爾上的分歧，期間的吊詭關係，我們將在下麵作進一步的梳理。

我們說這麼多，只想揭示出這樣一個極其簡單的事實：這就是當馬克思認為《精神現象學》是「黑格爾哲學的真正誕生地和秘密」[45]，認為德國的哲學革命就是從康德開始，推翻了前世紀末歐洲各大學所普遍採用的陳舊的萊布尼茨的形而上學體系；是費希特和謝林開始了哲學的改造工作，而在黑格爾那裏終於完成了新的體系[46]，而且正是

---

[42] 《薩特的世紀——哲學研究》，閻素偉譯，商務印書館 2005 年，參見第 666-668 頁的有關論述。

[43] 該書第 240 頁。

[44] 參見亨利希・庫諾的《馬克思的歷史、社會和國家學說・前言》，具體論述詳後。

[45] 《全集》第 42 卷第 159 頁。

[46] 《全集》第 1 卷，第 588 頁。

黑格爾才「站在現代國民經濟學家的立場上，把勞動看作人的本質，看作人的自我確證的本質」[47]；在科耶夫的《黑格爾導讀・代序》[48]中，一開始引用的就是馬克思的一段話：「黑格爾……把勞動理解為本質，理解為能自我證明的人的本質」，以及把關於自然的、歷史的和精神的世界在產生和消失的過程理解為一個辯證發展的過程，從而「推翻了一切關於最終的絕對真理和與之相應的人類絕對狀態的想法」，並把這一切都留給了他的繼承者（指馬克思本人）[49]時，馬克思至少不是一個「無知或忘恩負義」的人。他在《資本論・第二版序言》中說：

> 我要公開承認我是這位大思想家（引者注：指黑格爾）的學生，並且在關於價值理論的一章中，有些地方我甚至賣弄起黑格爾特有的表達方式。

而且正如柯耶夫所說的那樣：

> 每一種對黑格爾的解釋——只要它不是閒談——無非是鬥爭和工作的規劃（這些規劃之一就叫做馬克思主義）。這意味著，一個黑格爾的解釋者的工作具有某種政治宣傳工作的含義。所以，世界的未來——所以也就是現在的意義和過去的意義，說到底，取決於如今解釋黑格爾的方式。[50]

> 世界的未來——所以也就是現在的意義和過去的意義，說到底，取決於如今解釋黑格爾的方式。

這句話，在某種不太完全的意義上，我也比較信從，特別是當我聯想到我們中國的傳統文化，聯想到康德不大喜歡但卻是我們心目中

---

[47] 《全集》第 42 卷，第 163 頁。
[48] 該書 2005 年由譯林出版社出版。
[49] 參見《馬恩選集》第 3 卷第 63 頁、第 4 卷第 213 頁等處的論述。
[50] 科耶夫等著：《馴服慾望・黑格爾、馬克思與基督教》，第 25 頁，華夏出版社 2002 年版。

揮之不去的未來理想的「倫理共和國」（詳後，這個理想是我們的老祖宗遺傳給我們的，無論我們喜歡與否，恐怕都只能是這樣），聯想到倫理（而不是道德）、聯想到法哲學（而不是實踐理性）、客觀性（而不是主體性或主觀性──這是同一個詞）、合題（而不是反題）、絕對精神（類似於中國的「道」，而不是笛卡爾、康德、胡塞爾的自我或意識）這些幾乎專屬於黑格爾的概念時，就更在心理上偏向了黑格爾。這其實也是我重新關注馬克思及其主義的一個內在動因。

解釋黑格爾的什麼的一種方式？或者說，馬克思從黑格爾那裏所繼承的到底是一種方法還是一種觀念？

自從恩格斯在《費爾巴哈和德國古典哲學的終結》中認為黑格爾哲學的歷史貢獻就在於「在形而上學長期占統治之後，詳盡地批判了形而上學的思維方式，把辯證法提升為客觀真理和普遍規律」後，黑格爾哲學的體系（保守的）與方法（革命的）的矛盾就成為人們的普遍共識（關於體系與方法的矛盾的進一步論述在後面）。

但我們又都知道黑格爾哲學體系的基本概念是「精神」（或「絕對精神」），而「精神」的本質規定又是「自由」；所謂「辯證法」，實際上講的是精神自由的辯證法。所以在麥金太爾看來，後世的人之所以往往會歪曲馬克思的學說，就在於他們忘記了馬克思思想的中心概念就是自由，並且就是黑格爾哲學意義上的自由概念。

> 關於自由的概念，黑格爾寫道：「正是這個理念本身是人的現實──作為人而言，不是他有什麼，而是他是什麼。」馬克思寫道：「自由確實是人所固有的東西，連自由的反對者在反對實現自由的同時也實現著自由。……沒有一個人反對自由，如果有的話，也只是反對別人的自由。」[51]

---

[51] 麥金太爾：《倫理學簡史》，第 278 頁。

　　我們都不能忘記，馬克思出生在萊茵省，而萊茵省在法國將近二十年的統治下，是全德國唯一知道「共和制」是什麼意思的一個地區；對「自由」的追求使得這裏的人們與普魯士政府一直保持著疏遠的關係。當馬克思把自己在波恩大學所學習的法律專業轉到柏林大學學習歷史與哲學並在 1841 年拿到博士學位以後，他在他所在的那個小團體「黑格爾左派」中經常交往的一個分支就叫「自由人」（注意：與自由主義並無關係）；而且他們認為他們的哲學的出發點就是黑格爾，只有他們對黑格爾的解釋才是「唯一合乎黑格爾主義的」（所以以後的施蒂納才寫了當時影響很大的《唯一者及其所有》[52]）所以如何理解黑格爾左派心目中的「黑格爾」與「自由」，在某種意義上也就成為了理解青年馬克思派是如何解釋（同時也就是一種改造）黑格爾的自由的一把鑰匙。

　　「黑格爾左派」是一批遊離於大學之外的「知識份子」，這本身就是對中世紀「經院哲學」或由教會壟斷知識的突破。相應的，就需要我們對「知識份子」這一概念進行新的界定，它不再是從機構、單位、所持有的理念去界定知識份子，而是從社會變遷中人的存在方式、實踐方式，從他們身上所體現出來的社團精神、反教士主義和表示異議的思想傾向來認識這批新的「知識份子」。雅克‧勒戈夫在《中世紀的知識份子》[53]一書的最後說，到 14、15 世紀，在歐洲，一個新的知識份子類型已經出現，這就是一些人文主義者，他們不但打破了大學和大學教授對精神生產與高等學校課程安排的壟斷，而且對科學、理性、信仰和簡樸生活的價值進行了新的論證，並在論證中逐步顯示出一定會戰勝「學院派」知識份子的勢頭（在中國大陸也出現了這樣的勢頭）。

　　「人文主義知識份子」在本質上與我們前面所說的那些浪漫主義知識份子有著更為密切的、或可稱之為血緣上的密切聯繫；在他們身上更多詩性的、感性的、想像的成分，「自然」、「愛情」是他們的歌頌

---

[52] 參見「蘇」馬利寧、申卡魯克合著的《黑格爾左派》第 30 頁的有關論述，社會科學文獻出版社 1987 年版。

[53] 商務印書館 2002 年版。

對象，文學、詩歌、音樂、繪畫是他們的天然領地，「非學院派」或「體制外」是他們共同的稱謂，儘管並不全然這樣。瑞士的雅各·布克哈特在《義大利文藝復興時期的文化》中也說：

> 最糟的是：人文主義者的地方和固定的居處不能相容，因為他們不是為了生活不得不流離四方，就是個人的心情受影響永遠不能長期安居一地。

而最為根本的原因，就在於他們由於沒有共同的利益感，因而也就無法尊重關於共同利益的一切。當然，教會與當局的無法容忍也迫使他們或不斷出走，或相互分離[54]。我認為這一點對於理解「青年黑格爾派」的不斷分離和四處遷徙是有一定的參考價值的，而馬克思和恩格斯最後想組成一個正式的政黨，就包含著想解決這一問題的思想動機。

當時的「黑格爾左派」其實在對如何發展黑格爾的思想上有了一個分工：施特勞斯負責發展黑格爾的「宗教思想」（也正是施特勞斯在他的《耶穌傳》中正式提出了有黑格爾左派和右派之分，右派與黑格爾體系中保守的因素相結合，左派則代表著人的社會自我意識中的自由思想；也許從根子上說，「左派」與「右派」之分應該起源於法國大革命時在國民公會中，吉倫特黨人就一直坐在右邊，而山嶽黨人則坐在左邊的最上方，因而也就同時獲得了「山嶽黨」與「左派」這兩個將影響全世界、特別是中國人千百萬人身家性命的概念，由此也可見出法國大革命的影響之巨之久，詳後），布·鮑威爾發展黑格爾的「歷史哲學」的思想，鮑威爾實際上也是把黑格爾哲學運用於神學，但正如馬克思所說的：

> 施特勞斯和鮑威爾兩人都十分徹底地把黑格爾的體系應用於神學。前者以斯賓諾莎為出發點，後者以費希特主義為出發

---

[54] 《義大利文藝復興時期的文化》，第 269-272 頁，商務印書館 1979 年版。

點。他們兩人都就上述兩個因素之中的每一個因素在黑格爾那裏有與另一個因素的滲入而被歪曲這一點批判了黑格爾，可是他們使每一個因素都獲得了片面的、因而是徹底的發展。[55]

盧格負責發展黑格爾的「法哲學思想」（阿爾諾德‧盧格是黑格爾左派中最為活躍的一個人物，他對黑格爾法哲學的發展就是強調自由，而且不是抽象的意識中的自由，應該是具體的、首先是政治的自由，這裏實際所強調的就是一種權利意識，黑格爾《法哲學原理》的英譯就是「The Philosophy of Right」，即「權利哲學」，因為德語中的「法」（recht）本身就是精神的產物，就含有精神自身所具有的法規與權利的意思；他的自由主義的理念就是自由的教會，自由的國家，自由的個人；只有人民才是自由的體現者，人民沒有自由便一無所有，在《馬恩全集》第一卷中收入的「摘自『德法年鑑』的書信」基本上都是馬克思寫給盧格的信）；而馬克思則負責發展黑格爾的「哲學史思想」，於是才有了馬克思的《博士論文》，有了他在《神聖家族，或對批判的批判所作的批判》中的第六章中《對法國唯物主義的批判的戰鬥》一節，重新梳理了西方哲學史的發展線索。[56]

除了這幾個人，在「黑格爾左派」中還應該特別強調費爾巴哈、切什考夫斯基、施蒂納和布‧鮑威爾的弟弟愛德格‧鮑威爾所起到的重要作用。

但在幾乎所有的學術或政治的團體中都存在著一個似乎已成規律的現象，這就是左派自然而然就會分裂，而右派則往往重視團結。

左派分裂的原因就在於激進（左比右好），於是在相互比試著的激進中就無形中有了一種競爭，誰也不甘示弱，就如「現代性」一旦定義為與傳統的決裂，那麼這種決裂就會一直進行下去，於是相對於今天，昨天就已成為傳統；所謂的「解構」也一樣，直至把自身得以「立足」的依據也「解構」掉。

---

[55] 《全集》第 2 卷，第 177 頁。

[56] 參見《黑格爾左派》第 30、90、201、204 頁的有關論述。

「左派」（激進派、革命派、造反派，如此等等）的這一痼疾，在文化大革命中的我們身上又重演了一遍。當然，這也是後話。

上述「黑格爾左派」中的核心人物都在以後的歲月中成為了馬克思的理論敵人，儘管在私人感情上一直保持著密切的來往。

一個特別引人注意的現象就是馬克思的學說恰恰是通過對自己原先的「同道們」的理論批判而得到完善和發展的；他在理論上的敵人並不是「老年黑格爾」或「黑格爾右派」，而就是在理論上最為有力的「黑格爾左派」。

當然，這一點並不意味著馬克思就沒有從其左派同盟者那裏吸收到足夠的思想資源。

在一本由英國人大衛‧麥克萊倫所著的《青年黑格爾派與馬克思》[57]中曾詳盡列出了「青年黑格爾派」（即黑格爾左派）的同道們都在那些方面幫助或啟發了馬克思形成自己的思想。比如：

是切什考夫斯基（波蘭一位伯爵的兒子，一直在柏林大學學習哲學，是黑格爾的崇拜者）在 1838 年出版的《引論》一書中正式提出了「實踐」這一概念，認為歷史的動力並非黑格爾所說的「思想」，而是意志；意志是一種行動能力，他用「實踐」這個概念來說明這種把思想與行動綜合起來的行動，認為今後的哲學應該：

> 成為一種實踐的哲學，更確切地說，要成為實踐活動的哲學，實踐（praxis）的哲學，對社會生活施加直接影響的並且在具體活動範圍內發展未來的哲學。

「實踐」是一個在內涵與外延上都遠比「勞動」要開闊許多的概念。「勞動」具有一種直接性的、單純操作性的活動性質，而「實踐」則以更多的過程為仲介，它的內容要廣泛得多，也就是說，它並不具有「檢驗真理」的直接性；而且只要講到「實踐」這一概念，就必須

---

[57] 陳啟偉等譯，商務印書館 1982 年版。

首先想到它是一種有目的性的活動，一種基於對現實的認識的活動。盧卡奇在反駁恩格斯的「實踐是檢驗理論的標準」這一說法時，曾舉出了這樣一個例證：

> 歷史為我們提供了這樣一些事例：在某些時候，正確的行動卻是在錯誤的理論的指導下進行的。[58]

我們可以想一下我們的社會主義實踐。在文化大革命前，甚至更早一點，關於「保留資本家」、「保留資本主義」以及關於「白貓黑貓」的「理論」無論如何不能說是「正確」的，因為它違背了所謂的「馬克思主義」關於階級與階級鬥爭，關於社會主義就是什麼什麼的一整套說法，然而在今天看來，又正是這許許多多的「正確的行動卻是在錯誤理論的指導下進行的」。其實毛澤東在其一生的革命實踐中就一直與各種形式的「教條主義」進行著鬥爭；「實踐」在他的心目中就意味著能解決問題而不是能檢驗真理——如果我們把真理理解為一套完備的、自成體系的理論學說的話。

是盧格給「黑格爾左派」打上了「哲學激進主義」的烙印。這種「哲學激進主義」不同於「自由主義」的地方就在於：自由主義的思想領袖是康德，這是一些追懷當年普魯士改革，而且表達的是那些想參加政府的資產階級的願望，希望通過改革與君主政體達成某種妥協；「哲學激進主義」則是一些在大學或正式的學術圈子之外（用我們今天的話來說就是「體制外」）的自由知識份子（當時自稱為「自由人」），他們攻擊「中間道路」，把「自由主義」的口號改變為「民主主義」的口號，把黑格爾的具有「揚棄」意味的「否定」改換為「絕對否定」，認為「破壞的快樂也就是創造的快樂」（巴枯寧語），換成我們所熟悉的語言，也就是「破字當頭，立在其中」，並以此作為與黑格爾徹底決裂的標誌；是「黑格爾左派」在歷史上第一次給了人們一個政

---

[58] 《歷史與階級意識·新版序言》。

黨的概念（從此也就有了不同於經濟活動中的「公司」的「政治組織」）。早在 1838 年，人們就已經承認他們是一個政黨，而且對他們的譴責也總是以「該黨」兩字開頭。到 19 世紀 30 年代末，愛德格·鮑威爾更是在《萊茵報》上發表文章說只有黨才能夠控制無秩序的的解放運動，歌頌黨「體現了辯證法」，是「勝利的創造者」；是施泰因使「無產階級」一詞在德國變成了一個大家通用的詞語；施泰因認為共產主義的發生是由於無產階級及其社會地位的需要，因為頭和心的需要與胃的需要一樣強烈；這是一種他們曾反對過的「唯物主義」的觀點，但現在，施泰因已經意識到改革涉及財富的重新分配，所以如果國家不採取主動的話，就會發生無產階級革命。所有這些話實際上都是說給統治者聽的，所想維護的也是開明的君主制度，所以真正對「無產階級」一詞感興趣的仍是資產階級，而且按照卡爾·格律恩的看法，在當時的德國，意識到這一問題的最多不過十個人；是莫澤爾·赫斯使他們眼中的現實超出了宗教和政治的領域，開始把社會問題也包括在內，他通過把黑格爾哲學與法國的社會主義聯繫起來，促使黑格爾左派走向人道主義和共產主義，但他依舊把問題限制在思辨的範圍內，並從黑格爾轉向費爾巴哈；是麥克斯·施蒂納的《惟一者及其所有物──個人對權威的控訴》最先告訴了人們現代國家進行統治的主要手段是意識形態，而且這種意識形態又主要是通過教育加以灌輸和傳播的，教育就如同在人的大腦中裝上一個輪子一樣，使人在以後的日子裏會不由自主地隨其而去；是布·鮑威爾指導了馬克思的《博士論文》，並在給馬克思的一封信中說「現在的理論乃是實踐的最強有力的形式」，這使得馬克思在《博士論文》的最後宣佈「哲學上的實踐本身就是理論的」（這其實也是黑格爾自己說過的話；關於布·鮑威爾的理論貢獻，我們在後面還會涉及到，此處從略），這也說明在當時，馬克思所理解的「實踐」還主要是理論的實踐，只是到了後來，才轉變為行動，並宣佈「問題不在怎樣解釋世界，而在改變世界」；也正是布·鮑威爾在波恩大學被解除教職，使得他推薦馬克思進入大學的願望落空；是《哈

雷年鑑》、《萊茵報》、《德意志年鑑》、《德法年鑑》的失敗，使得「黑格爾左派」在分裂中不得不走向激烈，並使得馬克思於 1843 年離開德國，踏上了流亡之路，而且從此以後就再也沒有回過德國；離開德國後，馬克思去了巴黎，在那裏完成了《1844 年經濟學──哲學手稿》；1845 年他再被驅逐出巴黎，到了布魯塞爾，在那裏與恩格斯完成了《共產黨宣言》；後再被驅逐出比利時，落腳於倫敦，並在這一世界資本主義的中心度過了他的餘生。

約翰・麥克里蘭在《西方政治思想史》[59]中說，黑格爾解決了哲學世界中最為棘手的問題，即觀念與現實的關係（我們平時說成是思維與存在的關係）問題，認為觀念（精神存在，比如上帝）並不在現實之外審判現實，而是在現實中實現著自身的自由，這應該是最吸引黑格爾左派和馬克思的地方；但就觀念與現實的關係而言有沒有一個何者為本的問題？按照黑格爾，觀念在現實中以辯證的方法實現自身的自由，如果說有問題的話，那也只能在觀念中加以解決：世界必須等待著人類觀念的改變，而觀念的改變可能是一個極其漫長的過程；當自由的觀念滲入所有人的意識中後，自由就會通過國家實現於現實之中，即所謂「凡是合理的東西都必將成為現實的」（黑格爾的這一套說法也許很能帶給人們一種虛無縹緲的希望）。

但如果是現實制約著人們的觀念，要想改變觀念就只有改變現實，而且現實一旦改變，一切都會隨之改變；黑格爾強調觀念，馬克思強調現實；而且辯證法並不僅僅講的是觀念自身的自由歷程，它講的是觀念與現實間的辯證關係，講的是國家自行消亡後的現實的自由（問題在於怎樣改變現實？這肯定是馬克思不得不認真做出回答的一個問題）。

而且在馬克思看來，「黑格爾左派」的所有「同道們」都沒有使自己所提出的概念（比如切什考夫斯基的實踐、盧格的民主主義、愛德

---

[59]　海南出版社，2003 年版。

格‧鮑威爾的政黨、施泰因的無產階級、赫斯的社會問題、布‧鮑威爾的理論與實踐的關係等等）達到「具體」，而辯證法的唯一效能，就體現在使概念從「抽象」達到「具體」。

這當然依然是黑格爾的教導，但黑格爾說的也依然是觀念中的具體（概念的具體或具體概念），而馬克思則要把這種概念的具體變成現實的具體，形式的自由與平等變為實質的或事實上的自由與平等。

黑格爾是從觀念的「抽象」出發的；而我們的「唯物主義」是從感性的「具體」出發的；前者是本體論的立場，後者是認識論的方法；前者講的是就「存在」這一哲學最高問題而言的邏輯上的前提，後者是相對於人如何獲取知識而言的事實上的出發點。

但馬克思並不只是一個這樣討論問題的哲學家。

他所強調的當然首先是「人」的具體或「具體」的人：

> 以一定的方式進行生產活動的一定的個人，發生一定的社會關係和政治關係。經驗的觀察在任何情況下都應當根據經驗來揭示社會結構和政治結構同生產的聯繫，而不應當帶有任何神秘和思辨的色彩。社會結構和國家經常是從一定個人的生活過程中產生的。但這裏所說的個人不是他們自己或別人想像中的那種個人，而是現實中的個人，也就是說，這些個人是從事活動的，進行物質生產的，因而是在一定的物質的、不受他們任意支配的界限、前提和條件下能動地表現自己的。[60]

但這樣的「具體的人」所具有的恰恰只是一些「抽象觀念」，所以馬克思才說：

> 人應該在實踐中證明自己思維的真理性，即自己思維的現實性和力量，亦即自己思維的此岸性。[61]

---

[60] 《德意志意識形態》，《選集》第 1 卷，第 29-30 頁。
[61] 《選集》第 1 卷，第 16 頁。

　　這說明馬克思所著眼的始終是「具體的人」與具體的人所具有的「抽象觀念」；而歷史的實踐活動所起到的作用，就是證明人的思維的「此岸性」，亦即概念是如何在不斷的「證明」中從抽象達到具體的。

　　記住：這裏的「證明」不再是理論的證明，而是實踐的證明，即通過實踐活動在現實生活中實現哲學，或者說使生活本身哲學化──再也沒有比這更為「具體」的哲學了。

第二章

馬克思與馬克思主義

近兩三年來，許多大學生、文學家和其他沒落的年輕資產者紛紛湧入黨內。他們來得正是時候，可以在種類繁多的新報紙的編輯部中佔據大部分位置；他們照例把資產階級大學當作社會主義的聖西爾軍校，以為從那裏出來就又全帶著軍官官銜甚至將軍官銜加入黨的行列。所有這些先生們都在搞馬克思主義，然而是十年前你在法國就很熟悉的那一種馬克思主義，關於這種馬克思主義，馬克思曾經說過：「我只知道我自己不是馬克思主義者。」馬克思大概會把海涅對自己的模仿者說的話轉送給這些先生們：「我播下的是龍種，而收穫的卻是跳蚤。」

——恩格斯致保·拉法格（一八九〇年八月二十七日）。
《選集》，第四卷第四七六頁。

如果說我們在前面「梳理」的是馬克思之為馬克思的「思想源泉」，而且這種「梳理」對於「識別」馬克思這個人是絕對必要的話，我們現在將進行另一種「歸屬」工作，即在把馬克思「歸屬」於「馬克思主義」這一前提下對馬克思的學說重新加以討論。

在重讀了恩格斯致保·拉法格的這封信後，我個人先有了這麼幾點感受：首先，馬克思主義竟然作為一種大家競相加入（因為能謀得工作職位）的「顯學」曾經在資本主義的國家中如此「火爆」過，這在我們今天看來完全是一個不可思議的社會現象，而且似乎對這一現象加以特別關注的人也不多。

1890 年前後到底發生了什麼事使得那麼多大學生，甚至包括有著將軍軍銜的人都要「湧入黨內」？

這是一個極有意義的問題，涉及到如何解讀馬克思的《哥達綱領批判》和社會民主黨的性質，甚至涉及到我們今天又當如何理解「馬克思主義」的一些基本觀念，比如地下鬥爭、武裝革命、奪取政權、反對議會道路、實行無產階級專政等等方面的問題。

文化大革命後期，我還是一個剛剛 20 來歲的青年，不知因為什麼緣故，《哥達綱領批判》忽然間成為大家必讀和精讀的一本著作。我不知讀了多少篇，但始終不甚了了，不知在說些什麼，只記住了一些「不能放棄原則」、「必須旗幟鮮明」的口號，而當時，具體來說，實際上就是一個要不要聯合、要不要復課鬧革命、要不要抓革命、促生產的問題，或者說，這些事情是否違背了文化大革命的也就是無產階級專政下繼續革命的原則和旗幟的問題。

40 年後重讀《哥達綱領批判》，而且在《尋找馬克思》的題目下重新認識馬克思主義，就更讓人心緒難平了，因為，畢竟，在這 40 年裏，發生了太多太多的事，無論是國際上還是國內，而所有這一切，對我們來說依然有一個如何理解馬克思主義的問題。

　　恩格斯是 1895 年逝世的。在他逝世前，能看到如此的景象，也不知他心中作何感想；但總的來說，可能還是悲哀大於歡樂，因為他在這裏套用了那句海涅的名言：「我播下的是龍種，而收穫的卻是跳蚤。」

　　如果馬克思和恩格斯能活到今天呢？

　　還是讓我們收回我們的思緒，看看 1890 年的德國：

　　巴黎公社已經過去了 19 年，巴黎公社失敗後，馬克思就認為工人階級運動的中心已經從法國轉移到德國，而此時，馬克思也已經逝世了 7 年；就在這一年 3 月，作為德國統一的象徵性人物俾斯麥下臺，俾斯麥當初在議會通過的「非常法」（凡進行社會主義宣傳的各種組織、出版物和機會都被禁止）也隨之廢除。

　　但到底是什麼力量改變了這一切呢？

　　就是工人力量的快速壯大和資產階級政府對於民主政治的讓步與接受。

　　而所有這一切，說明無論是資產階級還是無產階級，都正在發生著某種根本性的變化。可惜馬克思沒有看到這種變化，恩格斯看到了，但他是否意識到這種變化對已經基本定型了的「馬克思主義」到底意味著什麼呢？為什麼用「基本定型」這幾個字？其實是相對於我們後來所接受的「馬克思主義」而言的。1890 年前後的「馬克思主義」在人們心目中到底是什麼樣子？是十月革命後、經過列寧、史達林「發展」了的「馬克思主義」嗎？我沒有認真比較研究過，但幾乎可以肯定說不是，至少是不一樣的。這一點，從我們的切身體會就能得出，比如，現在的「毛澤東思想」與我們在文化大革命時所理解的「毛澤東思想」相去之大，大概也就可以說明「馬克思主義」在其創始者還活著時與死後的差別之間一定有著極大的差異。這應該是「解釋學」（hermeneutics）的常識，無論對誰來說都一樣。如何面對無產階級與資產階級相互之間所發生的變化，恩格斯一定有許多新的想法；但也許由於恩格斯畢竟太老了一點，而且長期居住在國外，加上接觸的人

有限，又要忙於為馬克思整理遺稿，這些新想法並未引起人們足夠的
注意。所有這一切，都需要有新的史料的發現與解讀。

　　普魯士國王威廉一世是 1871 年 1 月 18 日宣佈德意志帝國的成立
的；新成立的帝國是普魯士的擴大和對周邊若干小王朝的征服，這是
沒有問題的。當然，這一統一也順應了德國民眾的要求。統一後的德
意志帝國迅速完成了工業化過程，到 80 年代末已上升為歐洲大陸第一
強國，並在 90 年代趕上英國，鐵的產量躍居世界第二。這時候的社會
主義運動也已經為整個歐洲的社會民主主義運動所取代，而德國的社
會民主主義運動的力量主要來自兩股，一股是德國內部的、具有改良
主義和民族主義性質的工人運動，其領導人就是著名的斐迪南·拉薩
爾。這裏應該特別強調的有兩點，一是拉薩爾是一個猶太人，而且少
年時代曾夢想成為猶太人的英雄領袖；他的猶太情節遠勝於馬克思，
這幾乎也就決定了他在內心深處更想扮演一位「救世主」，只不過逐漸
從猶太人的「救世主」成為了工人階級的「救世主」而已。二是他的
哲學研究也是從前蘇格拉底入手的，研究的是赫拉克利特，並迅速成
為一位「黑格爾迷」。這一切，都幾乎是在複製另一個馬克思，而且他
也自稱是「馬克思的學生」。在 1848 年席捲歐洲的革命運動中曾因「號
召群眾武裝暴動」而被判刑 6 個月。後來拉薩爾於 1863 年把全德國的
工人代表召集在萊比錫開會，成立了「全德工人聯合會」，這是德意志
這塊土地（當時的德國尚未統一）上的第一個獨立的工人政治組織，
拉薩爾任「全德工人聯合會」主席。但拉薩爾在哲學觀念上與馬克思
並不相同，這種不同在某種意義上類似於黑格爾與康德或費希特的不
同：從人的主觀方面來看，康德與費希特（這二人的不同也是一個極
其有意思的話題，特別是後期的費希特，基本上更傾向於柏拉圖的「理
念論」，也就是說，更偏向於在他之後的黑格爾，關於這個問題，梁志
學、沈真兩位先生已經進行了大量工作，但至今並未引起我們的足夠
注意）無疑更具有啟蒙性或革命性，因為這種哲學突出的是人主觀上
的先驗力量；在這種先驗力量面前，「現在」或「當下」總是必須被改

變的（需要說明的是，馬克思也繼承了這樣一種革命的非先驗而是現實的力量）；但就對「現在」或「當下」的認識而言，黑格爾無疑高出許多，因為他告訴了我們「現實」是各種客觀的社會的和歷史的仲介因素共同作用的結果。黑格爾在《小邏輯》中講到「現實」時說：

> 現實與思想（或確切點說理念）常常很可笑地被認作彼此對立。我們時常聽見人說，對於某種思想的真理性和正確性誠然無可反對，但在現實裏卻找不著，或者說再也無法在現實裏得到實現。……這種說法，一方面認為思想與主觀觀念、計畫、意向等類似的東西同義，另一方面又認為現實與外在的感性存在同義。[1]

他在這裏通過對柏拉圖與亞里斯多德的比較，實際上也就是對康德與前期費希特哲學的批判。馬克思應該說既揚棄了黑格爾為「現實」作必然性辯護的一面，同時也吸收了所謂「現實」就指的是事物具有了直接的外部的實在性或本質性，比如在《共產黨宣言》中，馬克思恩格斯就認為當前最緊迫的事情，就是如何才能使無產階級成為一個「現實的階級」，有時他也用「自在自為（things in and for itself）的階級」，要求從事物的現實聯繫中去認識和把握事物，如「黑人就是黑人。只有在一定的關係下，他才成為奴隸。紡紗機是紡棉花的機器，只有在一定的關係下，它才成為資本。」[2]這裏的「奴隸」與「資本」就指的是「現實的」奴隸與資本。

拉薩爾 1864 年 8 月 28 日在瑞士因愛一個女人而與人決鬥，結果受到致命傷，三天後去世；在這一點上，似乎也想模仿馬克思，因為馬克思當年在波恩大學學習法律時，心思就並不在學業上，被選為特利爾同鄉會的主席，整日就是寫詩、縱酒和決鬥；他的父親看這樣下

---

[1]　黑格爾：《小邏輯》，第 142 節。
[2]　《雇傭勞動與資本》，《全集》第 6 卷，第 486 頁。

去實在不行，才把他轉學到以嚴格管理而著名的柏林大學[3]。拉薩爾與馬克思一樣，都是在柏林大學因哲學而走上政治，因政治而成為了一個全新的人。可見政治在某種意義上確實可以理解為命運，就如馬克思所說的：

> ……我們並不總是能夠選擇我們自認為適合的職業；我們在社會上的關係，還在我們有能力對它們起決定性影響之前就已經在某種程度上確立了。[4]

政治本身就具有著某種在獻身意義上可以讓人領會得到的生命的價值。它如同宗教，要求你全身心地投入，而且來不得半點猶豫徘徊。馬克思的父親想讓自己的兒子能學到某種有實際用處的學問，比如法律；馬克思的回答是「我的幸福將屬於千百萬人」；拉薩爾的父親是一名極其成功的商人，也想自己的兒子經商，拉薩爾的回答是「上帝給了我力量，我感覺到了這種力量，這力量讓我戰鬥，為著一個高尚的事業而戰鬥，而受苦！」

提到拉薩爾，我們千萬不要忘記馬克思和恩格斯在 1859 年給拉薩爾分別發去的兩封信；這兩封信都談的是拉薩爾的劇本《弗蘭茨‧馮‧濟金根》。儘管就劇本所反映出的形勢與內容的關係而言，馬、恩二人都持一種批評式討論態度的態度，但馬克思在信中畢竟說這個劇本在結構與情節上「比任何現代德國劇本都高明」；恩格斯更是說這個劇本「情節的巧妙地安排和劇本的從頭到尾的戲劇性使我驚歎不已。」[5]引述這兩封信，無非是想說明拉薩爾有著過人的才華。

工人運動中的另一股力量來自與拉薩爾分裂的「愛森納赫派」（不要忘記左派常分裂，右派多團結的古訓），領導人即對中國人來說更為

---

[3] 參見約翰‧麥克里蘭《西方政治思想史》中關於馬克思的說明，中譯本第592 頁。

[4] 《全集》第 40 卷，第 5 頁。

[5] 《選集》第 4 卷，第 339、343 頁。

熟悉的奧古斯特・倍倍爾和威廉・李卜克內西。倍倍爾是工人家庭出身（儘管在文化大革命期間我們過於誇大了出身的作用，但出身對於一個人在思想感情上的無意識選擇還是至關重要的，我們在法國大革命時的羅伯斯庇爾身上還會看到這一點，詳後），理論素養不高，但實際活動能力很強；李卜克內西曾在倫敦結識馬克思和恩格斯，是一位比較激進的社會民主主義思想家。倍倍爾說他是讀拉薩爾的書長大的；但工人家庭出身與對俾斯麥等代表「統治階級」利益的「不共戴天」使得他與李卜克內西站在了一起，並於 1868 年 9 月號召組織一個新的社會主義政黨；倍倍爾當選為「德意志工人協會聯合會」主席，並決定接受一種國際主義原則，以「第一國際綱領」（第一國際成立於 1864 年 9 月 28 日，地點是倫敦，馬克思為總委員會中的常務委員，並負責起草了大部分的宣言、章程、通告、決議等文件，明確提出工人運動的目的是推翻資本家政權，認為工人階級經濟上的解放只能通過政治鬥爭才能實現）為行動計畫。1869 年 8 月，「德意志工人協會聯合會」在愛森納赫召開德國社會民主工黨成立大會，提出了「打倒宗派主義，打倒領袖崇拜」的口號，而這些口號顯然是針對著拉薩爾的。馬克思和恩格斯自然站在愛森納赫這一邊，我們甚至可以說這個黨就是在馬克思和恩格斯的直接指導下成立起來的。所有這一切，讀起來都給人以既熟悉又陌生的感覺：所謂熟悉，是因為它與中國共產黨在建黨初期（當時也曾讓工人出身的向忠發當總書記），甚至與我們在文化大革命中不斷分裂，不斷成立新的更為激進或更為保守的「革命組織」的過程都極為相似，比如出身和理論素養的重要，比如是放眼全國還是執著於本地區的實際需要，比如對待聯合、奪權、成立革委會時妥協到何種地步的不同看法等等；陌生的是他們這些人可以直接見到馬克思或恩格斯，而且可以和這些早已在我們眼中「神化」了的革命領袖自由討論問題甚至展開辯論，可以隨便舉行全國性的大會並公開自己的綱領（當然，文化大革命中的許多革命小將也可以直接見到毛主席，但那畢竟只限於很少的人，而且根本談不上討論，只能

洗耳恭聽，快速記錄；再說也不像馬克思就住在倫敦，只要到了倫敦就可以隨便去見馬克思那樣方便，而且從德國到英國也並不是一件很難的事），此外，他們個人生活的優越和閱讀面的廣泛也遠非我們參加文化大革命時所能想像（請原諒我在讀書時不斷回到自身的生活體驗這一早就養成的習慣，我覺得這樣讀書，特別是涉及到人物與事件時，不但能更多地強化感性色彩，而且，也是更重要的，就是對人物與事件有了一種更為寬容的理解甚至同情。）。

拉薩爾使德國工人運動在沉寂了 15 年後重新燃起熱情，並脫離了自發的、工聯主義和合作主義的道路，有了獨立的政治鬥爭的意識，但這又是一種改良主義的、走議會鬥爭道路的意識；所以當德國的工人群眾普遍要求社會民主工黨（愛森納赫派）與全德工人聯合會（拉薩爾派）聯合起來的時候，馬克思就有了對愛森納赫派的勸阻，讓他們不要拿原則做交易，不要不惜一切代價追求統一；隨後，就有了馬克思的這篇《對德國工人黨綱領的幾點意見》（即後來的《哥達綱領批判》）。但 1875 年 5 月，73 名拉薩爾派和 56 名愛森納赫派代表 25659 名黨員還是在哥達舉行了合併大會，由三名拉薩爾派和兩名愛森納赫派組成黨的執行委員會，實權掌握在拉薩爾派手中，而且黨的指導思想就是拉薩爾的思想，掩飾了革命的、國際主義的社會主義與改良的、民族主義的社會主義的區別；而馬克思的《哥達綱領批判》要直到 16 年後，也就是馬克思逝世 8 年後才第一次公開發表。

馬克思和恩格斯心中一定有一種嚴重的失落感：由自己最先闡述、論證、號召、成立，並打著自己的旗號的無產階級政黨竟然在自己的家鄉淪落為這樣一個走改良主義道路的「修正主義政黨」！而他們自己，卻遠在異國他鄉的英國，目睹這一切而無能為力。

而兩黨合併（1890 年，也就是恩格斯寫給拉法格這封信的那一年，正式取名為德國社會民主黨）帶來的實際效果就是「黨員人數在一年之內從 2.5 萬多人增至 3.8 萬多人，黨報在 1877 年增至 41 種；擁有 26 個全國性的工會組織都實現了合併」，並終於在 1877 年的大選中

獲取 50 萬張選票，12 個議席；儘管有俾斯麥的「非常法」，但到 1890
年，社會民主黨終於在議會選舉中獲選票 143 萬，佔有 35 個議席，成
為德國第一大反對黨（請注意：恩格斯是一定注意到了這一現實的變
化的）。而倍倍爾，自 1871 年至 1913 年去世，多次當選帝國議會議員，
成為帝國議會中社會民主黨的領袖，始終為捍衛工人階級的利益而奮
鬥，但戰鬥的戰場卻是帝國議會，方式是宣傳、辯論、演說和著述。

　　1891 年，德國社會民主黨的黨綱草案是由大家都自以為很暸解的
考茨基起草的，他熟讀馬克思的著作（部分篇章背誦如流，就如我們
在文化大革命中背誦毛主席語錄一樣），而且自命為「正統馬克思主義
理論家」，但基本的思路就是「民主」和「議會道路」，至於無產階級
專政，就更是一個不可能提及的問題了。列寧對此的評論是：

> 考茨基把馬克思主義中能為自由主義者，能為資產階級接受
> 的東西（對中世紀制度的批評，資本主義特別是資本主義民
> 主在歷史上的進步作用）拿來，而把馬克思主義中不能為資
> 產階級接受的東西（無產階級為消滅資產階級而對它採用的
> 革命手段）拋棄、抹煞和隱瞞起來。正因為這樣，不管考茨
> 基的主觀信念怎樣，它的客觀地位必然使他成為資產階級的
> 奴才。[6]

　　1895 年恩格斯逝世後，德國社會民主黨的思想領袖就是愛德華·
伯恩斯坦（又一位猶太人），他是黨內最早感受到時代變化和德國社會
所發生的巨變的一位元老級領袖人物；他認為應該對馬克思主義的革
命理論進行「自由批判」和「修正」，因為壟斷的出現，使資本主義更
具有適應能力，資本主義也因此而有比過去所假定的更長的壽命和更
強的彈性；發達資本主義國家中的資產階級正在一步步向民主制度讓
步，而在一百年前需要流血才能實現的改革，我們今天只要通過投票、

---

[6]　參見列寧的《無產階級革命和叛徒考茨基》，《列寧選集》第 3 卷，第 650 頁。

遊行示威和罷工就可以實現，因此，在這樣的時代談論資本主義長入社會主義並不是空談，而無產階級政黨的最大目標也就不是奪取政權，而是在細小的工作中體現工人的利益，解決具體的問題（想想胡適的少談些主義，多談些問題的提法），所以他才提出了「最終目的微不足道，運動就是一切」的口號（這倒類似於奧運會的「重要的在於參與」的口號），列寧對此的評論是：

> 臨時應付，遷就眼前的事變，遷就微小的政治變動，忘記無產階級的根本利益，忘記整個資本主義制度、整個資本主義演變的基本特點，為牟取實際的或可以設想的一時的利益而犧牲無產階級的根本利益——這就是修正主義[7]。

自此也就形成了以伯恩斯坦為首的右派社會主義，與這一派相對立的，則有威廉·李卜克內西的兒子卡爾·李卜克內西以及著名的羅莎·盧森堡和克拉拉·蔡特金等人所組成的「左派社會主義」。

而最後在是非對錯上作出了「左」「右」劃分，並從此使得「右」就代表著「軟弱」、「妥協」、「投降」、「出賣」和「背叛」的，應該是列寧；而我們的「馬克思主義」，基本上就是按照列寧的劃分來進行宣傳和教育的；而列寧在當時之所以那麼說，又與蘇聯的十月革命是以暴力手段獲得的成功密不可分。

作為多餘的話，這裏還可以提及兩件事：一是我們不能忘記希特勒就是通過議會選舉的道路，而且主要是最為強大的下層民眾的投票而上臺的；「納粹黨」（NSDAP）的全稱就是「德國國家社會主義工人黨」。在威廉·夏伊勒的《第三帝國的興亡》中，記載著希特勒等三個人最初擬定的「德國國家社會主義工人黨」的 25 條綱領，第一條就是一個大德意志帝國的重新統一，中心內容是改善下層階級的處境，比如取消托拉斯，將其收歸國有，取消地租和禁止土地投機，最後堅決

7　參見《馬克思主義與修正主義》一文，載《列寧全集》第 15 卷第 19 頁。

主張建立一個「強大的中央集權的國家」，認為只有這樣的國家才能實現真正的社會主義，等等；這樣，就是當德國陷入經濟危機，失業人數超過六百萬大關，當全國各大城市都在排隊等候配給的麵包時，和希特勒同時爭取苦難深重的下層民眾的選票的，就只有共產黨；而最後的結果就是納粹獲得國會中 107 個席位，從第 9 位的小黨一躍而為第二大黨；與此同時，共產黨也獲得了 77 個席位，成為第三大黨；失去席位最多的恰恰就是那些溫和的、中間的、有秩序、按程式辦事的「中產階級政黨」，如天主教中央黨和社會民主黨。後來有一些思想家把納粹的上臺歸咎於魏瑪共和國的多黨民主制和社會民主黨人在關鍵時刻的無所作為，這顯然也有它的道理，但根本的原因還是當未來德國的前途必須在「或者共產主義，或者民族社會主義」之間作出選擇，而且如果共產黨和社會民主黨重新聯合起來、其力量將大於納粹黨的情況下，對俄國十月革命後的「無產階級專政」的恐懼就足以促使德國壟斷資本家和權勢集團倒向了納粹黨。納粹黨的最高層的領導人除過像戈培爾這樣極少數受過高等教育的人之外，大都是一些一直生活在社會下層的失業或無業人士，他們這些人最大的特點就是具有冒險精神，並且善於以自己豐富的社會生活經驗來宣傳和組織民眾，並把大家都在半神秘、半神聖的感覺中組織進一些嚴密的諸如「衝鋒隊」這樣的半軍事化組織之中（我們對所謂的流氓無產者和無業遊民也一直缺乏認識，但文化大革命給我們補上了這一課，因為在武鬥中最勇敢、最積極、下手也最狠的往往就是這樣一些人物，哪個組織中這類人多，哪個組織在武鬥中也就往往成為勝利者；但我們往往會出於需要而把這些人與心目中的「無產階級」混為一談）。所有這一切，都使得納粹黨在社會的劇烈變動中必然成為唯一的勝利者。

　　這是一個讀起來讓人驚心動魄的演變過程。無論是馬克思、恩格斯還是拉薩爾、倍倍爾，當他們竭盡全力想把工人階級組織起來的時候，誰都沒有想到「被喚醒了自我意識的下層民眾」會選擇希特勒；而希特勒在被任命為德國總理（1933 年 1 月）後的短短幾個月裏，納

粹黨就會剝奪了人們業已習慣了的自由，破壞了幾乎所有的經濟、社
會和政治組織，使德國轉眼間就成為了一個一黨專政的的獨裁國家。
第二點讓人禁不住喟然長歎的就是在蘇聯東歐解體後，原先的共產黨
人或想繼承社會主義學說的那些馬克思主義者，又紛紛打出了「社會
民主黨」的旗幟，重新走上了「議會鬥爭」的道路，這在某種意義上
也就等於又回到了拉薩爾－考茨基－伯恩斯坦所制定的思想原則下；
而歷史，卻翻過了七、八十年的歷程，其中有著無數人的鮮血和眼淚，
包括各種形式的痛苦的探求、反省、失望和抗爭。

第一節　馬克思與猶太人問題：
宗教、政治與市民社會

　　猶太人問題是一個一直困擾人類、特別是困擾那些猶太思想家的
問題；哪怕就是直到今天，人們也依舊弄不明白「猶太人」到底指的
是一個人種？一個民族？一種宗教信仰？還是一種古老的語言？甚或
就指的是在今天居住在以色列這塊土地上的人們？也許都是，也許都
不是。與我們在文化大革命時形成的以父親來劃分成分的觀念相反，
按照猶太教的教義，只要某人的母親是猶太人或信奉猶太教，那麼這
個人便是猶太人。這樣一來，我們便發現許多阿拉伯人、黑人竟然是
猶太人。至於古老的希伯來語，恐怕散居於世界各地的猶太人大都不
會使用了。但這些人仍然是猶太人，就與那些不會說漢語的華人也依
然是華人一樣。正因為「猶太人」是個說不清楚的概念，一位猶太復
國主義者才說出了這樣一番讓人痛心疾首的話：

　　　　對於活著的人，猶太人是死去了的人；對於當地人，他們是異己
　　　者和流浪者；對於有資產者，他們是乞丐；對於窮人，他們是剝

削者和百萬富翁；對於愛國者，他們是沒有祖國的人；對於社會
上各階層的所有的人來說，他們都是令人憎惡的競爭對手。[8]

　　但不管怎麼說，有這麼三點是無可置疑的，這就是第一，截至上
個世紀末，猶太人以不足世界人口的 0.3‰的比例竟為人類貢獻了 19‰
的諾貝爾獎獲得者，而且貢獻了《聖經》，貢獻了包括愛因斯坦、馬科
斯‧波恩（Max Born）、尼爾斯‧玻爾（Niels Bohr）、費米、奧本海默
在內的「猶太物理學團隊」和包括馬克思、拉薩爾、羅莎‧盧森堡、
托洛茨基、斯維爾德洛夫、季諾維耶夫、加米涅夫在內的「猶太革命
家團隊」；還有就是一個力量雄厚的「社會批判家團隊」，如霍克海默、
阿多爾諾、馬爾庫塞等人所創立的「法蘭克福學派」；第二，猶太人也
許是經歷了人類歷史上最為暴劣的種族滅絕的一個民族，從遠古時代
巴比倫人驅逐猶太人，摧毀聖殿，到西元 2 世紀時羅馬人將耶路撒冷
幾乎夷為平地式的屠殺，再到第二次世界大戰期間納粹德國對猶太人
的集體滅絕計畫，所有這些都深深留在了猶太人的記憶中，也應該留
在我們所有人的記憶中；第三，就是如此的滅絕，也並沒有動搖猶太
人的信仰，他們依然覺得他們是上帝的選民（如果說上帝拋棄了他們，
那麼他們也就再也不能拋棄他們中的任何一個人，這使得他們具有了
一種空前強烈的團結精神），負有把普世的道德律令帶到人間的使命；
哪怕不這樣說，他們也始終恪守一神論的信仰，不為任何外在的力量
所屈服。

　　作為一個與我們的研究話題有關的事實，我們在這裏還應該特別
指出：黑格爾死後所分裂出來的「青年黑格爾派」或「黑格爾左派」
也大都是一些猶太人，就如後來的法蘭克福學派也大都是一些猶太人
一樣。他們的「激進」與對社會的批判是一個最引人注意的社會歷史
現象。

---

[8]　參見徐新所著的《反猶主義解析‧緒論》，第 3 頁，上海三聯書店 1996
　　年版。

　　自從有了猶太人問題，對這一問題的解決方案就要麼是猶太人改變宗教信仰（這是絕大多數猶太人都不得不認可和接受的選擇，否則便有在另一民族國家中的「國家」（nation）或「民族」之嫌，馬克思、海涅、孟德爾松、胡塞爾、佛洛伊德、阿倫特等等猶太人其實都並沒有把自己的猶太人出身看得那麼嚴重，皈依基督教是他們中許多人的自願選擇；但問題在於猶太人所在的國家（state）並不認同猶太人想融入當地習俗之中的願望，不僅不認同，反而把「融入」等同於「混入」，並以此作為必須給猶太人戴上標誌和最後屠殺的藉口[9]），要麼就是被驅逐、被殺戮（這是任何一個國家的當權者都覺得是最為便捷的方式，從 1290 年到 1660 年，在這將近 400 年的時間裏，英倫三島竟將猶太人驅逐得乾乾淨淨，也正是在這期間，喬叟寫了《坎特伯雷故事集》，莎士比亞寫了《威尼斯商人》，裏面出現的猶太人無論是殘害兒童、還是以割肉方式索要欠款的高利貸者，其實都是出自他們對猶太人的想像，因為當時的英國土地上已經沒有了猶太人），要麼就是重新建立或恢復為一個獨立的國家（這將使中東地區、同時也就意味著整個世界的永無安寧，這一點，越到現代，人們也就越能看得清楚）。人們不得不對這一問題提出這樣的疑問：猶太人到底怎麼了？為什麼這個世界就容不下這樣一種宗教信仰？當然，當我們說「這個世界」時，實際上指的就只是歐洲和猶太人在歐洲實在待不下去時才想回去的那塊土地（country）。

　　我們都無法忘記，以色列的建國總統威茨曼（Chaim Weizmann）的臨終遺言竟然是「沒剩下什麼人值得唾棄了」，他在以色列，如同無家可歸的李爾王，而猶太復國主義的整個要義就是要為猶太人提供一個「家」的感覺。伯林自己對此的回答是：「一種社會性的不自在的感覺，沒有一個地方能讓猶太人感到全然在家。」[10]

9　對此可參見鮑曼所著的《現代性與大屠殺》，譯林出版社 2002 年版。

10　參見馬克·里拉等人編著的《以賽亞·伯林的遺產》，第 132、134 頁，劉擎等譯，新星出版社 2006 年版。

　　猶太教、基督教、伊斯蘭教，起於同一個地方，但又似乎完全無法共存。

　　歐洲容不下猶太人，絕對與宗教背景有關，而其起因，則可以追索到西元前 4 世紀馬其頓王亞歷山大的「希臘化」統治：在「希臘化」中，唯獨猶太人固守他們的教義與傳統，拒絕接受希臘文化的生活態度。於是就有了鎮壓和反抗；當猶太人成為羅馬帝國的臣民時，又是他們由於有猶太教的明文規定反對進行任何形式的偶像崇拜，所以羅馬的皇帝也就一直認為猶太人是生活在「王法」之外的「異類」；西元 6 年，猶太人為了維護聖城耶路撒冷的聖殿，曾發動過兩次大規模的起義，而被當時的羅馬軍隊屠殺的猶太人當在 159 萬人以上[11]。那個時候，無論是猶太教還是基督教，都是羅馬統治者的敵人；耶穌也就是因四處宣傳基督教義而被當地的羅馬總督彼拉多處死的。到西元 1 世紀，當羅馬帝國承認基督教為國教時，基督教與猶太教的衝突又成為了核心問題，因為在《新約》中可以發現大量的「反猶言論」，作為一個典型的事例，就是耶穌之被處死，是為了平息猶太人憤怒的情緒（我們已經可以在許多電影中看過那些震撼人心的畫面；滿身是血的耶穌戴著腳鐐手銬痛苦地行走著，圍在他身邊的猶太人不停地咒罵著他，向他投擲雜物，比如由詹姆斯・卡維澤爾（James Caviezel）主演的《耶穌受難記》（The Passion of the Christ）如果我們讀一下西方哲學史，就知道一方面是諸如斯賓諾莎這樣的猶太哲學家因在某些方面背離了猶太教而受到的種種迫害，另一方面就是更多的偉大哲學家所表現出的「反猶主義」，儘管其中許多說法是以對「舊約」的評說而表現出來的，但把猶太人歸為「東方民族」從而也就在文化的發展上低一個層次的觀念還是一目了然。在這方面，也許德國哲學家表現得最為突出，其中既包括著諸如康德和黑格爾這樣的偉大人物，也包括著像發明暸現在通用的「反猶主義」（Anti-semitism）一詞的威廉・馬爾

---

[11] 參見《反猶主義解析・緒論》。

（Wilhelm Marr）這樣一些宣傳鼓動家[12]。比如康德就認為把基督教與舊約加以比較是哲學研究中的一個重要話題，因為他認為舊約中的「十戒」是一種「強制性的戒律」，而且專注於事情的外表，沒有從思想方式上對人的道德提出要求，這與他對道德的理解是完全不同的；他看重的不是外在的戒律，而是內心鬥爭中的「絕對命令」，這命令就體現在耶穌身上。所以康德就認為猶太人只是一個政治團體（政治共和國）而不是倫理團體（倫理共和國），猶太教也是一些類似於成文法的國家治理條例，它不是宗教而是人群的結合。黑格爾也把耶穌的教義與摩西的教義加以對比，認為它們之間的區別就是活的語言與死的語言的區別。就連斯賓諾莎這樣的猶太哲學家也認為哲學在基督教中的地位最高，其次是伊斯蘭教，在猶太教中的地位最低。當然反過來看，猶太教的「強制性戒律」在今天又恰好成為一種抵抗虛無與相對的力量，而且也只有這種「戒律」才能為一切「成文法」的正當性提供「神意」的依據。如何在論述西方文化、特別是在西方哲學的起源中「兩希」（希臘與希伯來）的關係，對我們來說還則罷了，對許多西方學者來說在某種意義上已經成了一種禁忌。我前不久看了一部由保羅・穆尼（Paul Muni）主演的電影《左拉傳》（The Life of Emile Zola），該片獲第十屆奧斯卡最佳影片獎，但影片中所有圍繞「德福雷斯事件」所展開的鬥爭竟然完全迴避了因為德福雷斯是一名猶太人才陷害於他這一背景，可見就是直到今天，人們依然感到有關猶太人的話題過於敏感。

在這種情況下，馬克思是如何論述猶太人問題的，這種論述的方式與角度又與我們所理解的「馬克思主義」有何關係就顯得特別重要。

1844 年對馬克思來說具有特殊的意義。在此前一年，馬克思寫了《黑格爾法哲學批判導言》，在此後一年，則有《關於費爾巴哈的提綱》問世。也就是在這一年，馬克思與恩格斯第一次見面並共同寫作了《神聖家族，或對批判的批判所作的批判》這一著作，其中在第六章中三

---

[12] 《反猶主義解析》，第 155 頁。

次討論了猶太人問題；除此之外，馬克思還在這一年專門寫了《論猶太人問題》，並就同一個論域（市民社會中的經濟活動）中的問題寫了著名的《1844年經濟學──哲學手稿》。所有這一切說明瞭1844年的馬克思，已經把從「青年黑格爾派」中所吸收到的有關「實踐」（切什考夫斯基）、「自我異化」（鮑威爾）、「無產階級」（施泰因）等思想要素融合為一個新的體系，正式告別了傳統哲學對世界的解釋，構建了一個如何在實踐中「改造世界」的嶄新的理論體系。

而且這一體系正是通過對「黑格爾左派」的「同道們」的批判而建立起來的。在這中間，布魯諾‧鮑威爾有關如何解決猶太人問題的論述可以說正好為馬克思提供了一個批判的靶子。

下面，讓我們首先來看一下布魯諾‧鮑威爾是如何論證猶太人問題的。

鮑威爾家的三兄弟（布魯諾、愛德格、埃格伯特）被馬克思和恩格斯戲稱為「神聖家族」，這恰恰說明瞭三兄弟在當時的影響之大；特別是布魯諾‧鮑威爾，曾跟隨黑格爾學習神學，在黑格爾的指導下完成了自己的博士論文《論康德哲學的原則》，然後一直在柏林、波恩的大學裏任教，不僅指導或授意馬克思完成了自己的博士論文《伊壁鳩魯的自然哲學與德謨克利特的自然哲學之比較》，而且是當時公認的「青年黑格爾學派」的領袖；他的最主要的奮鬥目標就是要用一個世俗的政權取代當時德國的基督教國家性質，認為「信仰要成為理性，必須實現在國家中」。這本來是黑格爾的觀點，但他在此基礎上又多有發展。按照「英」大衛‧麥克萊倫（David Mclellan）在《青年黑格爾派與馬克思》[13]中的說法，布魯諾‧鮑威爾在理論上有三大貢獻：一是把辯證法變成一種純粹否定的東西，說明較後的事物狀態不是在先的片面的事物狀態之完滿的表現，而是它們的否定，是它們針鋒相對的對立面；所以他才大力讚美啟蒙運動和法國大革命，而他自己則被

---

[13] 商務印書館1982年4月版。

稱為「神學的羅伯斯皮爾」和「科學的恐怖主義」；二是強調批判，認為「批判是把對象改變為自我意識的活動」，但這種批判不是純粹主觀的東西，它的進展也不是它自身內在固有的，而是一種存在狀態從一個階段向一個更高階段的發展；所以他更看重思想立場的重要，認為「思想的王國一旦發生革命，現實就維持不住了」；在寫給馬克思的一封信中，他說自己的任務就是「清掃地基」，「實行真正理論的恐怖統治」。最後是他發明瞭「自我異化」這一概念，認為宗教的真正根源即沒有獲得獨立自由的人的自我欺騙，而教會則是「異化了的國家本質」；所以整個世界史被分成兩部分，「前一半是異化和缺乏自由的歷史，後一半歷史則是從現在開始的，是人的完全恢復，先前的歷史都只是為此作準備的。」與費爾巴哈用「異化」解釋宗教並要求把人的東西歸還給人不同，在鮑威爾看來，人的「自我異化」不僅僅扭曲了上帝的觀念，更重要的是扭曲了人自身。所以問題也不再「把人的東西歸還給人」，而在如何使人自身發生改變。在寫給馬克思的另一封信中，他說現時代是歷史的一個轉捩點（請注意：對歷史的這種獨特感受幾乎也就同時使任何世俗的革命具有了神聖的性質，比如文化大革命前我們對時代特徵的描述和認識就是一例），完全解放之迫在眉睫造成了這個時代的「大災難」的特徵，「這場災難將是可怕的，它必然是一場大災難，我甚至要說它將是一場比伴隨著基督教登上世界舞臺而來的災難更大的災難」，因此，現時代所經歷的乃是「同人類的最後的敵人……同非人狀態，同人類的精神枷鎖，同人們所犯的反對自己的非人道行為，同一切罪惡中最難以容忍的罪惡」所進行的最後的鬥爭。[14]從這些地方我們就可以看出，馬克思從布魯諾·鮑威爾那裏吸收了很多，這裏不單單指某些具體的理論成果，如把鮑威爾的「自我異化」改造為馬克思自己的「異化勞動」等等，它更重要的是從鮑威爾那裏看到了一個偉大變革時代的到來，吸取了一種徹底革命的精神，比如那種

---

[14] 參見該書第 67 頁。

迎著暴風雨（大災難）而上的樂觀主義：「這是最後的鬥爭」。而所有這一切，馬克思致死也沒有懷疑過。

　　後來，盧卡奇也在清理自己的思想過程中說，異化是當時的一個最重要的問題，無論是資產階級還是無產階級的思想家都認識到了這一點。在黑格爾那裏，談的是對象化，即一切外物僅僅是作為自我意識的「外化物」而存在著；所以在黑格爾那裏，對象化或外化都指的是一種「中性現象」，就是說，相對於人類的活動而言，無論是真還是假，也無論是自由還是奴役，都是一種對象化的活動：人首先得把自己的意識或意志對象化出去，使其成為一個客觀對象，然而才談得上「在對象身上認出自己」並使其複歸於自己（所謂的主客統一）。馬克思在 1844 年的《經濟學哲學手稿》中也認為「對象化是一切事物和關係的最為基本的物質屬性」，也就是說，如果沒有對象化這一黑格爾哲學中的核心範疇，我們就無法理解人與世界、精神與物質的關係；無法理解對象化何以會成為人類認識（康德的人為自然界立法，就講的是所謂的自然界的規律，不過是人的對象化活動的結果而已）、征服自然的自然手段（《歷史與階級意識・新版序言》）。但異化就不同了，因為它不再是一個「中性詞語」，它強調的是對象化在一種特定社會條件下所發生的變種，只有當人的本性與社會存在受到壓抑、扭曲和慘害的時候，我們才能談到一種異化的客觀的社會關係。（出處同上）這就使一個在黑格爾那裏僅僅具有「中性性質」的概念從根本上具有了「革命性質」。馬克思 1844 年《經濟學哲學手稿》所完成的一個轉折就是從對象化到異化的轉折，盧卡奇認為這是一個比所有細節都遠為重要的根本性問題，而在他寫作《歷史與階級意識》時卻還沒有意識到這一點。這應該都是一些很久以前的往事了，但在我的記憶中，1983 年，在紀念馬克思逝世一百周年的大會上，周揚就著重談到了馬克思學說中的「異化」和「人道主義」這兩個概念，結果受到猛烈批判，致使全國開展了一個「請污」與「反自由化」的運動，凡在自己的文章中使用過「異化」一詞的都被列為「清查對象」。

而布·鮑威爾在那時談的就是人的「自我異化」問題。

黑格爾逝世後在德國思想界差不多同時出現的自由主義、保守主義、青年黑格爾派之間的爭論對今天的我們來說也很有意味：東普魯士的自由主義以康德為旗幟，要求改革，想參與政府的運作，主張君主立憲；中部的正宗的黑格爾主義堅持國家至上的「法哲學原理」，認為市民社會的自由競爭總有失敗者，也就是我們今天所說的「弱勢群體」，對這些人面臨的問題，只能由超乎「市民社會的自由競爭」之上的國家出面來加以調節，而國家本身就體現著權利的道德意志；主要居住在德國西部也就是萊茵省的「青年黑格爾派」所打出的旗幟不是康德而是盧梭，他們所推崇的榜樣是法國大革命後的共和，而且把「青年黑格爾派」這一本來的思想組織變成了德國歷史上的第一個政黨，雖然還不是一個政治性的政黨，但已開始了從宗教批判到哲學批判再到政治批判的過程；馬克思則把這一批判最後推進到市民社會的經濟領域（當時普魯士東部的自由主義、中部的保守主義、西部的激進主義之間的分歧與論證對認識當今中國學界的思想走向很有借鑒意義）。

在這裏，我只想引用一段話來說明自己的一點感受，這就是哈貝馬斯反覆要說的：

> 我覺得，我們的處境和黑格爾的第一代弟子並沒有本質差別。當時哲學研究的基本狀況已經發生了變化。也就是說，從那時起，我們在後形而上學思想面前已經別無選擇。[15]

現在來談一談鮑威爾在如何處理猶太人問題上的見解。

當時德國的一些最著名的猶太人都主張把自己融入當地社會，比如海涅、馬克思等就接受了基督教洗禮；用摩西·孟德爾松（與康德同時的著名啟蒙思想家，被稱作猶太人的蘇格拉底）的話來說，就是

---

[15] 哈貝馬斯《後形而上學思想》，第 28 頁，曹衛東等譯，譯林出版社 2001 年版。

猶太人必須同時挑起兩副擔子：在遵從你所在國家（state）的習俗與法律的同時，信守父輩的信仰。

　　遵從當地的習俗與法律，也就要求著享有與當地人一樣的權利。這就是當時最為突出的猶太人問題。鮑威爾對此的回答是：這種要求是不對的，因為第一，要求享有與基督徒一樣的政治權利，這就等於承認了基督徒已經獲得了相應的政治權利；而事實上基督徒也並沒有這樣的權利；既然連基督徒也沒有「獲得解放」，猶太人怎麼可能以基督徒為榜樣呢？第二，猶太人要求與基督徒平等，這等於要求基督徒必須放棄自己的宗教偏見（也就是特權），但猶太人自己為什麼不首先放棄自己的宗教偏見（特權）呢？這裏的「偏見」（特權）指的就是一些有特定內容的宗教活動。用剛才所引用的孟德爾松的話來說，猶太人既然要維護父輩的信仰，那就必須要有相應的宗教活動，而由於這種活動是「排他性」的，所以也就等於享有了某種「特權」。第三，鮑威爾說：

> 只要國家還是基督教國家，猶太人還是猶太人，二者就都既不能解放別人，也不能從別人那裏獲得解放。[16]

　　鮑威爾的結論是：第一，只有所有的人都同時放棄了自己的宗教信仰，這才有所有公民的平等解放；第二，「以宗教為前提的國家還不是真正實在的國家」，國家的世俗化應該被理解為猶太人解放的必由之路。

　　馬克思說，鮑威爾在這裏：

> 分析了猶太教和基督教的宗教對立，說明瞭基督教國家的本質，——這一切都提得很大膽、很尖銳、很透澈，都闡述得很確切、很生動、很有力。[17]

---

[16] 參見《全集》第一卷，第420頁。
[17] 同上，第421頁。

一般的猶太人看到的是猶太教與基督教的宗教對立，德國的猶太人關心的是自己的政治解放，鮑威爾把宗教的對立歸結為宗教的存在，把德國猶太人的政治解放歸結為宗教與國家的關係；而只要宗教對立不復存在（都沒有了宗教），宗教與國家的關係也就自然而然地得到瞭解決，這就是一個不再有任何宗教前提的完全世俗化了的國家，只有在這樣的國家裏，當普遍自由成為真正的法律時，猶太人的問題也就得到了徹底解決。

馬克思的反駁是這樣展開的：首先比較猶太人在德、法、美三國的不同處境。馬克思說，只有在德國，猶太人的問題才是一個宗教問題，才成為一個神學問題，這是因為德國是一個以基督教為前提的宗教國家，「猶太人和把基督教作為自己基礎的國家處於宗教的對立狀態」。[18]在立憲國家法國，猶太人的問題卻只是一個憲政、一個政治解放是否徹底的問題；也就是說，猶太人與國家的宗教對立、神學對立只是一個假像。可惜馬克思萬萬沒有想到在他去世十多年後，正是在法國這樣一個最早打出「自由、民主、博愛」的旗幟而且帶頭宣佈給猶太人以平等公民權的自由民主國家，竟發生了「德雷福斯事件」，這說明對猶太人的偏見與仇恨是超出了「憲政」和「政治解放」的；哪怕就是真相早已大白於天下，法國人依然高呼著「打倒猶太人！」甚至「打倒左拉！」的口號。這種偏見與仇恨，應該說遠遠超出了馬克思的想像。宗教、種族、性別的差異與對立在什麼意義上超出了時代、階級、國家的差異與對立，這是一個尚待研究的問題；或者，換一種說法，我們能不能把宗教、種族、性別理解為一種「人為的建構」，也就是如同波伏娃所說的那樣：女人是後天形成的。如果真是這樣，宗教、種族、性別的對立就具有了「假像」的性質。所以馬克思說，在美國，連神學對立這樣的假像也消失了，猶太人的問題成了一個「真正世俗的問題」。「真正世俗的問題」也就是金錢問題，或者用今天的話

---

[18] 同上，第 424 頁。

來說，是一個石油問題。這也是我們今天許多人的對於中東衝突的
看法。

　　除過這一很有啟發性的思路（特別對於在後現代的背景下如何理
解種族、宗教、性別衝突而言更是這樣）外，馬克思在這裏還得出了
另一個極有意義的結論：如果像美國那樣「既沒有國教，又沒有大多
數人公認的宗教，也沒有一個教派對另一個教派的優先地位」國家能
站在一切教派之外的話，宗教就能表現出它自身的生命力和力量，而
且與國家並不衝突。（附帶說一句，當黑人的反抗還沒有成為一種現實
的時候，美國的種族問題也並沒有進入馬克思的視野）這就說明，猶
太人問題在德國是一個宗教問題、神學問題；在法國是一個政治解放
的徹底性問題；在美國則是一個完全世俗化了的問題。於是，馬克思
說，當我們把神學問題化為世俗問題之後，就可以看出，宗教問題後
面是政治問題，政治問題後面是一個完全世俗的即國家和它的一切前
提的矛盾問題。這「前提」，也就是馬克思所說[19]的「普遍利益與私人
利益的衝突」。我在這裏解釋一下：馬克思依據黑格爾的理論，認為只
有當國家超越了私有財產、文化程度、職業差別這些「特殊本質」，宣
佈所有的人都是「人民主權的平等參加者的時候」，國家才真正實現了
自己的普遍性，才成其為一個完備的政治國家；而一個完備的政治國
家的前提又恰恰存在於市民社會之中。馬克思的結論是，宗教的或神
學的衝突是假像；人在天國與塵世的雙重生活應該被理解為人在「政
治共同體」與「市民社會」中的雙重生活（請注意：在康德看來，人
在塵世與天國的雙重生活恰恰應該理解為「政治共同體」與「倫理共
同體」的生活；馬克思取消了「倫理共同體」，說明馬克思對道德、倫
理這些概念在本質上的不信任）。就這一雙重生活而言，真正的基礎在
市民社會。這是一個不斷「還原」，在「還原」中追究「世俗」的過程；
追究到最後，宗教就成為了政治問題，政治問題就成為了市民社會問

---

[19]　參見康德《單純理性限度內的宗教》。

題；而市民社會中的問題，也就是利己主義的人的問題。在這中間，馬克思討論了政治權利、人權、自由等概念。這些我們就不說了，重要的只在於這樣一點：馬克思在把猶太人的宗教問題現實化為世俗社會中的利己主義問題的同時，也把猶太人的解放抽象化為一個人類的解放問題；而這兩點（現實與抽象）又同時彙聚為這樣結論：只有當現實的個人（市民社會中的利己主義的個人）同時也是抽象的公民（政治共同體中的法人、即人為的而非自然的人）時，人才可能作為個人成為「類存在物」，「只有到了那個時候，人類解放才能完成」[20]。這就是馬克思《論猶太人問題》一文中的第一部分最後的話。第二部分很短，著重分析猶太人的世俗基礎，這就是「實際需要，自私自利」；結論是：猶太人在基督教國家之所以能繼續存在，就是因為他們順應了歷史——市民社會的需要和發展；作為市民社會的特殊組成部分，在他們身上恰恰體現出市民社會的特殊性質，這就是實際需要、自私自利、金錢至上。所以市民社會會源源不斷地產生出猶太人，正如猶太人體現著市民社會的獨特性質一樣。

「基督教起源於猶太教，又還原為猶太教。」
「猶太人的社會解放就是社會從猶太人中獲得解放。」

所以從宗教矛盾上看，猶太人受迫害；從政治權利上看，猶太人受歧視；但從市民社會看，猶太人卻早已「用猶太人的方式解放了自己。」[21]

雖然在觀念上，政治權力凌駕於金錢勢力之上，其實前者卻是後者的奴隸。[22]

宗教社會隸屬於政治社會，政治社會隸屬於市民社會；當基督徒權力至上，迫害和壓迫猶太人時，他們卻不知道他們正在被資本

[20] 同上，第 443 頁。
[21] 同上，第 446 頁。
[22] 同上，第 448 頁。

主義的市民社會還原為猶太人，而且他們自己也正充當著猶太人的奴隸。

　　所以，猶太人的解放也就不單是猶太人自己的事，它已成為整個人類的解放問題，從市民社會的實際需要、自私自利、金錢至上中解放出來，從資本主義的生產關係和所有制形式中解放出來的問題。

　　如果說當年馬克思正是通過分析美國這一完全「世俗化」了的國家而得出這一結論的話，那麼通過對今天的美國的分析，我們仍然可以看出在一個完全「世俗化」了的國度裏金錢所具有的至上力量；而這，至少在許許多多的人看來，恐怕也是美國如此堅定地站在以色列一邊的若干原因中的一個原因。那麼同樣的，作為若干原因中的一個原因，由於今天的以色列的一些行為，在世界上的許多地方，特別是歐洲，「反猶主義」又有了重新抬頭的趨勢。問題仍然集中在世俗的主權原則與宗教的神學原則之間的關係：作為一個政府，它幾乎不得不這樣，我們也可以譴責這種政府行為；但作為信徒，猶太人難道就可以完全等同於以色列的國民嗎？中世紀早期的教父哲學家聖奧古斯丁就曾經這樣問過：一個人到底首先是「信徒」還是「公民」？想不到這個問題竟一直糾纏著我們，不僅對猶太人來說是這樣，對每一個「在黨」的人來說也一樣，儘管問題的取向和結論也許剛剛相反。但不管怎麼說，這確是一個現代性問題。

　　除過上面這樣一條從宗教問題（德國）到政治問題（法國）再到世俗或金錢問題（美國）這樣一條思路外，我們一開始就說了，馬克思從黑格爾那裏所繼承的主要是一個自由的觀念問題。按照馬克思的論述，我們也可以圍繞著他對於猶太人問題的解決途徑，理出這樣一條思路：

　　自由是人所共有的，哪怕就是反對自由的人，也反對的是別人的自由或所體現出的正是自己的自由，這沒有問題；不管人們給自由下了多少定義，所謂自由，無非就指的是減少束縛或掙脫枷鎖，不受他人的奴役。按照伯林的說法，有關自由的其他任何理解都是這一意義

下的自由的擴展或隱喻。在馬克思看來，這種束縛主要來自於人的日常生活中的經濟關係，離開經濟活動去談論人的自由只是幻想；經濟關係中的決定性因素是生產結構，是所有制，這也應該是沒有問題的；生產結構隨生產力的變化而變化，於是，馬克思就在這裏以生產力和生產關係的矛盾關係取代了黑格爾那裏的主奴關係以及個人與共同體之間的矛盾關係；那麼最後，只能把希望寄託在由於沒有任何私有財產，因而也就最具有普遍性、最大公無私、最渴望解放和革命的無產階級（黑格爾所謂的「奴隸」）身上。儘管「無產階級」這一概念來自施泰因，但無產階級與資產階級的關係在馬克思眼中卻恰恰類似於黑格爾在《精神現象學》中所論述的「主奴關係」。而且黑格爾也認為獨立的自我意識最後屬於奴隸，馬克思也可以以同樣的邏輯證明能夠從勞動成果中認出自己的，只有無產階級；那麼也就是說，整個世界都可以理解為「勞動者」的「勞動成果」，所以世界是屬於「勞動者」的，這一點，幾乎可以說從普羅米修士在分配祭品、並為人類盜火，註定了要使人類不停勞作那一刻起，就早已是這樣了。

通過馬克思對猶太人問題的論述，給我們至少留下了這樣幾個問題的思索：

第一，政治社會與市民社會的區分，也可以理解為「公共領域」與「私人領域」的區分；馬克思說，表面上看，政治社會（公共領域）凌駕於市民社會（私人領域）之上，而實際上，政治關係又服從著金錢關係。市民社會中的人是單個的人，所謂「任何一種解放都是把人的世界和人的關係還給人自己」（馬克思語）[23]，那也就是說，當馬克思說「人的本質在其現實性上是一切社會關係的總和」時，這裏的「人」指的是市民社會中的「單個的人」。這種理解大約也符合馬克思和恩格斯在《共產黨宣言》中所說的「每個人的自由發展是一切人的自由發展的條件」。馬克思在《論猶太人問題》中還多次使用「自然人」這樣的用語，說明

---

[23] 該書第 443 頁。

他在不斷把各種宗教的、精神的、政治的關係都還原為世俗的、金錢的關係時，道德的人也就還原為自然的人（這也是對唯物主義的另一種表述方式）；然後再從自然的人（實際需要、自私自利、金錢至上）出發，把人的世界和人的關係還給人自己。這才叫「人的解放」。這是一種理論上的「脫胎換骨」和「重新做人」。表面上看，似乎也可以作出一種「非道德主義」的理解，認為馬克思過於忽視了道德問題，但實際上，馬克思放棄的是道德說教，認為就連「自私自利」這樣的用語也不是道德譴責，而是一種事實性的描述。當然，馬克思並不認為這種本來的、赤裸的、自然的人就是人的「理想狀態」，但他更反對離開人的市民社會去談論道德，因為在馬克思看來，這的確不是一個道德理想問題，而是一個「人的全面發展」問題。在個人主義與功利主義業已獲得勝利的背景下，康德提供的是個人在道德選擇上的絕對命令，黑格爾提供的是先於個人選擇並使你「必須如此」的社會秩序（在一共用結構下的整體功利主義），馬克思則要論證這種社會秩序（共用結構）是何以可能的；所以在某種意義上，我們也可以認為馬克思的學說是康德自由主義的「個人主義」與黑格爾整體主義的「功利主義」的結合；或者說，康德的「個人主義」只構成整體主義的「功利主義」這一「合題」的「反題」。

第二，通過對猶太人問題的分析，更彰顯出馬克思作為一位傑出的社會學家的本色，也許從這篇文章中最能看出馬克思是如何從一位哲學家、政治學家逐步轉變為經濟學家、社會學家的，從文章中我們就能看出，馬克思是把猶太人問題作為一個社會問題加以考量的，宗教、道德、政治在他那裏也都還原為社會現象；所以他不認為靠個人的反思活動就能認識這些社會現象；就如以後的迪爾凱姆（E. Durkheim）所認為的那樣，所謂社會現象，一定指的就是那些既外在於人的意識同時又對人的意識具有強制性的「社會事實」。所以馬克思是在「社會事實」的意義下談論政治與宗教、市民社會與政治的關係的；並在「事實的邏輯」中推導出猶太人問題的解決只能放在「人類解放」的視野中才可獲得理解。

第三，埃馬紐埃爾・勒維納斯（Levinas）在《塔木德四講》中說：

> 猶太教的第一個教誨即：存在著一種道德的教誨和一些更為公
> 正的事物。一種沒有人剝削人的社會、一種人人平等的社會、
> 一種像基布茲（Kibboutzim）首創者所追求的社會──因為，
> 他們也為天國作梯，儘管他們中間大部分人對天國反感──這
> 就是道德相對論本身的爭議。[24]

當然，馬克思在這裏所使用的「市民社會」這個概念還需要進一步斟酌，而且他用市民社會這一概念來表達私人活動（如猶太人的經商）與國家的政治行為之間的關係，這一切都預示著一個更深層次的還原即將出現在馬克思的學說中，這就是對資本主義的經濟關係的分析，以及生產力和工人階級這一概念的重新提出。這一還原最終必將取代他對猶太人問題的關注，但這並不說明他就不再關注猶太人的命運，因為，他實際上一直在用自己的學說實踐著猶太教的某種教誨，即我們在上面所引述的《塔木德四講》中的那段話：

> 猶太教的第一個教誨即：存在著一種道德的教誨和一些更為公
> 正的事物。一種沒有人剝削人的社會、一種人人平等的社
> 會⋯⋯。

在馬克思身上，我們也再一次領教了這種教誨的偉大與力量。

在我們這個時代，再也沒有人能如馬克思當年寫出《論猶太人問題》一樣「論述」中國人問題、俄羅斯人問題或美國人問題了。是類似的問題不存在了嗎？顯然不是。是更尖銳了，是更不可解決了，相應的，也是因為人們不再屑於那種「從頭說起」的宏大敘事，而且有如馬克思那樣懷抱歷史樂觀主義的人也少而更少了。

這是我們這個時代的幸，還是不幸？

---

[24] 商務印書館 2002 年 12 月版，第 91 頁。

　　或者說，當馬克思作為一個猶太人寫出《論猶太人問題》時，我們是否想過我們也應該寫出我們自己的《論中國人問題》？「中國人」的什麼問題？在「中國」這一主權下的漢族與維族、藏族、蒙古族等少數民族的問題，以及「中國」作為一個主權國家與周邊，與世界各國間的關係，它取決於我們是否還會如康德那樣相信有一個人類的「永久和平」。所有這些問題也是世界各國普遍存在並都應該做出自己回答的普遍性問題。

　　如果立足於民族主義的立場，我們應該怎麼談論中國人的問題？民族主義的國家主權觀念，甚至民族主義這一概念本身都是現代性的產物。於是，這裏就涉及到一個如何理解啟蒙運動的問題。馬克·里拉（Mark Lilla）認為在伯林這個典型的猶太人身上就能看出他受啟蒙運動的吸引與反啟蒙這兩種傾向：所謂「受啟蒙運動的吸引」就指的是把民族主義視為人民生活中的一個事實，這個事實更重視的是情感支柱，是感覺、情緒、飲食、服飾，而不是信念、理念、邏輯、理性；就此而論，不管這個民族是怎麼構成的，也不管其好壞優劣，反正這麼些人就習慣於這樣的生活，使用這樣的語言，願意過這樣的生活。這應該是啟蒙精神的一個成果，伯林對此表示完全贊同。作為一個有趣的例子，我們可以說：我們不必爭論猶太人是什麼或什麼人才是猶太人，這正如我們不會爭論什麼是大象、什麼動物才叫大象一樣。伯林的「反啟蒙的傾向」是這樣提出問題的：這樣一種「群體的事實上的生活方式」當然需要人們的某種忠誠，而且這是一種需要養育並應該持久保持下去的忠誠。但啟蒙運動或現代性對此提出了質疑。因為這與「試錯性的經驗主義和功利主義在本質上是不相容的」。很少有人注意到自由主義的這一本質衝突：既相信某種永恆性的東西，如上面所說的對民族感情的忠誠或某些被解釋為「天賦的」、「自然的」權利，同時又堅持「經驗的」、「功利的」生活態度[25]。這種理論上的無法自

---

[25] 參見伯林的《自由論》與馬克·里拉等人編著的《以賽亞·伯林的遺產》

洽迫使馬克思必須找到一個「根本性的問題」，對這一問題的回答實際
上就是取消了這一問題（哲學問題從來就解決不了，只能設法使其消
失；伯林也這樣認為：使人心安理得的東西，並不是發現了困擾他們
的問題的解決方案，而是意識到困擾他們的問題其實業已不復存在），
這就是馬克思之所以把解決市民社會中的金錢問題以及人類解放問題
理解為「取消猶太人問題」的根本出路的原因。

　　如何評論民族主義、啟蒙運動、現代性等問題是不是一個在理論
上無解，只有等待在現實生活中的問題解決了，這些問題才會「自動
消失」？這依然是一個需要我們做出回答的問題，因為在我們的現實
生活中，我們幾乎已經認定，猶太人或以色列國的存在問題，恐怕就
真的不是一個理論上所能解決的問題。

第二節　馬克思與法國大革命
──恐怖主義與新制度的誕生

　　1848 年 3 月，緊隨法國二月革命的消息，在德國也爆發了革命。
3 月 18 日柏林起義，示威群眾包圍了王宮，要求把軍隊撤出柏林；腓
特烈‧威廉四世拒絕了這一要求，並下令開槍射擊，於是起義的規模
越來越大，而軍隊也實在不願意與民眾作戰，於是經過一晝夜的巷戰，
國王被迫宣佈停戰，並立即召開國民會議，制定憲法，改組政府，釋
放政治犯和撤出城內的所有駐軍，等於答應了起義者的全部要求。

　　在幾乎所有的歷史記載，也包括周一良、吳于廑兩位先生主編的
《世界通史》中，都認為這次「柏林起義獲得了勝利」。

　　然而馬克思並不這樣看。

　　中的有關章節。

同年 12 月 11 日，馬克思在《新萊茵報》上發表了一篇文章：《資產階級和反革命》。在這篇文章中，馬克思比較了 17 世紀的英國革命、18 世紀的法國革命和 19 世紀的德國革命，認為：

> 1648 年的革命是十七世紀對十六世紀的革命，1789 年的革命是十八世紀對十七世紀的勝利。這兩次革命不僅反映了它們本身發生的地區即英法兩國的要求，而且在更大得多的程度上反映了當時整個世界的要求。但普魯士的三月革命卻完全不是這樣。[26]

為什麼這樣說呢？馬克思進行比較的著眼點顯然在時代的特徵、歷史的要求、影響的範圍和最後的結果這幾個方面上。

馬克思在這篇文章中說：

> 1648 年的革命和 1789 年的革命，並不是英國的革命和法國的革命；這是歐洲範圍的革命。它們不是社會中某一階級對舊政治制度的勝利，它們宣告了歐洲新社會的政治制度。資產階級在這兩次革命中獲得了勝利，資產階級所有制對封建所有制的勝利，民族對地方主義的勝利，競爭對行會制度的勝利，財產分配製對長子繼承制的勝利，土地所有者支配土地制對土地所有者隸屬於土地制的勝利，教育對迷信的勝利，家庭對家族的勝利，進取精神對遊俠怠惰的勝利，資產階級法權對中世紀特權的勝利。

這是一段在馬克思的文字中很少能看到的對這兩次革命、亦即對資產階級在整個歐洲範圍內的勝利的熱情謳歌，而且認為這並不僅僅只是一個階級的勝利，它直接就是一種「歐洲新社會的政治制度」的誕生。

但德國的「三月革命」為什麼就不是這樣呢？

---

[26] 《馬恩選集》第 1 卷，第 321 頁。

最重要的一點就是 1648 年的革命和 1789 年的革命創造了自己的也就是資產階級的時代,而 1848 年的柏林革命則落後於自己的即無產階級的時代,因為當德國的資產階級同封建制度和專制制度對峙的時候,它本身就已經同無產階級以及城市居民中所有那些在利益和思想上跟無產階級相近的階層相對峙了;而這一點,既決定了德國資產階級的軟弱,也決定了這一時期的無產階級只能充當資產階級革命的配角;

> 為實現資產階級利益而鬥爭,這一利益的具體表現就是「在思想上建立起君主立憲政體,在事實上建立起資產階級政權。」馬克思說,這就比自己的世紀落後了半個世紀以上,因為發生在同年二月的法國革命已經「在事實上消滅了君主立憲政體,在思想上消滅了資產階級政權。」[27]

通過馬克思的這一論述,我們基本上可以得出這樣幾個結論:首先,馬克思讚美了英國革命和法國革命,特別讚美了法國革命時期的「雅各賓主義的恐怖統治」,因為他明確說了:

> 法蘭西的恐怖主義,無非是用來消滅資產階級的敵人,即消滅專制制度、封建制度以及市儈主義的一種平民方式而已。[28]

請特別注意這裏的「平民方式」這幾個字,因為後來恩格斯進一步明確了「激進」與「恐怖」的根本原因並不在資產階級,而在與資產階級同時起來革命的「平民」,羅伯斯庇爾只不過出於自己的需要站在了「平民」一邊而已;其次,馬克思並不認為歷史的發展有其必經的階段,比如德國革命如不經過資產階級革命或君主立憲就可以直接開展無產階級革命;他認為當時的德國起碼也應該如同法國一樣「在事實上消滅君主立憲,在思想上消滅資產階級政權」(其實,在馬克思

---

27 同上。
28 同上。

寫完這篇文章的第二年，就發生了路易·波拿巴的政變，到 1852 年
12 月，也就是馬克思在高度讚揚了法國的二月革命「在事實上消滅君
主立憲，在思想上消滅資產階級政權」後整整四年，波拿巴就正式宣
佈法國為帝國，他即為皇帝，史稱拿破崙三世，是為法蘭西第二帝國，
為此，也才有了馬克思後來所寫的《路易·波拿巴的霧月十八日》，他
在這篇文章中說，「如果皇袍終於落在路易·波拿巴身上，拿破崙的銅
像就將從旺多姆圓柱頂上被推下來。」他認為他的預言實現了，但卻
沒有想到僅僅實現了兩個多月，更沒有想到在今天的法國人心目中，
拿破崙竟再度成為他們精神上的「神」；當然，這也說明當時的馬克思
是過於樂觀了一點（這與馬克思整個的歷史觀、特別與他對進步的理
解有關，詳後），馬克思是一個歷史樂觀主義者，但不是「神」，這應
該是沒有問題的；最後，最重要的問題就集中在這樣一個焦點上：當
我們今天回頭去看法國大革命時，所謂革命與時代的關係以及階級分
析的方法是否依舊適用？與此相關，還會涉及到這樣幾個問題：啟蒙
運動、百科全書派、盧梭的人民主權論、孟德斯鳩的三權分立說等等
「精神因素」在法國大革命中到底起到了多大的作用（這將涉及到如
何理解馬克思主義學說中精神與物質的關係，涉及到什麼才是導致革
命發生的根本性力量這一重大問題）？我們應該在什麼意義上重新認
識或區分 1648 年的英國革命和 1789 年的法國革命（對這兩次革命的
重新理解與比較一直就是橫在中國學者面前的一道難題，特別是近些
年，什麼才是在「革命」這一概念下的妥協、寬容、穩妥和秩序，如
何理解「雙贏」，如果說真有「雙贏」的話；如何理解「保守，如果
「保守」就意味著對傳統的尊重和守護的話，已越來越多地成為了
一個熱門的話題；近年來在一些前東歐的國家眾多處發生的「顏色
革命」，更是改變了我們對於「革命」一詞的傳統理解，至少，我們也
應該把過去所理解的革命的起因，如階級壓迫、剝削、無產者無法
生存等與革命自身的動力，如革命者身份的自我認同，如反對思想
改造等精神控制的手段區分開來）？在破壞一個舊世界，宣告「歐洲

新社會的政治制度」的誕生中，手段的恐怖（特別是精神控制的手段）到底是必要的還是應該劃定一個界限？還有，就是如何認識雅各賓的衰落與隨之發生的「熱月政變」？就所有這些問題而言，什麼是馬克思的觀點，什麼是恩格斯的觀點，什麼又是後來人的附會與解釋？

關於法國大革命，除過馬克思在《資產階級和反革命》中有著這樣系統的論述外，恩格斯還有兩段更為人所知的話，而且視野也顯得更為開闊，但也似乎透漏出某些與馬克思的不同：

> 法國大革命是資產階級的第三次起義，然而這是第一次完全拋開了宗教外衣，並在毫不掩飾的政治戰線上作戰；這也是第一次真正把鬥爭進行到底，直到交戰的一方即貴族被消滅而另一方即資產階級獲得完全勝利。在英國，革命之前和革命之後的制度之間的繼承關係、地主和資本家之間的妥協，表現在訴訟程式被繼續應用和封建法律形式被虔誠地保存下來這方面。在法國，革命同過去的傳統完全決裂；它掃清了封建制度的最後遺跡，並且在民法典中把古代羅馬法──它差不多完滿地表現了馬克思稱為商品生產的那個經濟發展階段的法律──巧妙地運用於現代的資本主義條件；它運用得如此巧妙，以至這部法國的革命的法典，直到今天還是包括英國在內的所有其他國家在財產法方面實行改革時所依據的範本。[29]

> 法國是這樣一個國家，在那裏歷史上的階級鬥爭，比起其他各國來每一次都達到更加徹底的結局；因而階級鬥爭藉以進行、階級鬥爭的結果藉以表現出來的變換不已的政治形式，在那裏也表現得最為鮮明。法國在中世紀是封建制度的中心，從文藝復興時代起就是統一的等級君主制的典型國家，他在大革命時期粉碎了封建制度，建立了純粹的資產階級統治，這種統治所

---

[29] 《社會主義從空想到科學的發展‧英文版導言》，選集第 3 卷第 395 頁。

具有的典型性是歐洲任何其他國家所沒有的。而奮起向上的無產階級反對占統治地位的資產階級的鬥爭在這裏也以其他各國所沒有的尖銳形式表現出來。[30]

恩格斯在這裏區分開了英國革命與法國革命，認為英國革命是妥協，法國革命是徹底，而且這種徹底性與法國人的「民族性」有關，所以在法國人那裏一切都很尖銳、都很徹底，這也就註定了無產階級的鬥爭性質在法國依舊具有其他各國所沒有的尖銳形式。

而如何理解「法國人」或法國人的「民族性」（相應的還會想到我們的「國民性」問題），看來也屬馬克思主義的一個範疇。

就近代資產階級反對封建制度的「大起義」而言，恩格斯認為法國大革命是「第三次起義」，第一次是德國的宗教改革，第二次是英國革命；說是馬丁·路德的宗教改革，其實恩格斯更為重視的是因宗教改革而引發的湯瑪斯·閔采爾所領導的農民起義，特別是在閔采爾的思想中所表現出的空想共產主義的理想。這一點，恩格斯自己已經在《德國農民戰爭》中有過系統的論述，認為閔采爾心目中的「天國」就是一個沒有私有財產、沒有階級差別、沒有高高在上的國家政權的一種理想社會。恩格斯說：

> 閔采爾的綱領，與其說是當時平民要求的總匯，不如說是對當時平民中剛剛開始發展的無產階級因素的解放條件的天才預見。[31]

特別有意思的一個地方就表現在伴隨著這三次反對封建制度的大起義的，始終都有一股空想共產主義或空想社會主義的反抗力量與資產階級反抗封建制度的鬥爭交織在一起，而這一點，至少是受到以後的「馬克思主義哲學史教材」的格外關注，比如與馬丁·路德的宗教

---

[30] 《路易·波拿巴的霧月十八日·第三版序言》，選集第一卷第 601-602 頁。
[31] 《全集》第 7 卷，第 414 頁。

改革交織在一起的閔采爾的空想共產主義，與英國革命交織在一起的「掘地派運動」，特別是傑拉德·溫斯坦萊在《自由法》一書中所表現出來的與莫爾的《烏托邦》一樣的空想社會主義思想。溫斯坦萊明確認為土地私有是一切禍害的根源，一個真正自由平等的共和國應該「廢除土地私有，實行共同勞動、平均消費」；儘管在許多外國人所寫的《哲學史教程》中通常都不會提到溫斯坦萊的思想，但我們國家還是在上世紀六十年代就出版了《溫斯坦萊文選》，而且列為《西方哲學史》中的重要一章。與「第三次起義」也就是法國大革命交織在一起的則是巴貝夫的《為平等而密謀》；在幾乎所有關於法國大革命的記述中，一般都會提到巴貝夫，提到在山嶽黨失敗，羅伯斯庇爾被殺後，巴貝夫所領導的「平等派」最後的「密謀」與「暴動」，他們打出的口號就是「為羅伯斯庇爾的死唱輓歌」，「為人民遭受奴役表示哀痛」，要求「自由、平等，共同幸福」[32]受蘇聯的關於西方哲學史教材的影響，我們的教材中也通常會把閔采爾、溫斯坦萊、巴貝夫作為重要的思想家加以介紹，因為恩格斯在為倫敦 1845 年 9 月 22 日紀念 1792 年 9 月 22 日法蘭西共和國成立大會上所寫的一篇文章中明確說了：

> 大家知道，1793 年憲法是由依靠起義的無產階級的政黨制定的，恐怖統治是由這個政黨實行的，羅伯斯庇爾的覆亡表明資產階級戰勝了無產階級，巴貝夫和他的同謀者從 1793 年的民主思想中給平等做出了當時最進步的結論。[33]

從這裏也可以看出，在恩格斯心目中，羅伯斯庇爾及其恐怖統治，以及巴貝夫的密謀與暴動，幾乎就可以等同於無產階級為平等事業所做出的貢獻。

---

[32] 參見米涅的《法國革命史》，第 301 頁-303 頁，商務印書館 1983 年版。
[33] 《在倫敦舉行的各族人民慶祝大會》，《全集》第 2 卷，第 664 頁。

　　把閔采爾所領導的農民戰爭歸為「當時平民要求的總匯」,再把「平民要求的總匯」理解為「剛剛開始發展的無產階級因素」,以及認為「羅伯斯庇爾的覆亡表明資產階級戰勝了無產階級」,這些觀點都應該屬於恩格斯自己。

　　差不多從那時起,「無產階級」的形象就與「空想社會主義」(具體為「消滅私有財產」)、「暴力革命」(為平等而密謀)、「農民戰爭」(起義)以及「法蘭西的恐怖主義」的「平民方式」聯繫在一起。至少在觀念上,則與要求廢除國家統治的無政府主義思潮有了多多少少的聯繫;至少在我們這些開始研讀西方哲學史的人的心目中是這樣。

　　於是我們就可以知道,按照人類社會必是無產階級的最後勝利和必將進入共產主義這一歷史的方向,馬克思和恩格斯列出了三次起義;讓我們看到儘管這三次起義都是資產階級領導的,而且實現的也只是資產階級的利益和要求,但實際在戰場上廝殺的卻是廣義的(包括農民在內的)「城市居民中所有那些在利益和思想上跟無產階級相近的階層」即「平民」;那麼,有沒有反映這些「平民們」的利益和思想的呢?回答是「有」,它們就體現在閔采爾(Munzer)、溫斯坦萊和巴貝夫(Babeuf)的學說中(還有一個應該注意的人物是摩萊里(Morelly),他的空想社會主義也許對法國大革命的影響更大,我們的教科書上也多有論述)。而且請注意,無論是馬克思還是恩格斯,都肯定了「雅各賓主義的恐怖統治」,因為「法蘭西的恐怖主義,無非是用來消滅資產階級的敵人,即消滅專制制度、封建制度以及市儈主義的一種平民方式而已。」

　　「法蘭西的恐怖主義」並不屬於資產階級,而是屬於「城市居民中所有那些在利益和思想上跟無產階級相近的階層」即「平民」,這是一個完全令人吃驚的結論;那麼依據這一結論,恩格斯把羅伯斯庇爾的覆滅歸結為無產階級的失敗也就完全說得過去。於是,我們就會在列寧和史達林那裏讀到一些更為「恐怖」的對於「無產階級專政」的論述:

靠茨基帶著飽學的書呆子的博學神情和十歲女孩的天真態度問道：既然擁有多數，還要專政幹什麼？馬克思和恩格斯解釋說：

──為了粉碎資產階級的反抗。

──為了使反動派恐懼。

──為了維持對付資產階級的武裝人民這個權威。

──為了使無產階級能夠對敵人實行暴力鎮壓。[34]

歷史證明，從來沒有一個被壓迫階級，不經過專政時期，即奪取政權並用暴力鎮壓剝削者的最猛烈的反抗，就取得了統治，就能夠取得統治。[35]

專政是一個重大的、殘酷的、血腥的字眼，這樣的字眼表示出兩個階級、兩個世界、兩個世界歷史時代的你死我活的無情鬥爭。[36]

無產階級專政是：（一）對資本家和地主使用不受法律限制的暴力，（二）無產階級對農民實行領導，（三）對整個社會進行社會主義建設。無論除去專政的這三個方面中的哪一個方面，都不免有曲解無產階級專政的概念的危險。[37]

階級的消滅不是經過階級鬥爭熄滅的道路，而是經過階級鬥爭加強的道路達到的。國家的消亡不是經過國家政權削弱的道路，而是經過國家政權最大限度地加強的道路到來的；只有最大限度地加強國家政權，才能徹底剷除垂死階級的殘餘，並組織國防區抵禦還遠沒有被消滅掉而且還不會很快就被消滅掉的資本主義包圍。[38]

---

[34] 《無產階級革命和叛徒考茨基》，《列寧選集》第 3 卷，第 659 頁。

[35] 《共產國際第一次代表大會》，《列寧全集》第 28 卷，第 435 頁。

[36] 《政論家的短評》，《列寧全集》第 30 卷，第 322 頁。

[37] 《問題和答覆》，《史達林全集》第 7 卷，第 155 頁。

[38] 《第一個五年計劃的總結》，《史達林全集》第 13 卷第 190 頁。

　　引述到這裏，從馬克思、恩格斯眼中的雅各賓的「法蘭西恐怖主義」到列寧、史達林手中的「無產階級專政」，再到毛澤東關於「秦始皇焚書坑儒」算不了什麼的一系列說法，「專政」，這個「重大的、殘酷的、血腥的字眼」也就逐漸清晰了起來。

　　對象我這麼大的人來說，雖說見到過「鎮反」時一輛輛滿載即將被處決的囚犯的刑車從眼前開過，也目睹了文化大革命時兩派武鬥時的血腥，但這一切，依然沒有 1996 年我在巴黎希提島上參觀法國大革命時關押即將走上斷頭臺的囚室時所受到的震撼強烈。剛一進門，就有一張名單，上面寫著被處死了的 2780 個「貴族」的名單，其中大部分都是與雅各賓同時起事後因政見不同而被處死的吉倫特黨人。在昏暗的燈光下，你似乎能聽到從丹普爾堡駛出的馬車在「革命廣場」（今天的協和廣場）上經過時的馬蹄聲，似乎能看見並不很高的斷頭機在那裏有節奏地一上一下⋯⋯

　　在馬迪厄的《法國革命史》中有著這樣的記載：「現在正是恐怖最盛時期，自新 9 月 23 日至新 11 月 8 日，革命法庭判決處死了 1285 人，開釋的僅 278 人，在此之前的 45 天中，卻只判決 577 件死刑，而開釋者有 182 件。不管怎樣，牢獄雖經出空，可是填滿得更快。新 9 月 22 日時，巴黎所禁囚犯為 7321 人，到新 11 月 10 日時，達 7800 人。解赴斷頭臺，迅速地一批接著一批。彼此素不相識的被告，也被『混合』在一批。獄中偵探只要微有所聞，即任意列出所謂陰謀家的名單。腦袋像石塊一般地落下：巴黎及土魯斯之舊法院人員曾因抗議取消法院而合成一批處死，達 31 人；1792 年曾歡迎過普軍的凡爾登居民為一批，達 35 人；拉瓦節及包稅人為一批，稱為『吸民脂血者』，達 28 名，⋯⋯達 52 人⋯⋯達 37 人⋯⋯達 36 人⋯⋯達 156 人，等等」，維吉爾・坦維爾曾想在法庭大廳的平臺上將所有這些人一次處死，但委員會強迫他分作三批。

　　　過分的殺戮激動了一般人的良心。成群前往刑場有如觀劇似的
　　　時代已經過去。現在，當可怕的刑車在街頭走過時，沿途店鋪

都關閉店門。斷頭機的位置，不得不從革命廣場遠遠地遷到特朗門。[39]

最後，該輪到丹東、羅伯斯庇爾、聖鞠斯特這些處死了別人的人在臨刑前表現自己的大義凜然和視死如歸了。

我曾在羅曼羅蘭的劇本《愛與死的搏鬥中》感受過那種恐怖，而且記下了丹東臨刑前的話：

> 溫暖的春天，樹全開花了……生命多年以來還沒有這樣快樂過。

譯者李健吾先生在譯完這個劇本後說：羅伯斯庇爾是道德和恐怖的化身，他以為「道德離開了恐怖是有毒的，恐怖離開了道德是無力的」。（這種語式都是從康德那裏學來的，後來的伯林說：無理念的感覺是盲目的，無感覺的理念是僵死的；齊澤克更是說：「沒有政治的道德是空洞的，沒有道德的政治是盲目的」）

好了，讓我們再看看其他研究法國革命史的專家們是如何理解這場大革命及其「法蘭西恐怖主義」的。我認為我們只有通過比較才能明白馬克思和恩格斯的獨特眼光到底何在。

我手頭有四個人的四本書，談的全是法國大革命；除過英國的艾德蒙·柏克的《自由與傳統》是節選的有關言論外，米涅的《法國革命史》、托克維爾的《舊制度與大革命》、馬迪厄的三卷本的《法國革命史》都是世界公認的這方面的權威著作；他們成書的時間也在馬克思、恩格斯前後，柏克在英吉利海峽的對面注視著發生在法蘭西這塊土地上的一切；米涅的書出版於 1824 年，法國大革命的餘音尚在；托克維爾的書把歷史哲學與歷史本身結合起來，重要的不是敘述史實而是評價史實，所以給人的啟發最大，而且這本書出版時，馬克思、恩格斯都還在世；在短短的三年時間裏，這本書再版四次，十年後已再版到第七版，到 1934 年，這本書已印行了 16 版，在各個領域都產生

---

[39]　《法國革命史》，第 830-831 頁，商務印書館 1973 年版。

了巨大影響；馬迪厄是公認的法國革命史研究中的「羅伯斯庇爾派」，盛讚法國革命和「法蘭西恐怖主義」，而且一度加入過法國共產黨，屬於「法國革命史研究中的左派革新者」，他 1907 年創辦「羅伯斯庇爾學會」，距離恩格斯逝世也不過只有 12 年。

所以，在與「馬克思主義」比較中談論法國大革命，我們就應該從馬迪厄的《法國革命史》談起，這本書的中譯本初版於 1963 年，再版於 1973 年，我讀這本用大號字印成的、標明是「內部讀物」的書時，還正在監獄工作，書上留有許多我當時的讀書筆記（我至少讀了三遍），比如上面所引述過的李健吾先生的話。今天看來不禁感慨萬千。

馬迪厄之所以是「羅比斯庇爾派」，是因為在這樣幾個關鍵性的問題上，他是站在羅伯斯庇爾一邊的；這些問題涉及到如何看待國王和王后，也就是路易十六和瑪麗‧安多瓦勒特；如何處理與教廷、特別是教皇的關係；如何處理對外戰爭，國際問題與國內問題孰重孰輕；如何理解羅伯斯庇爾與社會主義、共產主義者，比如與巴貝夫的關係，總起來說，是一個如何看待羅伯斯庇爾的「階級立場」的問題。馬迪厄在這些問題上的觀點與馬克思、恩格斯的觀點有許多重合或近似之處，同時也為我們如何清理柏克、米涅、托克維爾的觀點提供了一條線索。

首先是對「革命」一詞的理解。馬迪厄在該書的一開始就說：

> 真正的革命並不限於改換政治形式及執政人員，而在於改變制度及轉移財產；⋯⋯實際與法律、制度與風俗、表面與精神日益脫節，從而產生了這次革命。
>
> 社會生活所依靠的生產在一天天地在增加他們的權力，但在法律辭彙中勞動仍是一種恥辱，貴族與其無用的程度成正比例。門第與閒暇使他們具有各種特權，在生產而又掌握著財富的人看來，這類特權是日益不可容忍的。

當然，這裏的生產、勞動、權力、財富都指的是新興資產階級，與無產階級無關。

　　作者從一開始就對路易十六沒有好感，說他是一個「儀態平庸的胖子，唯有在宴會、狩獵或在鎖匠加曼的作場中，才得快活。」

　　更麻煩的是他娶的是瑪麗亞·得里薩的女兒，「是個美麗、輕率而喜歡賣弄風姿的女人。她只知不顧一切地去享樂」，特別是與情人的幽會，「使王后的名譽在革命以前早就完了」，1786 年，斯特拉斯堡造幣廠鑄了一批金路易，在國王像上面，加上了一個表示淩辱的角（意即王后不貞），可見那時整個社會所表現出的對國王的諷刺與不恭。

　　至於教會，當時法國主教之最大多數都傾向於高盧教會派，它於1682 年就通過了《四項宣言》：國王有獨立處理俗務之權，宗教大會之權利高出於教皇，教皇須遵守教會法，教皇之教權無誤性須得教會之同意。法國革命爆發後，議會於 1790 年 7 月 12 日通過《教士法》，這等於越出俗世的界限開始干涉起靈界的事務了，於是教皇也就開始正式譴責《教士法》，並也越過靈界的界限，譴責議會於 1790 年通過的《權利宣言》（此《權利宣言》儘管有種種不足，但作為憲法的序文，成為以後一百多年間世界各國所實現的政治進步的源泉[40]），於是雅各賓派也就從對天主教的攻擊轉而成了對整個宗教、包括基督教的攻擊，主張學習美國人那樣取消國家擔負宗教費用的辦法而使政教徹底分離。

　　這裏需要說明的就是所謂吉倫特黨，本來也就是雅各賓派中的親英、親美派，他們多為高級貴族和大資產階級，所以想把法國建成一個立憲而行代議制的君主國，故為革命派中的「右派」（坐在國民大會的右邊）；所以在反對羅馬教廷上與羅伯斯庇爾的激進「左派」（坐在左邊的上面，故為山嶽黨）是一致的，矛盾與你死我活的鬥爭是後來的事。

　　下來就是革命爆發後該不該審判國王的問題了：反對這種審判的可以舉出許多理由，比如說是路易十六廢止了王室土地中的農奴，是他起用哲學家傳播啟蒙，是他召集了三級會議；更有人說：國民大會

---

[40] 參見該書第 101 頁。

的議員不能既是原告，同時又是審判官，但當時，又沒有獨立的審判機構，等等。

猛烈反駁他們、堅決要求審判國王的就是羅伯斯庇爾的山嶽黨，其中聖鞠斯特的發言最為有力，他說：按照法律，國王是不能受審判的；但現在所從事的，並非一個法律案件，而使一個政治事件。路易十六不是被告，是敵人。對他只能適用一個法律，即民族間的法律，換言之，即戰爭法：「路易曾與人民為敵，他被戰敗了。他是野蠻人，他是戰敗了的外國戰犯。」吉倫特黨企圖延緩對國王的審判，要求先放逐波旁家族，對付正在反叛的王黨，但正是羅伯斯庇爾，堅持先審判國王，認為對付任何外在的威脅，都應該先立足於法國本身的革命，先鎮服國內的貴族。最後，1792 年 1 月 14 日開始投票，吉倫特黨以 287 票對 424 票被擊敗；在這 424 票中，主張無條件死刑者為 361 票，主張死刑但可以緩刑的 26 票；在此情況下，吉倫特黨要求延緩執行，結果延緩案以 310 票對 380 票被否決。（國王受刑日在 1 月 21 日，星期天，是日大雨，沿途戒備森嚴。囚車於晨 8 時離開丹普爾堡，10 時到達刑場革命廣場——今改協和廣場，國王登斷頭機台後，想向人民說話，為軍隊鼓聲所壓住。受刑後，人民高呼「國民萬歲」）[41]

被稱為奧國女人的瑪麗王后 10 月 14 日出庭受審，態度頗為鎮靜，16 日受刑時也很坦然，死後民眾高呼「共和國萬歲！」

讀此書時感到一切似乎都很熟悉，比如將「先生」一律改稱為「公民」，比如將「巴黎」改為「無名城」，認為「革命本身即為革命人民的宗教」，等等。

有兩個問題需要在這裏加以強調，就是第一：

> 羅伯斯庇爾久已成為山嶽黨的當然領袖。當制憲會議時，他始
> 終在保衛弱者及無產者。他是第一個以不倦的熱情反抗有財產
> 資格限制的選舉制度，畢竟是由於他的不斷努力而取消了這種

---

[41] 參見馬迪厄《法國革命史》，第 431 頁注釋。

限制；他抗議戒嚴令而主張武裝人民；在討論取消長子繼承權時，他曾說到：「諸位立法者，倘使你們的法律不以溫和而有效的方法去限制財產之不平等，那麼，你們對於自由就不會有任何貢獻。」[42]

他是大革命期間暴動委員會、公安委員會和革命政府的最有威望和最富於口才的代言人：

> 在市府與國民大會之間，在國民大會與各俱樂部之間，在巴黎與全國之間，羅伯斯庇爾始終都是一個活的結子。必須利用他的威望才能調和革命分子之間的衝突，而提出協調的解決方法。[43]

> 羅伯斯庇爾之當權開始了一個新時代。他之有助於公安委員會，不僅因其少有的特性：他的冷靜與膽量、敏銳的先見、厲害的口才、驚人的組織力、大公無私的態度；此外更重要的，就是自製憲會議以來，羅伯斯庇爾在工匠及小民階級中是最有威望的，他取得了他們的完全信任。在無套褲黨中，他是個無可與抗的領袖，尤其是自馬拉死了以後，他並不是一人參加委員會的，在他後面有一大部分鬥士：一切組成各俱樂部堅強核心的人、一切要與革命共存亡的人以及一切非征服即死亡而無他途可走之人。[44]

另一個問題就是儘管羅伯斯庇爾所主張的一切都與共產主義者巴貝夫的思想很投合，巴貝夫也把自己的希望寄託在羅伯斯庇爾身上（見他 1791 年 9 月 10 寫給庫柏‧得‧羅瓦茨的信[45]），但羅伯斯庇爾非但不是一位共產主義者，而且強烈排斥共產主義思想，「他始終認為共產

---

42 《法國革命史》，第 343 頁。
43 同上，第 583 頁。
44 同上，第 574-575 頁。
45 此處參見《法國革命史》第 343 頁的記述。

主義是一個不可能的荒唐的夢想。他主張財產權應受到限制，應防止濫用，但他始終沒有想到要消滅它。」[46]對共產主義是這樣，對社會主義倒有相當的同情，比如 1792 年當暴動頻繁，糧食緊缺時，雅各賓派的一位牧師多裏維爾就敢於把自然權利與財產權利對立起來，把原始正義與法律正義對立起來，認為唯有國家才是全國土地的真正主人；就是說，土地並不屬於地主，而是屬於國家。馬迪厄說：

> 我們可以說，他是一個社會主義者。不過這個社會主義不但源於極端派哲學及自然權利說，從另一方面看來，它也是個很古老的東西。多裏維爾要為全國國民所爭回的權利，不過是以往國王對於全國土地所具有的突出的權利，此外還有什麼呢？多裏維爾的社會主義的目的，不過是當糧食缺乏時，應當恢復業經制憲會議所廢除的的舊日的限價與法規而已。

> 我們須注意，所有這些多少帶點社會主義的表現都是由於要解決糧食恐慌而產生的。[47]

馬迪厄在這個地方引用馬克思的話說，其實大部分山嶽黨和吉倫特黨一樣，都是資產階級出身，他們之所以看起來更靠近民眾和下層人士，無非是出於一種鬥爭策略上的需要：「這是用平民的方法打倒國王、教士、貴族及一切革命敵人的策略」（馬克思言）[48]

這倒給了我們一個啟示，就是在雅各賓派的心目中，社會主義指的是一切收歸國有，而共產主義則指的是廢除所有制本身；社會主義是出於無奈，為瞭解決糧食、戰爭等危機，必須在「策略」上站在社會底層的人一邊，而且必須實行國家主義的專政，所以在形式上也就與傳統的專制制度、與皇權所有（普天之下，莫非王土）有了某種一

---

[46] 同上，第 343-344 頁。
[47] 同上，第 336 頁。
[48] 同上書，第 347 頁。

致性；而共產主義則是所有危機（最根本的就是階級鬥爭）消失後的「理想狀態」。

1888 年，恩格斯在為《共產黨宣言》所寫的「英文版序言」中說：

> 在 1847 年，所謂社會主義者，一方面是指那些信封各種空想學說的分子，即英國的歐文派和法國的傅立葉派，這兩個流派都已經變成純粹的宗派，並在逐漸走向滅亡；……可見，在 1847 年，社會主義是資產階級的運動，而共產主義則是工人階級的運動。當時，社會主義，至少在大陸方面，是『有身份的』，而共產主義卻恰恰相反。既然我們自始就認定『工人階級的解法只能是工人階級自己的事情』，所以我們也就絲毫沒有懷疑究竟應該在這兩個名稱中間選定哪一個名稱。而且後來我們也根本沒有想到要把這個名稱拋棄。[49]

至於信奉馬克思主義的共產黨人為什麼又要從共產主義中劃分出一個「社會主義階段」，而且是「社會主義初級階段」，就是另外一個需要研究的問題了。

現在讓我們再看看柏克、米涅、托克維爾的觀點。

柏克是從根本上反對法國大革命的第一人，而且是最為激烈的一位思想家；他之反對法國大革命，並不是站在皇權、王黨的立場上，恰恰相反，他獻身政治就是為了改革，而且是英國革命與美國革命的堅定支持者，因為這兩場革命都以傳統的道德法為依據，而法國革命則是想在決裂與灰燼之上重建一個「新世界」。在柏克看來，法國革命的錯誤就在於以「階級」這一抽象概念為依據，把人區分為「貴族階級」或「資產階級」，然後再大開殺戒，為了明天的「單一階級」而消滅今天的「反動階級」。這是一種狂熱地以犧牲目前來成全未來的思路，而在柏克看來，今天就是明天的過去，明天會是什麼樣子，取決

---

[49] 《選集》第 1 卷，第 236-237 頁。

於今天是什麼樣子。所以，當羅伯斯庇爾在國民大會上說「正如為自由而奮鬥的勇士手中的刺刀與專制政府的走卒們手中的刺刀並無什麼不同一樣，革命政府就是要以自己的自由的暴政來對抗專制」時，柏克就已經發現了這種「革命政府的」的「極權性」就表現為「國家是一切的一切。……為達到它專有的目標，國家擁有至高無上的控制權和鎮壓權——通過洗腦實現思想控制，通過刀槍實現人身控制。」

所以柏克被認為是一位早熟的法國革命的反對者，就如另一些人也把他認作是「早熟的反共者」或「早熟的反法西斯者」一樣。[50]

如果說柏克對法國大革命的抨擊與他生活在英國，而英國與法國在那一時期一直處於對立狀態下有關的話，我們就來看看另一位更為激進的法國大革命的反對者，他就是約瑟夫·德·邁斯特（1753-1821）。

1789 年法國大革命爆發時，邁斯特已過而立之年，是個溫和的改革派；但隨著法國大革命越來越激烈，他也就越來成為了一個激烈的法國大革命的反對派。他曾在聖彼德堡供職多年，俄國的君主制度讓他著迷，他認為他一生的任務就是摧毀 18 世紀所建立起來的一切，它包括：科學、自由、理性、進步、無神論、完美理想、樂觀主義、社會契約論等等。

他的《論法國》一書出版於 1796 年，正是雅各賓倒臺後的督政府時期。這本書中言辭之激烈、觀點之鮮明、態度之決絕就是讓我們今天的人看起來也有些心驚肉跳。在這本書 2005 年的中譯本出版之前，我們想像不到就在法國大革命進行當中，就在一批又一批的人走上斷頭臺，全國彌漫著腥風血雨的「恐怖歲月」中，竟有人敢這樣論述問題——當然，這也許與他出生於毗鄰法國的薩沃伊（今屬義大利），後又一直生活在國外有關。

他的最基本的觀點就是社會的兩大支柱就是宗教與奴隸制；因為這二者皆起源於遠古迷霧中的過去，或者說，我們只能說它是神的製作而不是人的產品。因為它合於人性的需要。

---

[50] 以上言論均參見柏克的《自由與傳統·英文版導言》，商務印書館 2001 年版。

人性是什麼？就是殺戮、戰場和自我毀滅；任何理性的描述，都只能是自欺欺人的歪曲。

正因為這樣，「唯一能夠主宰人類的，就是難以勘其玄機的神秘因素」，就是宣揚神聖的過去，鼓吹迷信和恐嚇，就是對權威的盲從和阻止所謂的啟蒙。以賽亞·伯林在為邁斯特這本《論法國》所寫的「序言」中說，邁斯特認為人性從根本上說具有自我毀滅的傾向，所以不能相信進步、理性、共和國這些美妙言辭所建構起來的東西，因為「凡是理性建構起來的，理性也可以把它毀掉」。他說，僅以人的可憐的智力，根本就無法參透萬物的成因；而凡是長久存在的，都不是理性的產物，凡是源頭消失於遠古迷霧中的東西，皆為神的作品，而不是人的產品。他說，18 世紀的人相信可以建立起一種人為的制度，一種保障最大多數人或最大自由的社會；但這些人想過沒有，假使這樣的社會建立起來，以後就會有更加聰明的人要建立更高級、更精巧、更理性，從而也就更具破壞性的社會，如此往復，永無盡頭。他說，革命一旦發生，就不是人領導革命，而是革命帶動人，人在革命中，就如一片輕薄的草葉，被革命狂飆席捲而去。[51]

我們都知道，米拉波是法國大革命剛開始時的一位最重要的人物；米涅在他的《法國革命史》中說：

> 米拉波是一個只要遇到機會就可以成為偉人的人；他一貫反對專制制度，譴責他越軌的貴族激怒了他，使他脫離了貴族，意識到革命就是他的事業和生命；而他也滿足了時代的需要，在議會中享有最高的威望。

他死之後，議會和法國舉行了國葬，入先賢祠。[52]但就是這樣一個人物，邁斯特告訴我們，他在彌留之際說的最後的話是：

---

[51] 邁斯特：《論法國》，第 26 頁，上海世紀出版集團 2005 年版。
[52] 《法國革命史》，第 59 頁。

要是我還能活下去，我將重整破碎了的君主制度。[53]

他比較了查理一世和路易十六兩個人死時的情況，說：

處死查理一世的幫兇要少得多，而查理一世可能曾經受到若干責備，路易十六卻並未受到應有的指責。而且，查理一世臨刑前，有人給了他最溫情、最勇敢的關心，連奉命行刑的劊子手都不敢讓人認出自己來。而在法國，路易十六在 6 萬名持槍人中走向斷頭臺。[54]

他說，一個國家五年內制訂了三部憲法；關注這種難以置信的景象難道不會讓人感到厭倦？[55]

為了鬧這場法國革命，他們必須推翻宗教、敗壞道德、侵犯各種財產、犯下各種罪行；為了這樁魔鬼事業，他們必須利用那麼多邪惡卑劣的人；大概歷史上還沒有過那麼多壞人一起幹某一樁罪惡勾當的先例。[56]

儘管我們可能都不會同意他的觀點，但作為法國大革命的一位同時代的人，我們還是必須注意到他個人的感受與對某些事實的陳述。

相比較而言，米涅和托克維爾對待法國大革命的態度則要積極或緩和得多。

首先，米涅在《法國革命史》一書中一開始就談到了當時的法國分屬於「敵對的階級」：

國土分割成了互相敵對的一些省份；人們分屬於敵對的階級。貴族雖然還保留著爵位，但已失去了全部權力；人民毫無權

[53] 《論法國》，第 28 頁。
[54] 第 31 頁。
[55] 第 77 頁。
[56] 第 106 頁。

利；王權則毫無限制，由於權臣橫行，由於種種特殊的制度和
各個集團特權的存在，法國陷於一片混亂之中。革命改變了這
一無法無天的局面，建立了一個公道的並更合乎時代精神的秩
序。革命以法律代替了專橫跋扈，以平等代替了特權；革命使
人們擺脫了階級的區分，使國土消除了省份之間的壁壘，使工
業不在受行會和行會監督的限制，使農業擺脫了封建領屬關
係，免除了什一稅的重壓，財產不再容許任意指定預備繼承
人，革命把一切都複歸於一個等級、一個法律、一個民族。[57]

1852 年 3 月 5 日，馬克思在寫給約‧魏德邁的一封信中說：「在
我以前很久，資產階級的歷史學家就已敘述過階級鬥爭的歷史發展，
資產階級的經濟學家也以對各個階級作過經濟上的分析。」這裏所說
的「資產階級歷史學家」，大約就指的是米涅（還應包括以後被馬克思
罵為「侏儒怪物」的梯也爾，詳後）；米涅的這本《法國革命史》問世
於 1824 年，馬克思的《資產階級和反革命》發表於 1848 年 12 月；不
僅是「階級鬥爭」，我們看一下馬克思對「法國大革命」的具體論述：

> 資產階級所有制對封建所有制的勝利，民族對地方主義的勝
> 利，竟爭對行會制度的勝利，財產分配製對長子繼承制的勝
> 利，土地所有者支配土地制對土地所有者隸屬於土地制的勝
> 利，教育對迷信的勝利，家庭對家族的勝利，進取精神對遊俠
> 怠惰的勝利，資產階級法權對中世紀特權的勝利。

所有這一切幾乎都是從米涅那裏來的。這也說明，米涅對法國大
革命的肯定也就是馬克思對法國大革命的肯定。

具體到羅伯斯庇爾這個人，米涅的看法可就與馬迪厄大不相同
了。他說，在雅各賓俱樂部的幾個最重要的歷史發展階段，羅伯斯庇

---

[57] 米涅：《法國革命史‧導論》，商務印書館 1977 年版 2《選集》第 4 卷第
332 頁。

爾的一個特點就是專門發表與那些在聲望與資歷上都比他強的人的觀點不同的觀點，最後終於在一批又一批的人倒臺以後，這個人終於把個人的虛榮心結合到群眾的事業之中：

> 這個資質平庸、秉性浮誇的人，其所以最後才得出頭，是由於他出身低微。對於革命來說，這是一個很大的優點；他之所以追求頭等地位並且不遺餘力地要得到它，不擇手段要維持它，是因為他有強烈的自尊心。羅伯斯庇爾有實行暴政的一些特性：才智雖然不高，但也不同於一般；他有鍥而不捨的精神，愛國主義的表現，不為利誘的良好聲望；他持身嚴謹，不反對流血。他證明瞭在亂世中的政治幸運並不是單靠材質來取得，而是有賴於行動，平庸而能堅持不懈，勝於具有天才而缺乏毅力。[58]

在這麼幾個問題上，表現出米涅非凡的洞察力：第一，他發現無論誰，國王也好，王后也好，還是那些成批走上斷頭臺的貴族、大資產階級、小資產階級、革命黨人，也包括丹東、羅伯斯庇爾、聖鞠斯特這些人，都表現出了那一時代在法國人身上所體現出來的、特有的英勇無畏和堅忍不拔，包括羅蘭夫人，在聽到自己的丈夫被處死之後，就十分鎮定地走到大街上自殺，一點也沒有「避難」的想法；就是說，英勇地死去已經成為一個時代的標誌，而不再僅僅是個人的行為。《馬賽曲》原名《萊茵軍歌》，係 1792 年斯特拉斯堡駐軍軍官盧日‧得‧利勒所作，傳入馬賽後，甚為流行，1792 年，516 人就是唱著這首歌從馬賽前往巴黎進行聲援；歌中唱到：「起來，祖國的兒女們。光榮的日子來到了：暴政的血腥的屠刀，已經向我們舉起。……」但此時的人們，已經分不清是誰在舉起「暴政的屠刀」了。無論是誰，也無論到底是誰在處死誰，臨死的人都高唱這樣的歌曲，可見「偉舉與暴行同時並行」，有的人在人民失去理智時死去，有的人則在人民恢復理智

---

[58] 同上書，第 158 頁。

時死去，當一個可怕的強力政權在同樣可怕的革命的名義下實施暴力時，「它就首先吞噬了山嶽黨的敵人，繼而吞噬了山嶽黨和公社，最後再吞噬了它自身。」[59]第二，大革命時期的人們能處於這種狀態之中，是因為幾乎所有的人都受到兩種傾向的驅使：一是熱愛自己的理想，一是統治欲；如果說一開始人們還有著共同的理想時，大家也就是協同一致的；當理想發生分歧時，統治欲或看誰掌握權力就成為主要的目標[60]。第三，他發現在關鍵時刻，「敢幹，就是革命的全部秘密」，這話丹東說過，聖鞠斯特說過，羅伯斯庇爾說過，馬克思也說過，而且馬克思說他引用的就是丹東的原話：勇敢，勇敢，再勇敢！（列寧在更多的地方強調過「敢於」的問題，甚至認為黨內知識份子和機會主義的最大毛病就是「不敢勝利」[61]；至於毛澤東，當其在全國推行總路線、大躍進、人民公社三面紅旗時，手中最為有力的一張牌幾乎就是一個「敢不敢」的問題）第三，米涅可以說最早意識到慘烈的暴力和革命以後，一定伴隨著的是「瘋狂地追求逸樂」，於是，羅伯斯庇爾死後。到督政府成立時（1795 年 10 月 27 日），

> 舞會、宴會、車馬、放蕩生活，又重新出現，而且比以前更為流行；這就是舊制度舊風尚的復辟。……在這過渡時期，奢侈將產生勤勞，投機買賣將與正當商業並存，沙龍將使各黨派互相接近──他們只有通過私生活才能互相忍讓；最後，文化將重新自由發展。[62]

特別是「私生活將使原先敵對的人重新忍讓、接近。」這句話說得特別好；它表明人們只有通過「私生活」才能最後走出「排他性政

---

[59] 同上書，第 215 頁。
[60] 同上書，第 234 頁。
[61] 參見列寧《社會民主黨在民主革命中的兩種策略》，列寧選集第 1 卷第 671 頁等處的論述。
[62] 同上書，第 294 頁。

治」的陰影。第四，米涅也正是在這一背景下分析了巴貝夫最後的反抗，認為當整個社會在督政府的統治下開始重新沉迷於歌舞和宴會時，巴貝夫卻在密謀領導一次暴動，讓被流放的 68 名山嶽黨人重新掌權，並打出了「1793 年憲法，自由，平等，共同富裕」和「篡奪最高權力的人應由自由的人處死」兩條標語，結果在事發前一天晚上被捕，從巴貝夫家中搜出了所有謀叛的檔與計畫。這件事使人們又想起了山嶽黨的恐怖統治，於是整個社會又陷入極度恐慌之中。巴貝夫和達爾泰被判處死刑。兩人均自殺。米涅說：

> 巴貝夫是在熱月以前分裂而在後來聯合的舊公社和救國委員
> 會派的最後一名領袖，……在巴貝夫的領導下，它依舊是一個
> 結合緊密的可怕組織。巴貝夫之後，就只有一些民主派的人，
> 政黨是徹底解體了。[63]

最後，米涅告訴我們，1799 年 11 月 9 日，也就是「霧月 18 日」的下午，一群衛兵緩步走進議會大廳，勒克雷爾將軍大聲宣佈：「我代表波拿巴將軍將宣佈解散立法議會，希望善良的公民們自行退出。衛兵們，前進！」於是衛兵們端著刺刀，緩緩前進，就這樣把立法議會驅散了。從會議的各個角落不斷發出憤憤不平的喊聲，但都被鼓聲壓了下去，人們聽到的議員們最後的聲音就是「共和國萬歲！」

共和八年霧月 19 日（1799 年 11 月 10 日）下午五點半，人民代表機關不復存在了。米涅最後的評論是：

> 霧月 18 日政變是甚得人心的。人們並沒有看出這是開創國民
> 新生活的 7 月 14 日偉大革命的終結。……法國國民是如此不
> 信任專制制度，以至於任何人都不可能奴役他們。人們都感到

---

[63] 同上書，第 301-303 頁。

需要一個精明強幹的人來復興社會，波拿巴正是適於這一事業的偉大人物和功名卓著的將軍。[64]

在霧月 18 日以後的三個月裏，人們是普遍表示頌揚和抱有希望的。臨時政府成立了，有三個執政，即波拿巴、西哀耶斯和羅歇－迪科。

西哀耶斯拿出一個憲法草案。米涅說，從 1789 年的立憲派到吉倫特黨，從吉倫特黨到山嶽黨，從山嶽黨到熱月反動派，從反動派到督政府，從督政府到兩院，從兩院到軍事獨裁，一直都是以暴易暴；在這樣的十年後，只有在西哀耶斯的憲法中才能找到長治久安，因為它不再允許任何排他性的統治。西哀耶斯想重建法國，波拿巴卻想如家長一樣統治法國。

到共和八年新憲法公佈時，西哀耶斯的憲法只剩下了一些皮毛，整個政治生活從國民手中轉到政府手中，波拿巴任第一執政，就如對待戰利品一樣瓜分了政府職權。最有意思的是，波拿巴在恢復禮拜日和四個宗教節日的同時，與教皇簽訂了一個「教務專約」，這一簽字儀式在巴黎聖母院大教堂舉行，禮炮轟鳴，宣告舊傳統的恢復，大彌撒由教皇特使紅衣主教卡普拉拉主持，以人們久已不習慣了的語言頒發了一項公告。晚上是盛大的燈火晚會和音樂會。波拿巴問戴爾馬將軍：「你看今天的儀式怎麼樣？」戴爾馬將軍的回答堪稱千古名言：

這是一次無聊的宣教儀式；只不過少了一百萬人參加，這一百萬人犧牲生命去推翻的，就是您今天所恢復的東西。[65]

1814 年 4 月 11 日，波拿巴傷心地告別了他的老兵，前往厄爾巴島，一個 14 年叱吒風雲、不可一世的人物就這樣離開了他的舞臺——世界。

拿破崙就這樣在擾亂各國人民的同時，促進了他們的文明。他對本國的專制統治使他成為反革命；而他的征服歐洲的思想卻使他成為

---

[64] 同上書，第 335-336 頁。
[65] 同上書，第 348 頁。

歐洲的革新者。好幾個歐洲的國家在他到達以前還毫無生氣，在他到達以後卻生氣勃勃。其中也就包括著馬克思的出生地特里爾。

拿破崙走後 13 天，路易十八在加來下船，5 月 2 日發表了承認代議制政府原則的聖多昂聲明，然後在第二天大搖大擺地進入巴黎，並於 6 月 2 日頒佈了新的憲章。

歷史就這樣走完了它四分之一個世紀的歷程。

法國用了一百萬人的生命去推翻一個後來又被恢復的政體或國家結構（後來又需要再推翻、再恢復），我們呢？就現在這種經濟生活的秩序而言，恐怕已經是好幾千萬人的生命了吧！

作者最後比較了英國的克倫威爾和法國的拿破崙，得出了這樣一個結論：

> 這就是產生於自由，卻不復以自由為基礎的政權的結局。[66]

但托克維爾這樣看嗎？馬克思這樣看嗎？

托克維爾的三本書：《論美國的民主》、《舊制度與大革命》、《回憶錄：1848 年法國革命》是在我的專業書之外對我個人影響最大的三本書。

上世紀 90 年代初，當我拿到《舊制度與大革命》的中譯本（這已比原書出版晚了 135 年）時，是一口氣讀完的，而且有一種必須摒住呼吸的感覺。

下面，讓我們來分析一下他和馬克思在對待法國大革命的觀點上一致和不一致的地方。

讓我們在說明一致的地方的同時，也指出他們之間的差異或對立。

首先，在談到當時的貴族時，托克維爾說，「我談的是階級，唯有階級才應佔據歷史。」[67]至於個別的貴族可能這樣，也可能那樣，問題在於貴族作為一個階級當時處於一種什麼狀態，這才是問題之所

---

[66] 第 382 頁。
[67] 托克維爾：《舊制度與大革命》，第 158 頁，商務印書館 1992 年版。

在。在這一點上，托克維爾與馬克思是一致的；當然，這種階級的觀點也是米涅在他的書中早就論述過了的。但托克維爾與馬克思、甚至也與米涅不同的地方在於：在他看來，在英國，「自 17 世紀以來，封建制度已基本廢除，各個階級互相滲透，貴族階級已經消失，貴族政治已經開放，財富成為一種勢力，法律面前人人平等，賦稅人人平等，出版自由，辯論公開」；也就是說，當英國革命發生時，英國已處於某種中世紀人連想都想不到的社會狀態之中，國家行政機構已日益取代了貴族統治的官僚等級制度。

那麼法國又是一種什麼情況呢？托克維爾說：

> 當前考據證明，從 13 世紀起，諾曼第便廢除了農奴制。……
> 農民不僅僅不再是農奴，而且已成為土地所有者。
> 因此，認為法國地產的劃分始自大革命，這是符合一種普遍的錯誤觀點；土地的劃分遠遠早於大革命。這也就是說，法國的貴族不僅很久以來就不再接觸國家行政，而且也失去了在農村的全部的行政權力，領主只不過是第一居民而已」，貴族的政治權力已經消失，只有金錢部分保留了下來。托克維爾經過大量閱讀，查閱卷宗，發現大革命前的法國農民徭役罕見並且溫和，產生這種現象的原因，一方面是法國農民已變為土地所有者，另一方面是法國農民已完全擺脫了領主的統治。[68]

那麼也就是說，法國大革命根本就不是人們平時所理解的那樣，以為是資產階級對封建貴族的革命，以為是封建制度的壓榨激起了資產階級和廣大農民的反抗。其實事情恰恰相反，托克維爾在這裏談到了一個在他的所有學說中以一貫之、同時又新穎無比的觀點：

> 革命並不是在那些中世紀制度保留的最多、人民受其苛政折磨最深的地方發生，恰恰相反，革命是在那些人民對此感受最輕

---

[68] 參見第 58、65、71 頁的論述。

的地方爆發的，因此在這些制度的桎梏實際上不太重的地方，它反而顯得最無法忍受。[69]

　　當貴族不僅擁有特權，而且也擁有政權時，當他們在進行實際的統治管理時，他們個人的權力更大，但卻並不引人注意；人們覺得這很正常，你要取得貴族的保障，你就得忍受貴族強加給你的負擔（比如當時的德意志）；當貴族一旦失去權力，他們身上的特權就顯得格外刺目，甚至他們本身的存在也成為了疑問；當封建制度已不再是一種政治制度，或者說，當封建制度的統治範圍大大縮小了的時候，「剩下的那一小部分反而令人厭惡百倍。」[70]

　　這就是托克維爾要討論階級問題的原因：法國大革命就爆發在貴族階級及其統治秩序已基本失去力量的時候。

　　法國人的處境越好便越覺得無法忍受。

　　托克維爾說：

　　　　這種觀點使人驚奇，但歷史卻充滿著類似的景象。革命的發生並非總因為人們的處境越來越壞。最經常的情況是，一向毫無怨言彷彿若無其事地忍受著最難以忍受的法律的人民，一旦法律的壓力減輕，他們就將它猛力拋棄。被革命摧毀的政權幾乎總是比它前面幾個政權更好，而且經驗告訴我們，對於一個壞政府來說，最危險的時刻通常都是它開始改革的時刻。……人們耐心忍受著苦難認為這是不可避免的，但一旦有人出主意想消除苦難時，它就變得無法忍受了。當時被消除的所有流弊似乎更容易使人覺察到尚有其他流弊存在，於是人們的情緒便更激烈：痛苦的確已經減輕，但是感覺卻更加敏銳。[71]

---

[69] 第一章開始。
[70] 第一章最後。
[71] 該書第 210 頁。

　　所以當大革命開始時，一切身居高位的人都生活在一種稀奇古怪的安全感之中，覺得在他們的統治下，法國的一切總比過去好多了，而且還都在巧言談論著法國人民的美德、溫順、忠誠和滿足，「看到這些，聽到這些，怎能不覺得奇怪：這是多麼可笑、多麼可怖的景象啊！」[72]

　　也許所有對歷史感興趣的人都應該記住托克維爾的這段話，因為照他看來，路易十六時期的法國是法國歷史上最好的一個時期，「公共繁榮在大革命後任何一個時期都沒有大革命以前 20 年中那樣發展迅速。」[73]

　　那是一個法蘭西開始富裕和全面發展起來的時期。

　　這一結論，不但與馬克思不同，也與我們在前面所提到的幾乎所有研究法國大革命的專家們的看法不同。

　　托克維爾自然舉出了大量的資料用於證明他的觀點（書中的序言說他閱讀、利用了前人從未接觸過的大量檔案材料，包括古老的土地清冊、賦稅薄籍、地方與中央的奏章、指示、大臣間的通信、三級會議的會議記錄及 1789 年的陳情書等等），但僅憑直覺和某種感受性，我認同托克維爾的說法；發生在蘇聯和東歐社會主義國家的「巨變」，也同樣證明瞭托克維爾的遠見卓識。

　　其次，談到英國革命和法國革命的區別時，他也認為英國革命是在「不廢除舊的體制」這一前提下，來通過實踐逐漸改變這種舊體制的精神；而法國革命由於看不到任何醫治舊體制的特殊疾病的藥方，所以就只能採取一種：

> 「要麼全盤接受，要麼全盤摧毀國家政體」這樣一種方式；這與馬克思的看法也基本近似。但在馬克思那裏，講的是英國資產階級的軟弱（也可以理解為貴族勢力的相對強大）和法國資產階級革命（主要體現在雅各賓俱樂部，或者說就體現在羅伯斯庇爾身上，再進一步，甚至可以說就體現在以巴貝夫為代表

72　第 170 頁。
73　第 208 頁。

的社會最下層人士的空想共產主義理想上）的徹底，用恩格斯
的話來說，就是「法國是這樣一個國家，在那裏歷史上的階級
鬥爭，比起其他各國來每一次都達到更加徹底的結局；因而階
級鬥爭藉以進行、階級鬥爭的結果藉以表現出來的變換不已的
政治形式，在那裏也表現得最為鮮明。」

　　但在托克維爾看來，與英國革命比較起來，法國革命至少在這樣
三個方面是具有特殊性的，它涉及到與宗教的關係，頭腦與身軀的關
係以及與所謂的「文學政治」的關係。

　　首先，法國大革命當然是反宗教的，這與 18 世紀的法國唯物論哲
學家（百科全書派）猛烈地反宗教情緒（看看霍爾巴赫的《袖珍詞典》
便一目了然）密不可分；但這種反宗教的根本原因並不是因為它僅僅
只是一種宗教，而是因為它變成了一種政治制度：

> 並非因為教士們自命要治理來世的事物，而是因為他們是塵世
> 的地主、領主、什一稅徵收者、行政官吏；並非因為教會不能
> 在行將建立的新社會佔有位置，而是因為在正被粉碎的舊社會
> 中，它佔據了最享有特權、最有勢力的地位。[74]

　　這就是說，法國人在內心深處是離不了宗教的；當時之所以反宗
教，主要出於世俗的政治革命的需要，因為教士們在當時並不僅僅只
是宗教的化身，而是世俗生活中各種實際利益的壟斷者；一旦把他們
從舊的政治制度中分離開來，我們立即就會發現宗教的力量不但重新
振興，而且立即獲得鞏固；但法國大革命又為什麼如此激烈呢？托克
維爾說，這是因為法國大革命是一場類似於宗教革命的革命。宗教革
命的特點是第一，不管法律、氣候、地域、民族差異，它要調整的是
人與上帝的總體關係，所以也就不必顧及任何社會的形態、形式和傳
統、規範；宗教革命一定會具有某種抽象而普遍的特徵，所以也就一

---

[74] 《舊制度與大革命》，第 46 頁。

定會把自己的基本原則說成是放之四海而皆準的普遍性原則。所以法國大革命，表面上看起來是反宗教的革命，而實際上本身就具有著宗教革命的普遍性特徵，所以它也就迅速蔓延到社會的各個領域，要改變人類生活的一切方面。而且要求著衝破國界，把大革命的原則遍及整個歐洲（整個世界）。在人類歷史上，只有宗教革命才會如此徹底、如此廣泛。這使我想到了文化大革命。文化大革命當然也是在「破四舊、立四新」（深層的口號當然與「兩個司令部的鬥爭」與「打到資產階級反動路線」有關）的旗幟下開展起來的，但這場革命所涉及到的領域，卻本身就具有著宗教革命的特點，因為它要求著徹底改變、全面改變；其次，就是法國大革命中所迸發出來的只有宗教才可能具有的「佈道熱情」，革命的進程有如宗教革命一樣充滿著佈道式地宣傳、預言式地傳播和對人內心深處的獻身熱情的調動。與宗教所宣傳的來世不同，它要求人在現實生活中就立地成為「新人」，然後以「新人」的姿態過一種全新的生活；托克維爾說，這種全新的生活儘管沒有上帝，沒有禮拜，也不信來世，「但它卻像伊斯蘭教一樣，將它的士兵、使徒、受難者充斥整個世界。」整個一個民族竟如此一致地達到了這種宗教的高度，並能通過各種類似於宗教形式的手段始終處於宗教式的狂熱之中，這是非常了不起的。這樣的話，也完全可以用於文化大革命。我們甚至可以說，不管文化大革命是多麼地反宗教，但它本身卻充滿了宗教式的狂熱，是一場真正意義上的宗教革命──以一種全新的宗教信仰取代一切宗教迷信的革命。

而法國大革命的這種類似於宗教革命的特點，是在英國革命那裏所看不到的。

還有，英國革命當然震撼了整個政治制度，直至廢除了君主制，把查理一世也推上了斷頭臺；

> 但它只是非常表面的觸動次要法律，幾乎絲毫未改變習俗和慣例。司法和行政保留原來的形式，照舊沿襲著昔日的習慣

做法。據說在內戰最激烈的時候，英國的 12 位法官仍在繼續進行一年兩次的巡迴刑事法庭。因此，一切並未同時激盪。革命的效果受到限制，英國社會儘管在頂層動搖，基礎卻歸然不動。[75]

托克維爾說，革命其實只是砍掉了腦袋，而它的軀體還應該依舊完好地活著，同樣的職能由同樣的行政官員執行，無論是以國王的名義、以共和國的名義還是以皇帝或總統的名義；

> 主子叫什麼名字與他們何干？他們的工作不在於做公民，而在於做優秀的行政官和優秀的法官。一旦初次的震動平息，國內似乎也就再無什麼變動。[76]

這就是現在人們所理解的「科層制」或「公務員制」，包括軍隊的「國有化」，他們應該不在乎「主子叫什麼名字」。

但法國大革命卻不是這樣。國家政權突然間更換了所有官員，更新了所有的準則，每個人的地位都收到了動搖，每個人的習慣都被打破了，每個人的職業也都收到了危害，已經無人知道該聽命於誰，該找誰辦事，也沒有人知道那些構成每天的日常生活的更細小的私人事務該如何處理。

所以法國大革命不但砍掉了路易十六的頭，而且毀壞了法國的身軀。

我自己感到，中國共產黨 1949 年的革命就不僅砍掉了「頭」，而且毀壞了中國社會的身軀；但在毛澤東看來，還毀壞得不夠徹底，所以才有了文化大革命。

毛澤東的徹底，在於他從根本上就不信任科層制的官僚統治，甚至不信任體現為國家權力合法性的法治觀念，他只相信個人的權威，即托克維爾所說的「家長式統治」。

---

[75] 第 233 頁。
[76] 第 234 頁。

在理論上，毛澤東是以一貫之的。1976 年的失敗與 1949 年的勝利在對理論的徹底性追求上高度一致，實際上看起來卻又背道而馳；它將是我們的下一代或下幾代人回避不了的研究課題——如果那時的人還抱有理論興趣的話。

最後，托克維爾告訴我們，到 18 世紀，「文人」忽然變成了國家的首要革命家，這裏主要指的是 18 世紀法國唯物論即「百科全書派」，還有就是盧梭的「人民主權論」以及孟德斯鳩、伏爾泰等人的學說和影響。在一個完全沒有政治自由的國度裏，這些人著書立說，至少還給我們的思想保留了最起碼的自由；但這種「對文學政治的愛好一旦深入到那些由於天性或社會地位而遠離抽象思維的人的心中」，一個偉大人民的政治教育要由作家來進行，而作家無形中又成為了法國的一種政治力量，而且最終成為首要的力量，並把文學習慣都搬入政治之中，這就形成了一種趨勢，即「同時而系統地廢除所有現行的法律和慣例」，「借助理性，光靠理性的效力，就可以毫無震撼地對如此複雜、如此陳舊的社會進行一場全面而突然的改革。」[77]

那麼，在馬克思看來，革命是否就應該這樣？

這就涉及到在馬克思和托克維爾之間就如何看待法國大革命上的一個根本性的分歧。

在馬克思看來，1789 年以後的大革命是在逐步「上升」中推進著：

> 立憲派統治以後是吉倫特派的統治；吉倫特派的統治以後是雅各賓派的統治。這些黨派中的每一個黨派，都是以更先進的黨派為依靠。每當某一個黨派把革命推進得更遠，以至它既不能跟上，更不能領導的時候，這個黨派就要被站在它後面的更勇敢的同盟者推開並且送上斷頭臺。革命就這樣沿著上升的路線前進。[78]

---

[77] 第三編第一章。

[78] 《路易·波拿巴的霧月十八日》，《選集》第一卷第 625 頁。

　　馬克思在這裏所論述的邏輯，也可能就是把無產階級，比如把巴貝夫所領導的「救國暴動委員會」理解為站在雅各賓後面並準備把雅各賓也送上斷頭臺的「更先進的黨派」（馬克思：巴貝夫的學說是超出整個舊世界秩序的思想範圍的思想）。可惜他們沒有成功；而在以後的日子裏之所以還會有「熱月政變」，有路易十八登基，有路易‧波拿巴的「霧月十八日」，就是因為對法國這具「身軀」還毀壞得不夠徹底；比如在周一良、吳于廑主編的《世界通史》中就認為 1793 年的憲法還不夠徹底，因為它還規定了要保護財產權，而且雅各賓派一直拒絕貧苦農民無償分配土地的要求，而經濟上的不平等則使法律面前的自由、平等、博愛成為一紙空文。在失去了革命群眾的擁護和支持後，羅比斯庇爾也就被送上了斷頭臺。這標誌著法國資產階級革命的結束。這後面所體現出的邏輯就是：只有一次徹底的革命，不僅廢除了財產權、滿足了貧苦農民的土地權，而且使自由、平等、博愛不再是一紙空文，才能獲得群眾的擁護和支持。這其實也就是我們大家在當時都接受了的一種思路。

　　這是一種思路。但還可以有另一種思路，這就是大革命的參加者有兩大社會群體，一是資產階級，一是以小資產階級為基本成分的人民大眾（所謂的城鄉平民）；他們之間一方面有一致性，另一方面也處於對抗之中。一般而言，城鄉平民要比資產階級激進得多；羅伯斯庇爾更多地站在城鄉平民一邊，所以和丹東這些人比較起來也就激進得多；但當資產階級借助於城鄉平民的力量戰勝了自己的敵人後，資產階級就覺得城鄉平民的政治要求和經濟要求是過分的，於是有了「熱月政變」，重新確立了資產階級政治文化的統治地位。[79]這裏面一定要提到恩格斯的一個重要觀點，這就是儘管恩格斯一再強調「為了要使資產階級能夠取得即令只是那些當時已經完全成熟而只待收穫的勝利

---

[79] 參見高毅所著的《法蘭西風格：大革命的政治文化》，第 37 頁，浙江人民出版社 1991 年版。

果實，都必須使革命遠遠超過這一目的」[80]，認為「為了使羅伯斯庇爾能在當時的國內條件下保持主政權，使恐怖達到瘋狂的程度是必要的」；但也認為「到了 1794 年 6 月 26 日，即在弗勒留斯之役取得了勝利以後，這種恐怖就完全是多餘的了，因為這一勝利不僅解放了邊境，而且把比利時、間接地把萊茵河左岸都交給了法國，而那時羅伯斯庇爾也就變成多餘的了，他終於在 7 月 27 日垮了台。」[81]

　　這也就是說，在馬克思逝世 6 年後，恩格斯重新思考了法國大革命中的雅各賓主義，認為如果說他們的「恐怖統治」在前期還是必要的話，在 1794 年 6 月 26 日的弗勒留斯之役後，則就顯得有些多餘，但恩格斯顯然沒有計算一下，從 6 月 26 日到 7 月 27 日僅僅只有一個月，而在這一個月的時間裏，羅伯斯庇爾已經開始不出席公安委員會的會議，而且也根本談不上「恐怖」；真正的「恐怖」，都發生在弗勒留斯之役之前。或者說，如果沒有在 1794 年 3 月和 4 月對艾貝爾派（雅各賓派的左翼，要求把所有逃亡業主的財產收歸國有，廢除基督教，並把所有的投機商人處死）和丹東派（雅各賓派的右翼，主張寬容，反對恐怖政策）的左右出擊，同時消滅，也許就沒有 6 月的弗勒留斯大捷。

　　我們這樣翻來覆去地比較馬克思、恩格斯和馬迪厄、米涅、托克維爾關於法國大革命之「成敗」的論述，只是為了突出這樣一個問題：當幾乎所有上述這些人都認為法國大革命的爆發有其客觀必然性時，在從 1789 年起事到 1794 年「熱月政變」，在這 5 年間所發生的一切，是不是也有其「客觀必然性」呢？與此相關的，還涉及到如何看待傳統、如何理解恐怖手段及其界線以及如何看待資產階級與城鄉平民間的關係這些問題。

　　馬克思 1871 年 11 月在致弗・波爾特的一封信中說：「陳舊的東西總是企圖在新生的形式中得到恢復和鞏固的。」[82]

---

[80] 《社會主義從空想發展為科學》英文版「導言」。
[81] 恩格斯 1889 年 12 月 4 日致維・阿德勒的信，《全集》第 37 卷第 312 頁。
[82] 《馬恩書信集》，1962 年版第 295 頁。

恩格斯更是在《社會主義從空想到科學的發展・英文版導言》中說：

> 傳統是一種巨大的阻力，是歷史的惰性力，但是由於它只是消極的，所以一定要被摧毀；因此，宗教也不能成為資本主義社會的保護物。[83]

托克維爾當然認為法國人在大革命時期使宗教信仰普遍威信掃地，企圖以革命代替宗教，並以自己對人類的完美性和力量的讚美，以自己的光榮和熱忱、驕傲和自信心、改造社會和使自己新生的美德來作為一種「擺脫個人利己主義，崇尚英雄主義和忠誠」的「新宗教」，給當時的社會造成了巨大的公害。[84]

但更重要的，是托克維爾看到了這樣一種「徹底革命」恰恰可能為專制鋪平道路，作為大革命的「私生子」，它一定就是在舊制度的廢墟上所建立起來的專制暴政和無政府主義，「一種為了革命的物質成果而犧牲革命的精神成果的可悲傾向，一種在本應從世界上永遠掃除專制暴政的思想的影響下產生的新形式的專制主義」。[85]

但更有啟發意義的一點在於：在托克維爾看來，這既是他的一貫看法，也是他在後來親歷的法國 1848 年革命中所體會到的一個洞見，這就是：

> 「我在想我們正生活在一個匪夷所思的時代，人們永遠無法斷言一場革命會不會在備餐和進餐之間的時刻突然到來」；「我開始在腦中重溫我們近 60 年來的歷史。當想起在這一漫長的革命每一階段結束時人們所抱的種種幻想，這些幻想所沉浸的種種理論；我們知識淵博的歷史學家的種種空想，還有數不清的

---

[83] 《選集》第 3 卷第 402 頁。
[84] 《舊制度與大革命》，第 191 頁。
[85] 導言部分。

精心設計但卻不切實際的體制——人們試圖借助其來詮釋一
個還看不清的現在，企圖預測一個還一無所知的未來——看到
這一切時，我只好苦笑。」[86]

至於馬克思，至少在恩格斯看來，由於他不僅特別偏好地研究了
法國過去的歷史，而且還考察了法國當前歷史的一切細節，搜集材料
以備將來使用，因此，在法國發生的任何事變都沒有使他感到意外。[87]

這就是兩種完全不同的歷史觀了。而對這一問題的論述，也許在
第三章才會更清晰。因為真正使馬克思、恩格斯與上述所有人都不同、
而且真的對所發生的任何變故都不會感到「意外」的，就是一個在這
三次起義中所表現出來的無產階級的命運與未來的問題，因為真正在
戰場上廝殺的正是他們，只不過他們還不知道他們真正的利益之所在
而已。

在我們即將展開對巴黎公社的討論之前，我還是要引用托克維爾
在《回憶錄》中對「法國人」的民族特性的一種解析：

> 沒有哪個民族比法蘭西民族更不依戀統治者，也沒有哪個民
> 族比她更不能沒有政府了。一旦這個民族發現自己不得不單
> 獨行走，她馬上就會感到頭暈眼花，以為自己隨時都會墜入
> 深淵。[88]

---

[86] 托克維爾：《回憶錄：1848 年革命》，第 67 頁、101 頁，上海世紀出版集團
    2005 年版。
[87] 選集第 1 卷第 602 頁。
[88] 《回憶錄》，第 193 頁。

第三節　馬克思與巴黎公社
——政治行動主義與一般的倫理成見

　　我們都知道，在黑格爾的政治哲學中交織著慾望（意志）與理性（絕對精神）的矛盾。加拿大女哲學家莎蒂亞・德魯里（Shadia B Drury）在《亞歷山大・科耶夫：後現代政治的根源》一書中指出：

> 這所有的一切都使科耶夫宣稱，在後歷史的世界裏，唯一相關的政治哲學就是黑格爾的。結果，所有的後歷史的政治都是右翼黑格爾派和左翼黑格爾派之間的衝突。這就是為什麼科耶夫宣稱，所有對黑格爾的解讀，包括他自己的，都是一種「宣傳」，或者是在關於如何達到被普遍認可的歷史目的的最佳手段的問題上，右翼黑格爾派（美國人、自由主義者和資本主義者）和左翼黑格爾派（俄國人、馬克思主義者和共產主義者）之間的競爭。即使左翼黑格爾派在這個世紀的早期贏得了無數勝利，科耶夫有足夠的先見之明，意識到這些勝利並不必然是決定性的。在冷戰結束之前很久，科耶夫就預見到美國方式（American way）的勝利。[89]

　　什麼叫「後歷史」？就是一種「歷史將終結於資本主義的觀點」（讓我們想想弗蘭西斯・福山那本著名的書：《歷史的終結與最後的人》）。持這種觀點的並不止福山一個。法國的思想家德勒茲（Gilles Deleuze）和加塔利（Felix Guattari）也這樣認為。在他們看來，資本主義是作為一種普遍真理出現的，因為它將根除國籍（想想今天的歐盟），消除奴役人類的所有神話和幻想，讓有福的、流浪的、無根的個體組成一個自由、民主、平等的社會。對於生活在這樣一個社會裏的人來說，福山稱之為「最後的人」，也就是尼采所說的「末人」。

---

[89]　新星出版社，2007 年版，第 69 頁。

歷史將終結於一個「末人」的世界。這就是右翼黑格爾派在現實生活中所可能看到的一種景象。

按照左翼黑格爾派的觀點，慾望（意志）是不會這樣終結的。如果慾望就是要獲得承認的慾望（霍耐特（Axel Honneth）：《為承認而鬥爭》），那麼在實現了人的相互承認之後，歷史依舊會終結於一個「末人」的世界。尼采認為真理、正義不過是意志的產物，所以他也是一個左翼黑格爾派，但他不認為有慾望或意志的相互承認，他把希望寄託在「超人」身上，因為他同樣敵視或者說更為敵視那樣一個「末人」的世界。如果沒有「超人」的出現，尼采的世界圖景就只能是虛無主義的。

於是，左翼黑格爾派的理論在邏輯上導致虛無主義（最終的相互承認也好，共產主義的實現也好，哪怕就是超人的出現，其反面不正是要告訴我們一個虛無主義的結論嗎？），右翼黑格爾派則在現實生活中導致一個平庸的「末人世界」的出現（羅爾斯的正義就是公平，通過公平而加速實現這一末人的理想）。

只要談到普遍認可的歷史目的，如果有，它一定是一個「末人」的世界，如果沒有，則走向歷史虛無主義。這就是「後歷史時代」左右兩翼黑格爾派之爭在理論上所給予我們的一種啟示，它幾乎也就是理性的必然結論。

左翼黑格爾派的慾望是一種特殊性的立場，以後演化為馬克思的階級觀念；右翼黑格爾派的理性是一種普遍性的立場，它與資本主義社會的男性主義、邏輯主義、倫理主義以及我們今天所大談特談的現代性危機密不可分。

所有這些，在馬克思的時代已初現端倪。

但馬克思並不滿足於理論的探究，他要用行動改變世界；這也就註定了他一定會站在特殊性的立場上為自己反對普遍性的「倫理成見」而進行辯護。

「巴黎公社」的爆發為馬克思以思想的形式介入行動提供了一個舞臺。

　　「巴黎公社」發生於 1871 年 3 月 18 日，到 5 月 28 日，最後一批公社戰士約 200 人在拉雪茲神甫公墓被集體槍殺，「公社」至此結束。

　　1996 年 7 月，我們幾個中國人來到拉雪茲公墓，在那段所謂的「公社戰士牆」前默哀、致敬、獻花；當時大家都眼含淚水，因為幾乎所有的人都心裏明白，這也是對我們自己的那一段歲月的悼念。

　　3 月 18 日是個什麼日子？我們馬上想到的自然就是魯迅先生的《紀念劉和珍君》和那一段略微帶點血腥的歷史。讀這一段法國歷史，有兩個日子最敏感，一個是「3、18」，再一個就是兩個「5、16」：一個是 1874 年 5 月 16 日，另一個是 1877 年的 5 月 16 日（1966 年的 5 月 16 日是中國文化大革命正式開始的日子，也是我與我的母親被驅逐出西安市前往陝西華縣落戶的日子，所以這個日子對我們國家，對我們一家，對我個人都有著非凡的、刻骨不忘的意義）；經過這兩個「5、16」（前一個「5、16」，共和派與君主派打了個平手；後一個「5、16」，史稱「5、16 危機」，是君主派向共和派的反攻倒算，結果卻是恰得其反），法國政壇圍繞著共和制與君主制的撲朔迷離的鬥爭終於塵埃落地，確立了共和制的全面勝利，使得法蘭西第三共和國成為了一個真正的「共和派的共和國」：國家機關從凡爾塞遷回巴黎，定《馬賽曲》為國歌，7 月 14 日為國慶日，這等於宣佈 1789 年的法國大革命經過這 88 年的迂迴曲折之路，終於有了一個最後的勝利果實。

　　「巴黎公社」在這樣一個多少能體現出一些「歷史發展趨勢」的進程中到底起到了怎樣的作用，處於一個什麼樣的位置上？

　　馬克思的經典之作《法蘭西內戰》對此做出了自己的回答。

　　歷史只給馬克思提供了這樣唯一的一次機會，讓他在為無產階級的世界革命提供理論準備的同時，也扮演了一位指導具體的革命實踐活動的革命家的角色；或者說，以巴黎公社的革命實踐活動來檢驗自己的革命理論，並以此回答認識的真理性問題。

在一本名為《馬克思、恩格斯、列寧、史達林論巴黎公社》[90]的書中，有一附錄，是《馬克思和恩格斯在 1870 年 7 月──1872 年 2 月期間的活動年表》，裏面記載著這樣一些事例：

1871 年 3 月 19 日，馬克思和恩格斯獲悉了巴黎發生革命的消息；從這一天起一直到 5 月巴黎公社遭到鎮壓，馬克思和恩格斯就一直與巴黎公社的領導人保持著密切來往，不但幫助他們想辦法，而且組織各個國家的工人舉行各種形式的保衛巴黎公社的群眾大會；在 1871 年 8 月 10 日寫給阿·于貝爾的一封信中，馬克思說，在巴黎公社成立後的第五天，當時的「國際總委員會」就號召德國和英國的工人應該站在法蘭西共和國一邊，而且在英國舉行了大規模的群眾集會聲援法國巴黎的工人，為此，俾斯麥曾以「通敵罪」逮捕了國際在德國的代表；而且正如馬克思在給路·庫格曼的另一封信（1871 年 6 月 18 日）中所說的那樣，馬克思在當時成了倫敦「受誹謗最多、受威脅最大的人」，因為他已經成了支援巴黎公社的「國際大首領」。

馬克思不但自己這樣做，而且給第一國際（即當時的國際工人協會總委員會）所有國際支部的國家連續寫了好幾百封關於巴黎公社的信，呼籲他們盡可能地對公社給予支持；當時既有人到巴黎去，也不斷有人從巴黎過來請求馬克思對他們的社會改革計畫提供意見，其中有些問題已經具體到如何為公社社員出售有價證券的問題。巴黎公社失敗後，「馬克思和恩格斯組織了對流亡的巴黎公社活動家的援助，他們領導由總委員會成立的流亡者委員會的工作，設法為流亡的公社社員尋找工作，為還在法國的處於非法境地的公社社員辦理出國護照」；恩格斯親自把《法蘭西內戰》譯成德文，交李卜克內西在德國和日內瓦出版；馬克思的女兒 8 月在法國被捕，但他此時更關心的是即將在凡爾塞舉行的對公社社員的審判，並準備在報紙上公開審判的全過程，積極為律師的辯護提供證據，如此等等。在這期間，最引人注意

---

[90] 人民出版社 1961 年 5 月第一版。

的是這樣一個事實：馬克思完全站在巴黎公社一邊既反對逃到了凡爾賽的法國政府，也反對曾重兵圍困巴黎的普魯士，並不斷揭露俾斯麥與梯也爾的勾結，這裏面沒有絲毫所謂的「民族主義」或「愛國主義」的蹤跡。馬克思一再強調的是他的「黨派性」（馬克思 1871 年 6 月 12 日在寫給愛‧斯‧比斯利的一封信中說：「我作為一個有黨派的人，是同孔德主義勢不兩立的」）而不是「民族性」。

請注意：在這個問題上也反映出馬克思與恩格斯在觀點上的些微差異：巴黎公社前，1870 年 8 月 15 日，恩格斯在寫給馬克思的一封信中曾專門討論了「民族問題」，包括「民族運動」、「民族利益」等方面的問題，認為應該參加「民族運動」，「只要這一運動是保衛德國的」；認為應該把「德國民族利益」與「普魯士王朝的利益」區分開來；強調「德國工人利益和法國工人利益的一致性」。要知道，這封信寫於普法戰爭時期，在交戰的兩國中站在哪一邊成了一個極端重要而且非常緊迫的問題；恩格斯說，在這種情況下「把反俾斯麥主義提高為唯一的指導原則，那是荒謬的」[91]；但馬克思同樣在巴黎公社爆發前寫給路‧庫格曼的另一封信（1870 年 12 月 13 日）中，認為德國的勝利，「他們那種征服者的醉態一點也不使我感到驚奇。首先，掠奪是一切資產階級的生存原則，奪取外國領土始終就是『奪取』。」[92]兩個人的區別有一個背景，這就是當恩格斯給馬克思寫這封信時，法國處於攻勢；而當馬克思寫這封信時，波拿巴和他的軍隊已經成為了德國的俘虜。所以當時的恩格斯更看重的是「保衛德國」；而馬克思所強調的則是德國作為「征服者的掠奪」。但這一背景並不能抹煞掉兩個人的細小區別：在恩格斯看來，普魯士的勝利會為俾斯麥贏得榮譽，「這種情況確實非常討厭，然而是無法改變的」；馬克思則堅持認為，「普魯士外交在軍事上的勝利」所發出的都是「無恥腔調」，而其「進行戰爭的方

---

[91]　《馬、恩、列、斯論巴黎公社》，第 203 頁。
[92]　同上，第 210 頁。

式──徵集制度、焚毀村莊、搶殺自由射手、扣留人質」則「令人想起三十年戰爭的種種暴行」[93]。

馬克思是在 1871 年 5 月 30 日，也就是巴黎公社社員所堅守的最後一個街壘陷落的兩天後就提交了《法蘭西內戰》的定稿的，可見在此之前，馬克思一直關注著事態的進展，注意收集這個方面的材料，並先後發表了兩篇《國際工人協會總委員會關於普法戰爭的宣言》；其中第二篇「宣言」的最後一句話就是：「共和國萬歲！」

這也就是說，在普法戰爭的全過程中，在巴黎公社爆發前不到一年的時間裏，馬克思所關心的社會歷史的進程其實就是一個如何才能「使法國獲得和平並承認法蘭西共和國」[94]的問題。

所以馬克思的《法蘭西內戰》應該與他的《路易·波拿巴的霧月十八日》聯繫在一起來讀；因為《霧月十八日》談的是「法國的階級鬥爭怎樣造成了一種條件和局勢，使得一個平庸而可笑的人物有可能扮演了一個英雄的角色」（用托克維爾的話來說，是「一個站在了浪尖上的矮子可以攀上巨人站在平地上所無法攀上的懸崖」）；而《法蘭西內戰》則談的是這個「平庸而可笑的人物」不但稱了帝，而且一旦在色當成為了普魯士的俘虜（1870 年 9 月 2 日），為什麼在 9 月 4 日就引發了巴黎革命，用恩格斯的話來說，就是「帝國像紙房子一樣就倒塌了，共和國又重新宣告成立。」[95]

從路易·波拿巴 1848 年 12 月 10 日當選共和國總統到 1851 年 12 月 2 日發動政變，再到 1852 年 12 月 2 日第二帝國宣告成立（12 月 2 日對拿破崙家族來說是個吉祥的日子，它既是路易·拿破崙自己政變成功的周年紀念，又是他叔父 1804 年舉行加冕典禮的日子，更是第一帝國奧茨特利茨戰役勝利紀念日），我們應該看到，這位「平庸而可笑的人物」始終具有一種「普選」的合法性，就是修改憲法，重新恢復

---

93 第 210 頁。
94 《馬、恩、列、斯論巴黎公社》，第 28 頁，以下所引此書，只注頁碼。
95 第 7 頁。

帝制的全民公決（1852 年 11 月 21-22 日），投贊成票的也達七百八十二萬四千多張，而反對票和棄權票加起來不過一百七十多萬張[96]，可見「全民公決」的盲目。

如果不是色當被俘，要想使帝制恢復為共和其實是極不容易的，那怕它就是「紙房子」。對此「難度」，羅傑・普賴斯曾列舉出幾個方面的原因，比如第一，相對於一個獨裁政權而言，它一旦想走向自由，面臨的第一個難題就是：渴望自由的希望之火被點燃容易，但如何滿足只會越來越強烈、越來越全面的自由渴望則很難，因為人們對自由的期望值只會水漲船高；其次，隨著來自上層的壓力的減輕以及社會和政治集團覺得自己都有能力去競爭權力，潛伏著的緊張只會再次公開；最後，獨裁政府的所有讓步都只能以犧牲經濟界重要人士、教派及其教權支持者的利益為代價，而這種利益又是政府不得不依靠的，所以最後的結果只能是「兩面都不討好」。在這種情況下，一面是波拿巴主義的右翼分子強烈要求回歸獨裁，一面是自由化和共和主義的強大推動，而且波拿巴自己也以清醒的目光看到了共和主義的不可阻擋，於是只好通過訴諸戰爭來轉移國內的矛盾，而且「嗜好戰爭本來就是拿破崙三世定義中的一個組成部分」；但戰爭的勝利依賴於軍隊的效率，而對於一個獨裁政府來說，軍隊只能用於鎮壓國內的民眾，一旦對外開戰，特別是面對普魯士時，獨裁政府自身的殘暴性就只會加深而不是減少社會與政治的分裂。最後均因外交上的無能而導致獨裁政權的崩潰，這幾乎成為了一個普遍性的規律。

但反過來看，如果我們想用「實踐」來檢驗一下這位「小拿破崙」（雨果言，馬克思也多次使用這樣的稱謂，但帶有一點嘲諷的意味）的政績的話，我們又不能不承認「這一政權是幸運的」，因為它恰巧遇上了一個世界經濟的增長期，而且由於「專制」，所以通過政府的強行

---

[96] 參見羅傑・普羅斯所著的《拿破崙三世和第二帝國》，第 38 頁，素樸譯，上海譯文出版社 2003 年 7 月版。

措施就大大增加了基礎設施的投資，並由此贏得了公路、鐵路、電報等交通、資訊產業的高速發展。書上有史料記載：

> 1851年的3230千米不連貫的鐵路線到1870年已延伸為17200
> 千米長的鐵路網。而且，與火車站相連的公路也得到了實質
> 性的改善。這一點連同關稅保護的明顯削弱，旨在保證農產
> 品和工業製成品的更加融合、競爭更加激烈的市場的發
> 展，………尤其是在19世紀60年代，隨著長期存在的形式──
> 人口增長加強了控制稀少資源的社會精英階層的權力──的
> 結束，農場主甚至農村勞動力也明顯地正在產生一種更強的
> 獨立意識。在城鎮，情況也是這樣，就業機會的快速增多，
> 確保工人的實際收入自19世紀50年代後期以來，開始了第
> 一帝國滅亡後的第一次增長。……這一時期的法國，從巴爾
> 扎克眼中的法國轉變為埃米爾・左拉以同樣的文學才華所描
> 述的法國。[97]

請注意，恩格斯也完全肯定了在拿破崙三世時代所取得的成就，他認為這一切在先前都是完全不可能的，而且正是通過路易・波拿巴，「使整個資產階級的經濟繁榮與發財致富都達到了前所未有的程度」。[98]除了左拉，我們只要提到安格爾、奧芬巴赫、雨果、凡爾納和福樓拜，還有實證主義哲學家孔德和前面提到的史學家托克維爾，就知道這一時期的法國在文化領域所取得的成就了。與此相應的，就是拿破崙三世的個人權力在這一時期也達到了巔峰。

> 他致力於通過建立強大穩定的、能促進社會和經濟現代化的行
> 政權力而使政府非政治化，致力於「通過滿足人民的合法需要

---

[97] 《拿破崙三世和第二帝國》，第41-43頁。
[98] 參見恩格斯為《法蘭西內戰》一書所寫的「導言」。

而結束革命歲月」。……這位權力因公民投票而合法化的皇帝
將成為政府和社會之間的神秘紐帶。

但這一切，都因 1870 年 9 月 2 日在色當的慘敗和被俘而告終。

兩天後，也就是 9 月 4 日，大批人群就湧進了波旁宮，立法團中
的 27 名共和派議員要求立即更換政權，於是無論是在巴黎，還是在里
昂、馬賽，共和派議員都在沒有任何抵抗的情況下接管了政權。

這已經是 1848 年 2 月革命以來的第二次「推翻帝制，恢復共和」
了；第一次推翻的是所謂的「平民國王」路易・菲利浦；第二次推翻
的就是這位在拿破崙的旗幟下恢復帝制的路易・波拿巴。

新政權如何應對此時正包圍著巴黎的普魯士軍隊，形成了「主戰」
與「主和」兩派；最後的結果，是「主和派」獲得全面勝利（有意思
的是，就是在這種情況下，法國仍要通過選出一個「國民議會」來決
定權力的組成，可見至少是民主的形式已經如此深入人心，以至任何
人想獲取權力都不得不經由此種形式而具有「合法性」的依據）；而「主
和派」的國民議會所任命的「法蘭西共和國行政權力首腦」就是這位
年逾古稀、老於世故、精通權術、善於周旋於不同政見之間、同時又
身為一位當時最為著名的歷史學家的梯也爾（提到梯也爾，我總想起
中國的李鴻章，只不過李鴻章從未獲得過國家統治的最高權力而已）。

一個是與馬克思的故鄉德國談判、講和，割地賠款，更重要的是
鎮壓巴黎公社，使得梯也爾這個人物成為我們在馬克思的所有著作中
所看到過的最為「怒斥」（甚至可以用「謾罵」這樣的字眼）過的一個
人物：除過曾對路易・波拿巴用過的「平庸、可笑」（這是最客氣的用
語了）外，馬克思還說梯也爾是個「侏儒怪物」、「玩弄政治小騙局的
專家、背信棄義和賣身變節的老手，議會黨派鬥爭中施展細小權術、
陰謀詭計和卑鄙奸詐的巨匠；他一失勢就不惜鼓吹革命，而一旦大權
在握則毫不躊躇地把革命浸入血泊；他只有階級偏見而沒有思想，
只有虛榮心而沒有良心；他的私生活和他的社會生涯同樣卑鄙齷

齪，──甚至在現在，當他扮演法蘭西的蘇拉這個角色時，還是情不自禁地用他那可笑的傲慢態度顯示出它的行為的卑污」；說他的巴黎「是幽靈的巴黎，是 francs-fileurs（自由逃亡者，指巴黎公社期間從巴黎逃亡到城外的資產者）的巴黎，是閒逛男女的巴黎，富人的、資本家的、花花公子的、遊手好閒者的巴黎。這個巴黎帶著它的奴僕、騙子、文丐、蕩婦目前正麕集在凡爾塞、聖丹尼、呂埃伊和聖熱爾門」[99]，如此等等（在馬克思為《法蘭西內戰》所寫的兩篇初稿中，對梯也爾怒罵得還要更厲害些；除了使用「其貌不揚的侏儒」這樣的語言外，馬克思還多次使用了「這個邪惡的侏儒」這樣的說法，說他是「議會小丑」、「庸俗的職業報人」、「好虛榮、喜猜疑、貪圖享樂，從來沒有寫過和談過正經事」、「一個大拇指般的小人物裝模作樣地想扮演」、「像所有的矮人一樣，他渴望著炫耀自己，貪圖名利地位；他智力貧乏，卻富於奢想；追求享樂、懷疑一切」等等[100]。後來，到了 6 月 26 日，也許是什麼地方說馬克思在《法蘭西內戰》中對凡爾賽政府成員（主要是梯也爾）使用了「不恰當的語言」或進行了「人身攻擊」，馬克思專門在《每日新聞》上發表聲明，說他個人對所使用的文字負全責；結果這篇聲明發表在 7 月 1 日的《東郵報》上[101]。不過平心而論，把梯也爾的身高、私生活都納入如此嚴肅的政治論戰中顯然有失妥當。而且我們應該承認，馬克思在《法蘭西內戰》中的風格也影響了我們這整整一代人在文化大革命中的論戰（包括攻擊和謾罵的文字特徵，即我所謂的「文革話語」）風格。

我們總不能忘記，當普魯士軍隊圍困巴黎，法國正處於生死存亡的緊要關頭，在 1871 年 2 月 12 日的國民議會選舉中，梯也爾是唯一一個在 26 個省份同時當選的勝利者[102]；馬克思當然可以就如說路易·

---

[99] 《論巴黎公社》，第 36、39、65 頁。

[100] 分別參見《論巴黎公社》一書的第 94、99、103、110、165 頁。

[101] 參見《論巴黎公社》第 640 頁對馬克思活動的記載。

[102] 參見呂一民所著的《法國通史》，第 228 頁，上海社會科學出版社 2002 年版。

波拿巴的當選是三千六百萬人的一個民族被三個衣冠楚楚的騙子弄得措手不及而毫無抵抗地作了俘虜（《選集》第一卷，第608頁）一樣來說梯也爾的「當選」，但法蘭西這個被馬克思視為將「由高盧雄雞的高鳴」來宣佈「德國的復活日」[103]的偉大民族，如果就這樣三番五次地如馬克思所說，隨便就被「一個冒險者加以姦污」（路易・波拿巴是一次，梯也爾又是一次）的話，那是不是就應該認為這多少也應該歸咎於某種意義上的「自願」呢？

是某種意義上的「自願」，或「受蒙蔽」（我甚至也願意在這個意義上理解我們在文化大革命中的表現），儘管依舊「不可寬恕」（馬克思 語），但至少說明當時的法國工人階級對「自治」的渴望還遠非普遍現象；他們寧肯把票投給共和派的候選人也不願意選出「自己階級」的候選人，他們指望的是由中產階級政治家來實現他們所渴望的更大的平等與尊嚴；在1864年的選舉中，三位工人階級的代表在巴黎的得票分別是342、11和500票，離「當選」還差得很遠；而且在巴黎人的心目中，最激進的革命和社會主義者大都是一些知識份子和青年學生，他們提倡以革命秘密社團的形式暴力奪取政權（所謂的布朗基主義，詳後），而這一點並不為廣大的工薪階層所接受[104]。

作為一個基本的事實，馬克思說梯也爾「從來沒有寫過和談過正經事」，這是明顯說不過去的。

梯也爾所著的十卷本的《法國革命史》，「不僅在於引用豐富的原始資料詳實地再現了法國大革命的歷史場景，更重要的是作者採用階級鬥爭的視角來闡釋大革命和波旁王朝的復辟。正如梯也爾在寫作時所希望的那樣，這部著作在問世後迅速成了自由派反對波旁復辟王朝的有力武器」。連同當時的梯葉裏、米涅和基佐，他們共同構成復辟時期最引人注目的「歷史學家群體」，而且幾乎全都以第三等級反對特權

---

[103] 《選集》第一卷，第15頁。

[104] 見《拿破崙三世與第二帝國》，第78-79頁。

等級的階級鬥爭這條主線來研究法國歷史，讚揚代議制度，歌頌共和體制[105]。所以說梯也爾「智力貧乏、懷疑一切」應該是不符合歷史事實的，當然也是完全可以理解的，因為那畢竟是一個「非常時期」：「巴黎公社」的被鎮壓，對當時的馬克思來說，怒火的燃燒已經壓倒了一切。因為馬克思也是一個有著完全正常的個人情感和喜怒哀樂的「凡人」。

巴黎公社的爆發是許多種複雜因素共同促成的，裏面既有因普法戰爭失敗而激發的愛國情緒，也有因拿破崙三世的倒臺而重新引發的對共和制的恢復；既迴響著 1789 年大革命的餘音，也有對一個全新的國家政權形式的構想與實踐。而且，正如馬克思 1871 年 4 月 17 日在給路·庫格曼的信中所說，其中「偶然性」起到了決定性作用。

馬克思對「偶然性」的強調在這裏對我們有著特別重大的啟示作用。強調偶然性也正體現出左翼黑格爾派對慾望、對特殊性的強調。馬克思說，「如果『偶然性』不起任何作用的話，那麼世界歷史就會帶有非常神秘的性質」；他說，「偶然性本身應該納入總的發展過程之中，並且為其他偶然性所補充」；甚至就連一開始就站在運動最前面的那些人物的性格也應該被視為一種「偶然情況」（第 217 頁）。革命年代或革命本身的一個最為顯著的特徵就是「偶然性」。我們都還記得，比馬克思早 20 年，托克維爾在他的對 1848 年革命的《回憶錄》中所說過得那句「名言」：「我在想我們正生活在一個匪夷所思的時代，人們永遠無法斷言一場革命會不會在備餐和進餐之間的時刻突然到來。」[106]

當然，最吸引我們注意的還是巴黎公社政府的組成形式以及一系列嶄新的社會改造方案。

我們將循著馬克思的思路，對事件的進程及巴黎公社對全世界無產階級革命所具有的指導性意義作如下概述：

---

[105] 參見呂一民所著的《法國通史》，第 176 頁，上海社會科學院出版社 2002 年版。

[106] 托克維爾：《回憶錄：1848 年法國革命》，第 67 頁，上海世紀出版集團 2005 年版。

首先，所謂「法蘭西內戰」，這「內戰」是梯也爾發動的：

> 於是梯也爾就發動了內戰，他派維努亞率領一大隊市警和幾個常備團去夜襲蒙馬特爾，企圖出其不意地奪取國民自衛軍的大炮。

這就成了巴黎公社的導火索，時間是 1871 年 3 月 18 日；僅僅過去了一個星期，巴黎公社的中央委員會就被選出，3 月 28 日正式宣佈成立，主席是在巴黎公社起事前一天就被捕的布朗基。在布朗基並不在場的情況下選舉他為主席，可見其威望之高，他簡直就是「革命」二字在法國的化身；在其一生的 75 年中，有 33 年是在 30 多個監獄中度過的。他 1871 年 3 月 17 日被捕，巴黎公社失敗後被釋放，後還被選為波爾多的國會議員，1881 年元旦那天去世。

在布朗基被捕期間，巴黎公社曾以被扣為人質的巴黎大主教及其他教士來交換布朗基，但梯也爾拒絕了；於是公社就殺死了主教。馬克思說，「殺死大主教達爾布瓦的真正兇手是梯也爾」，因為他拒絕交換，「他知道，放走布朗基就是給公社一個首腦，而大主教則在成了死屍之後對他更加有用。」[107]這其實是對人的內心活動的一種揣測，而且，不管怎麼說，梯也爾並沒有殺死布朗基。能不能用「人質」進行某種交換？這不僅是一個「是否或能否等價」的問題，更是一個迫使人們不得不進一步思考「恐怖主義」的問題：什麼是戰爭的正當性？或者說，戰爭一旦開始，還有沒有正當性的標準？當合法性問題不復存在了時，「弱勢」的一方該怎樣表達自己的意願？

當然這並不重要。重要的是「公社是帝國的直接對立物。巴黎無產階級用以歡迎二月革命的『社會共和國』口號，不過是表示了希望建立一種不僅應該消滅階級統治的君主制形式，而且應該消滅階級統治本身的共和國的模糊意向。公社正是這種共和國的一定的形式。」

---

[107] 《論巴黎公社》，第 75 頁。

　　如果說 1848 年 2 月革命打出的旗幟是「社會共和國」的話，到 1871 年巴黎公社打出的旗幟就是「世界共和國」；恩格斯在為《法蘭西內戰》所寫的「導言」中說，「社會共和國」是什麼意思，沒有人知道，就是打出這一旗幟的工人們也不知道；但由於擁有武裝，所以也就成了一個「實體」。

　　公社的最為明顯的特徵就是「消滅階級統治」；為了體現這一特徵，公社採取了如下措施：第一，廢除常備軍，用武裝了的人民（國民自衛軍）替代它；第二，公社成員應該是工人或工人階級的代表，由巴黎各區普選產生，隨時可以撤換；第三，公社不應該成為一個議會，而應該同時兼管立法和行政職能，也就是說，廢除孟德斯鳩的「三權分立說」，把立法、行政和議會合為一身；第四，公社委員只應領取和一般工人一樣多的工資（不得超過六千法郎），其在職期間所享有的一切特權及公費補助，都應在他離開自己的崗位後自行消失；第五，宣佈教會與國家分離，剝奪教會的一切財產，教士們只能過清貧的生活，靠信徒們的施捨度日；第六，一切學校向人民免費開放，實行完全的義務教育，而且教材和學習不受階級成見與政府權力的限制；第七，巴黎成為全國的工業中心，但各地（外省）必須以自治為政權形式，「公社應該成為甚至最小村落的政治形式」，這有點像是已經過時了的社會生活形式的復活，比如中世紀的公社，但「新的歷史創舉通常遭到的命運就是被誤認為是對舊的、甚至已經有些過時了的社會生活形式的抄襲」，公社的最大特點應該是「把靠社會供養而又阻礙社會自由發展的寄生贅瘤──『國家』迄今所吞噬的一切力量歸還給社會機體。僅僅這一點就把法國的復興向前推進了」。

　　馬克思概括說，由於公社取消了政府的兩項最大的開支，即常備軍和官吏，所以公社是真正的「廉價政府」，而且「它實質上是工人階級的政府，是生產者階級同佔有者階級鬥爭的結果，是終於發現的、可以使勞動在經濟上獲得解放的政治形勢。」[108]

---

[108] 以上所述，均見《論巴黎公社》，第 53-56 頁。

上述七條，從對舊政府物質權力的改造到摧毀精神壓迫的工具（宗教），從政權的組織形式到「公社真正的秘密」，有些是巴黎公社所實現的，有些則是馬克思的設想，但不管怎麼說，一個嶄新的政權形式已經呈現在人們面前。它實際上所體現出的也就是馬克思一貫的觀念，即廢除社會與國家的對立，消滅階級壓迫，使勞動獲得一種解放的政治形式。

下來，就涉及到「公社」與農民的關係了。

一提到「公社」，我們自然想到的就是農民；但我們又不能忘記，文化大革命中最早奪權的所謂「上海一月風暴，」，於 1967 年 2 月 5 日所成立的新生政權就叫「上海人民公社」；這顯然是對「巴黎公社」的模仿；但也只存在了 20 天就改為「上海市革命委員會」，比巴黎公社存在的時間還短；至於在政權性質和組織原則上，就與巴黎公社更不能相提並論了。而且我們也搞不清楚這到底是歷史的進步還是應該理解為另一種形式的「復原」；這一「復原」按照馬克思的說法，就意味著「社會」必須繼續供養「國家」這一「寄生贅瘤」，而且還會繼續把發展城市的重負轉移到農民身上。

這個問題，在文化大革命中曾是我們爭論最多也最為激烈的一個問題。（我們不得不承認，文化大革命中在我們這一代人身上所表現出來的激情，很大程度上就來自於對巴黎公社原則的讚美與信念；而這一切，又多多少少與浪漫主義或無政府主義傾向有著某種天然聯繫。）

除了公社與農民的關係外，馬克思還強調了公社的國際主義性質，認為當普魯士把法國的兩個省據為己有時，法國的巴黎公社卻把全世界的工人都歸併到了法國（這大約就是「世界共和國」的本來含義）。

這當然只是一種邏輯上的推論：既然在公社實行的是「人民管理制」，其中包括堅決禁止工人加班、做夜工；反對以任何藉口來實行罰金制和壓低工資；沒收一切已逃跑或已停產的企業，並把它們交給工人協作組；那麼全世界的工人們也就一定會對這樣一種「公社制度」心嚮往之。

所有這一切，聽起來似乎是天方夜譚，但實際的情況就是在巴黎公社那一段時期內：

> 第二帝國的那個荒淫無度的巴黎已經消失得無影無蹤，……在陳屍場內一具屍首也沒有了，夜間搶劫事件不發生了，偷竊現象也幾乎絕跡了。自從 1848 年 2 月以來，巴黎街道第一次變得平安無事，雖然街道上連一個員警也沒有。

為什麼會這樣？因為「蕩婦們已經跟著自己的庇護者，跟著那些保衛家庭、宗教、尤其是保衛財產的人一起逃光了。」

對這樣的說法，我們相信嗎？

我是相信的。

在巴黎公社的短短的五十幾天裏，在「革命」的巨大激情和「暴力」的空前威力下，讓一個城市「奇跡般地改變了面貌」並不難；全國剛解放時，甚至文化大革命時，我們就都曾切身感受過那種夜間行走在馬路或山間小道上的「平安無事」。

問題只在於：是否正因為有了那些「閒逛男女的巴黎，富人的、資本家的、花花公子的、遊手好閒的、蕩婦們的巴黎」，巴黎才成其為我們心目中的巴黎？或者說，一個城市的繁榮，是否就必然會滋生或寄養這許多的「閒逛男女」？

當凡爾賽的軍隊即將打進巴黎時，梯也爾對國會議員們說他「將手持法律走進巴黎，迫使那些灑流了士兵鮮血和毀壞了公共紀念物的惡棍們抵償他們的罪責。」

到 5 月 22 日，當政府軍進入巴黎以後，梯也爾所說的話是：「秩序、正義和文明，終於獲得了勝利！」

馬克思對此的反駁是：「這個建立在勞動奴役制上的罪惡的秩序、正義和文明」！「工人們的平靜的巴黎，公社的巴黎，突然被這批維護『秩序』的嗜血惡狗們變成了一個魔窟。」

公社是毀壞了一些「公共紀念物」，比如 5 月 16 日（又是一個「5、16」）毀掉了旺多姆廣場上由拿破崙在 1809 年戰爭後用奪獲的敵軍大炮鑄成的凱旋柱；恩格斯說，這有什麼呢？要知道「它是沙文主義和民族仇恨的象徵。」[109]

公社也是殺了一些「人質」，那是因為「凡爾塞人不斷槍斃俘虜，所以公社才不得不要他們自己的人質替他們去死」，「難道連這個用以抵禦資產階級政府肆無忌憚的獸行的最後的抵制辦法──扣留人質──也只應當是開玩笑嗎？」

「工人的巴黎在英勇地自我犧牲時，也曾把一些房屋和紀念碑付之一炬。既然無產階級的奴役者們要把無產階級千刀萬剮，那麼他們就休想凱旋回到他們完好無損的住宅裏去。」馬克思說，巴黎的工人是放了火，但誰沒有放火？英國、法國、普魯士，在美國，在中國，在巴黎難道就沒有大放其火嗎？「在戰爭當中，火也和任何其他武器一樣，是一種正當的武器」；而且巴黎公社的社員們早就說過；「公社一旦被逼到絕境，就會把自身埋葬在巴黎的廢墟中，並把巴黎變成第二個莫斯科。」

《拿破崙三世和第二帝國》一書中說那些曾被普魯士俘虜了的戰俘在這場「法蘭西內戰」中一共屠殺了兩萬名男女老幼的公社社員[110]；這一點也得到了《簡明不列顛百科全書》的證實。《全書》中說，公社失敗後，兩萬人被殺，三萬八千人被捕，七千人被流放[111]。

哭泣的巴黎，流血的巴黎。

看來事情的發展遵循著這樣一個邏輯：工人階級自 1848 年革命以來，每次激烈的社會革命，所實現的並不是「自己的」目的，而是資產階級共和派的利益，這就是「走向共和」。馬克思在《法蘭西內戰》中說，「1848 年革命取消了對政治犯的死刑，而代之以流放。就是路易‧

---

[109] 見恩格斯的「導言」。
[110] 該書第 101 頁。
[111] 第一卷第 448 頁。

波拿巴也不敢恢復，至少是不敢公開恢復斷頭刑。」這應該被理解為一種社會的進步。到巴黎公社爆發，與「公社」爭奪「共和制」這一名義的，正是凡爾塞的梯也爾政府；相比較而言，自然是梯也爾在宣傳上更佔優勢，因為從上述公社的理念與階級原則來看，並不合乎「資產階級的共和理想」；而這樣的理想，是應該從洛克、孟德斯鳩等人的著作而不是布朗基或蒲魯東的理論中尋求答案的。路易·波拿巴在色當被俘後，「第二帝國」也就等於宣告了終結；他是 1871 年 3 月被普魯士釋放的；釋放後居住在英國，沒有幾天，巴黎公社就爆發了。此事更進一步證明瞭「帝制」的不得人心，因為巴黎人民已經把自己的起義與「皇帝」的無能與專斷聯繫在一起，與推翻帝制聯繫在一起。

所以在這種情況下，梯也爾所能打出的聚攏民心的一張牌就是「恢復共和」。在馬克思的書中，就引述了許多梯也爾的言論，證明他是一個十足的「共和派」。比如「他用共和國的名義鎮壓了里昂和馬賽的革命」；然後再在 3 月 27 號聲明：「我發現共和國已是既成事實，所以我斷然決定要保護它」；到 4 月 27 號，他再次在國民議會的講壇上說：「反對共和的陰謀只有一個，這就是巴黎的陰謀，這個陰謀迫使我們去殺害法國人。」馬克思說，這一切，都是為了「蒙蔽外省視聽，把巴黎中等階級分子拉到梯也爾方面來」。[112]

對於資產階級的「共和國」，馬克思曾在《法蘭西內戰》的初稿中說：

> 而共和則是聯合起來的資產階級各集團的、集所有人民剝削者之大成的無名股份公司；實際上，正統派、波拿巴派、奧爾良派、資產階共和派、耶穌會教徒、伏爾泰信徒，彼此抱成了一團。……他們的階級統治是與生產群眾的解放直接公開對抗的——秩序是他們的階級統治的經濟政治條件的代稱，是奴役勞動的代稱；資產階級制度的這種無名形式或共和形式——這種

---

[112] 《論巴黎公社》，第 66-68 頁。

資產階級共和國，這種秩序黨的共和國，是一切政治制度中最可憎的制度。[113]

這也就是說，當 1870 年 9 月 6 日馬克思代表「國際工人協會總委員會」為普法戰爭寫「第二篇宣言」時，他在文章最後所高呼的「共和國萬歲！」其實是有些含糊其詞的；當巴黎公社爆發後，1871 年 4-5 月間，馬克思寫作《法蘭西內戰》時，已經徹底拋棄了對「資產階級共和國」的幻想；認為只有公社才是「社會共和國」或「世界共和國」的政治形式，它應該與梯也爾們所追求的資產階級統治的「共和國」劃清界限，因為無產階級的「共和國」意在消滅一切「階級統治」。

「但不管怎麼說，」意在消滅一切「階級統治」的無產階級「共和國」（巴黎公社）所最後導致的，卻是一個更加完善了的資產階級共和國或在今天的「歐盟」中已初現端倪的「共和國聯盟」（生活在「歐盟」的人也已經差不多成為了「世界公民」）；而巴黎公社，正如曾對巴黎公社作過深入研究的法國歷史學家雅克·魯熱裏所說的那樣，成為法國「19 世紀的最後一次革命，是 19 世紀法國的革命史詩的頂點和終點。」[114]

因為正是在巴黎公社後，法國社會的精英分子才就在對「社會動亂」的進一步恐懼中，使資產階級共和制得到了最後的確立。

從路易·波拿巴的「第二帝國」跨台，經巴黎公社，到「第三共和國」的確立，「共和制」在法國就再也沒有受到過根本性的挑戰。

在巴黎時，我曾去了拉雪茲公墓悼念巴黎公社的死難者，也去了蒙馬特爾高地，那裏就是點燃了巴黎公社的導火索，當然更去了旺多姆的凱旋柱。

那裏已經沒有任何痕跡可以看出當年的慘烈了。

但我們都知道今天的法國和巴黎，有著巴黎公社社員的鮮血。

---

[113] 第 108 頁。
[114] 《法國通史》，第 232 頁。

　　僅僅從理論的角度，或者說聯繫著我們生活的實際，倒是馬克斯所總結出的巴黎公社為什麼會失敗的經驗教訓對我們最有啟發意義。因為它實際上直接影響了以後的「十月革命」和「無產階級專政」這一概念的「具體化」（而所謂的辯證法，無非講的就是抽象概念是如何具體化的，詳後），其中當然包括著我們在文化大革命中對「巴黎公社原則」的理解，對「無產階級專政下繼續革命」的理解，對消除三大差別和改革教育制度的理解。我們這一代人，從信仰到文風，應該說都浸透著馬克思的影響，特別是這本《法蘭西內戰》（也有更多的外國學者把文化大革命稱之為「中國內戰」），而對馬克思的任何「尋找」，也就幾乎可以毫不誇張地說，已經義不容辭地落到了我們這一代人的身上。

　　對於巴黎公社失敗的經驗教訓，恩格斯在事情過了 20 年以後為《法蘭西內戰》所寫的「導言」中就已經作了總結（其實，當巴黎公社正如火如荼地在巴黎展開時，馬克思於1871 年 4 月 6 日寫給李卜克內西的一封信中，就已經說了「看來巴黎人是要失敗的。這是他們的過錯，但這種過錯實際上是由於他們過分老實而造成的」這樣的話，而且諸如「老實」、「誠實」這樣的話，馬克思說了不止一次）；我們把馬克思和恩格斯對巴黎公社之所以失敗的總結概括為政治、經濟、軍事這樣幾個方面的「嚴重失誤」。

　　巴黎公社的最高領導機構為「公社中央委員會」；中央委員會中的委員基本上由兩部分人組成，多數派為布朗基主義者，少數派是蒲魯東主義者。布朗基主義者負責政治方面的決策與行動，蒲魯東主義者負責經濟方面的決策與行動，恩格斯首先肯定地說：儘管這兩撥人嚴格來說都不是馬克思主義者，「但它的措施卻往往是正確的」。

　　政治上最正確的，如馬克思和恩格斯所說，就是巴黎公社並沒有把原先的國家機器從一些人手中轉移到另一些人手中；而是一方面剷除了全部舊的壓迫機器，另一方面「宣佈他自己所有的代表和官吏毫無例外地可以隨時撤換」，目的只有一個，就是防止這些人「為了追求自己特

殊的利益，從社會的公僕變成了社會的主人。」[115]這段話曾是那麼地激動過我們，而且也曾被認為是文化大革命的「終極目的」。就是今天重讀這段話，也深切感受到馬克思和恩格斯的英明與遠見：除非我們認為這是根本不可能的「烏托邦」，否則，我們就必須承認對所有的「被壓迫者」來說，一旦通過革命成為了國家政權的所有者，如何防止他們從「公僕」變為新的、甚至更為貪婪的「主人」，始終都會是一個生死攸關的問題。

恩格斯說，巴黎公社為了防止「公僕」變為「主人」，有兩個行之有效的措施，這就是第一，普選和隨時撤換；第二，所有公職人員的工資與工人一樣多。

但相應的，在馬克思看來，公社在政治上所犯的第二個錯誤就是「中央委員會過早地放棄了自己的權利，而把它交給了公社。這又是出於過分『誠實的』考慮！」[116]這其實是說，在「普選」、「隨時撤換」和「下放權力」上，公社有點「操之過急」。

由於公社只存在了五十多天，而且一直處於那麼危機的狀態之中，我們無法知道這兩條措施是否有效，是否能一直堅持下去，不知道該靠誰來具體實施和監督這兩條措施的落實；但從理論上來講，最大的問題在於：國家機器「是一個階級鎮壓另一個階級的機器」，這樣，在實施「鎮壓」功能中，如何可能把「鎮壓者」「隨時撤換」並限制他們的收入？對此，恩格斯顯然是意識到了的，所以他說國家說到底是一個「無產階級在爭取階級統治的鬥爭勝利以後所繼承下來的一個禍害」；無產階級必須「儘量除去這個禍害的最壞方面」，直到「把這全部國家廢物完全拋棄掉為止。」他說，這就叫「無產階級專政」。

然而這一點，到十月革命勝利後，列寧就已經十分清楚地意識到，「把這全部國家廢物完全拋棄掉」指的是階級消滅以後的事，「而階級是不可能一下子消滅的」[117]；於是這裏就有了一個悖論：不經過無產

---

[115] 恩格斯：《法蘭西內戰·導言》。

[116] 見馬克思1871年4月12日寫給路·庫格曼的信。

[117] 列寧：《無產階級專政時代的經濟和政治》，《列寧選集》第四卷第94頁。

階級專政，就不可能消滅階級；而無產階級專政本身就證明瞭階級並沒有消滅；到史達林，這樣一個「理論上的悖論」就具有了更為尖銳的表述形式：「階級的消滅不是經過階級鬥爭熄滅的道路，而是經過階級鬥爭加強的道路；國家的消亡不是經過國家政權削弱的道路，而是經過國家政權最大限度地加強的道路到來的」[118]。

那麼反過來，馬克思和恩格斯當然也就有理由認為巴黎公社的一大失誤就是把國家鎮壓機器（人民武裝力量）運用得太少、太不夠了[119]。這也就是馬克思反覆說巴黎公社的同志們太老實、太誠實的原因。所以政治問題實際上是與軍事問題聯繫在一起的。馬克思在《法蘭西內戰》中就已經指出，巴黎公社的中央委員會所犯的一個最為「致命性的錯誤」，就是他們在起義後「竟然不肯把這個內戰繼續打下去」，「本來應該立即向當時毫無防禦能力的凡爾賽進軍，一舉消滅梯也爾及其『地主議會』的陰謀。中央委員會沒有這樣做，反而使秩序黨能夠在 3 月 26 日的公社選舉中再次進行較量。」[120]至於經濟方面的錯誤，恩格斯說，蒲魯東完全是一個「小農和手工業師傅的社會主義者，」所以他痛恨聯合，不知道應該在巴黎現有的基礎上「把一切聯合體結成一個大的聯盟」。

這裏有必要簡單介紹一下蒲魯東及其學說。

其實蒲魯東在巴黎公社爆發前六年就已去世。

蒲魯東是一位真正的「無政府主義者」。沿著馬克思、恩格斯譴責以及要求廢除國家機器這個體現暴力的「贅物」這個思路，引伸出「無政府主義」的結論是本在情理之中的事。我們甚至可以這樣說，沒有掌權的「被壓迫者」，有「無政府主義」的思想傾向；而掌了權的「被壓迫者」，則要求強化國家機器，以求最後廢除和拋棄國家機器──當然這個「最後」，至少在目前看起來還是一件遙遙無期的事；除非對階級做出另一種解釋，就如今天北歐的「福利國家」那樣。

---

[118] 史達林：《第一個五年計劃的總結》，《史達林全集》第 13 卷第 190 頁。
[119] 恩格斯：《論權威》，《全集》第 18 卷第 344 頁。
[120] 第 48 頁。

蒲魯東出生在山區，放過牛，所以最關心的也就是財產問題，他曾與傅裏葉有過密切交往，而傅裏葉的空想社會主義是馬克思主義的一個思想資源。蒲魯東也曾與馬克思過從甚密，當然也有辯論；馬克思的《哲學的貧困》就是對他的回答。但不管怎麼說，我們從中可見蒲魯東成為社會主義者是有其思想根源的；而馬克思主義與蒲魯東主義的分裂，則是導致「國際工人協會總委員會」（即第一國際）最後分裂的直接原因。巴枯甯曾說「蒲魯東是我們所有這些人的大師」[121]，而他的學說對俄羅斯的民粹派，義大利 19 世紀 60 年代激進民族主義者以及西班牙的聯邦主義和法國工團主義都有著巨大影響。當我們想重新閱讀和理解馬克思時，一定不能忘記當時那些在基本傾向上一致，但後來大都被打成所謂的「修正主義」的學說對於馬克思主義的傳播與完善所起到的巨大作用。

還是要提到人類學說史上的這樣一個引人注意的「普遍現象」，這就是「左派常分裂，右派多團結」：當所有那些「修正主義學說」都說自己是「馬克思主義」時，馬克思有完全的理由聲明「我只知道我不是一個馬克思主義者」；但假如當時，比如巴黎公社時，如果沒有多數派的「布朗基主義」和少數派的「蒲魯東主義」，巴黎公社也就不會成為「把人類從階級社會中永遠解放出來的偉大的社會革命的曙光」了（馬克思語）。當然，事情也許就如恩格斯所說的那樣：「無論是普魯東主義者或布朗基主義者，都按照歷史的諷刺，做出了恰恰與他們學派的信條相反的事情。」[122]

在馬克思和恩格斯看來，巴黎公社在經濟決策上所犯錯誤，最顯著的有兩個，一是「公社對法蘭西銀行所表示的那種不敢觸犯的敬畏心情」。恩格斯說，這是「一個嚴重的政治錯誤。銀行掌握在公社手中，這會比扣留一萬個人質還有更大的意義。這會迫使整個法國資產階級

---

[121] 參見恩格斯為《論住宅問題》所寫的第二版序言。《論巴黎公社》，第 292 頁。
[122] 「導論」，第 12 頁。

對凡爾賽政府施加壓力，要它同公社議和」（恩格斯後來在《論住宅問題》中把一點直接歸於蒲魯東主義者的錯誤）；第二，用列寧的話來說，叫沒有完全「剝奪剝奪者」的意識，也就是說，蒲魯東主義者仍然相信「公平交換」是社會交往的「最高公理」；所以公社依舊想「組織交換和信貸活動」，相信「互助論」，而且沒有落實八小時工作制[123]。

總而言之，正如恩格斯在《法蘭西內戰·導言》中所概括的那樣：絕大多數布朗基主義者是憑著無產階級的本能才成為社會主義者的，而且「他們是按陰謀學派的精神培養出來的」；而蒲魯東主義者則是骨子裏的「無政府主義者」，所以他們沒有充分利用「革命」這個「無疑是天下最權威的東西」（恩格斯語）。列寧的概括是：「把愛國主義和社會主義這兩個互相矛盾的任務結合起來，是法國社會主義者的致命錯誤。」[124]

從馬克思和恩格斯的論述中，我們似乎感到他們過多地關注於理論建設，而且把巴黎公社的失敗與布朗基主義、蒲魯東主義的理論缺陷聯繫在一起；同時又把巴黎公社的偉大成就歸結為「按照歷史的諷刺，做出了恰恰與他們學派的信條相反的事情」。其實，在具體的革命實踐中，在瞬息萬變的歷史過程中，我們還是應該相信馬克思所強調的「偶然性」，就是說，巴黎公社的成功與失敗，在當時的時代背景下（馬克思直到 1870 年 9 月，還認為所謂的起義只能是「愚蠢的舉動」），都有著極大的偶然性；當然，我們也應該把這一「偶然性」納入「總體的趨勢」之中，看到那一時期確實是無產階級革命風起雲湧的一個時期，儘管這種風起雲湧的革命形勢也導致了馬克思和恩格斯再後來又過於樂觀地看待未來形勢的發展（如恩格斯在 1887 年時依舊認為在法國，下一次革命還會發生在巴黎，而在德國，革命則會發生在一些工業地區，「首都只是後來才被攻克」）。但不管怎麼說，消滅階級，消

---

[123] 參見《論巴黎公社》第 324、325 以及 337 頁的有關論述。
[124] 列寧：《公社的教訓》，見《論巴黎公社》第 336 頁。

滅剝削，解放勞動和改造社會，防止「人民公僕」轉變為「主人」，這一被馬克思所高度概括出來的巴黎公社的基本原則依舊是全世界「被壓迫者」的旗幟和口號。

而且，通過巴黎公社這一歷史事件，我們也確實看到了馬克思作為一位思想家所表現出來的「歷史的主動性」（列寧語）和「政治行動主義」（盧卡奇語）的一面；而這一面，也就把馬克思與所有其他的思想家們區分了開來。這樣，當我們再研究馬克思的「歷史唯物論」時，就應該牢牢記住他的「黨派性」；這個「黨派性」如果也可以如後來的海德格爾和伽達默爾那樣視為人的「前理解結構」或「偏見」的話，那麼我們也就可以得出這樣一個結論：人類在哲學思維中對整體性、普遍性、直接性的知識的把握是根本不可能的；儘管我們相信有真理，而且真理只存在於整體性的知識之中，但我們人類卻不可能擁有它，因為我們都受著我們自己的「前理解結構」（或理解為偏見，階級的或時代的限制）。

我們之所以說要在「尋找中重建馬克思」，其中一個基本的含義，就是因為我們也只能受著我們自己的「前理解結構」的限制，而這種「限制」，說到底，不僅因為我們生活在一個與馬克思的時代截然不同的時代，而且因為我們是中國人。

我們只能「尋找」我們時代的馬克思，這種「尋找」，當然也就是一種在我們這個時代的「重建」。

需要這樣的「尋找」和「重建」嗎？這就要看我們這個時代是否面臨著與馬克思同樣的問題了（馬克思的問題到底是什麼？），看我們是否以及在何種意義上依舊受著馬克思的支配或影響了（它是以何種理論形態表現出來的？）。

盧卡奇曾在《歷史與階級意識‧新版序言》中說，追憶他所走過的歲月，他覺得他的思想一直在這樣的兩端徘徊，這就是「政治行動主義」和一般的「唯心主義的倫理成見」。

當我們想到「信仰危機」、「道德重建」、「普世倫理」這些概念時，應該承認，骨子裏其實都是一些「唯心主義的倫理成見」；它以「對世

界的解釋」而不是「對世界的改造」為前提；一旦當我們成為「政治行動主義者」時，這些「倫理成見」到底在多大程度上會成為一種必須有所信守的「底線」，或者說，當我們強調實踐的意義時，是否還會顧及到理論與認識的信念？這一兩端間的徘徊，其實就發生在我們生活中的每時每刻。

作為一個「政治行動主義者」，還會顧及那些一般的「唯心主義的倫理成見」嗎？還會時時反省自己的「前理解結構」，從而不得不表現出更多的「優柔寡斷」與「瞻前顧後」嗎？這一切也許會影響行動的「決斷」，會斷送行動所要達到的目的，但，就我個人而言，之所以希望他們在「非特殊情況下」能「優柔寡斷」一些，無非是想把行動者與思想者區分開來，給那些還想維護一般的或普世意義上的「唯心主義倫理成見」的人留下一些生存與表達的空間。

當巴黎公社爆發並受到血腥鎮壓後，無疑極大地強化了馬克思對強權政治所表現出來的深深地敵意和仇視。這一切，又都轉化為他對黑格爾的國家學說的敵意與仇視，對自由主義的普遍性原則的敵意與仇視，在根本上改變了他在社會與國家關係中的一貫立場，並漸漸把注意力轉向了如何才能「打碎舊的國家機器」的問題上，並把這一問題與他原先依據經濟、階級關係而得出的「國家必將消亡」的學說聯繫在一起。而這一切，也將把我們的注意力引向馬克思全部學說中的內核，即他的歷史唯物論。

馬克思的唯物史觀（上）

根據唯物史觀，歷史過程中的決定性因素歸根到底是現實生活的生產和再生產。無論馬克思或我都從來沒有肯定過比這更多的東西。如果有人在這裏加以歪曲，說經濟因素是唯一決定性的因素，那末他就是把這個命題變成毫無內容的、抽象的、荒誕無稽的空話。經濟狀況是基礎，但是對歷史鬥爭的進程發生影響並且在許多情況下主要是決定著這一鬥爭的形式的，還有上層建築的各種因素：階級鬥爭的各種政治形式和這個鬥爭的成果——由勝利了的階級在獲勝以後建立的憲法等等，各種法權形式以及所有這些實際鬥爭在參加者頭腦中的反映，政治的、法律的和哲學的理論，宗教的觀點以及它們向教義體系的進一步發展。這裏表現出這一切因素間的交互作用，而在這種交互作用中歸根結底是經濟運動作為必然的東西通過無窮無盡的偶然事件（即這樣一些事物，它們的內部聯繫是如此疏遠或者說是如此難於確定，以至我們可以忘掉這種聯繫，認為這種聯繫並不存在）向前發展。

——恩格斯：致約·布洛赫
一八九〇年九月二十一日於倫敦

現在，終於進入筆者最感興趣的一個話題了，它也是本書的重點所在。對馬克思的所有「尋找中的重建」，都必然會涉及到這樣一些問題：什麼是馬克思所理解的「唯物」，什麼又是馬克思的「史觀」；概括起來，就是馬克思到底是如何處理社會的精神生活與物質生活間的關係，如何理解社會革命與政治革命、歷史發展的規律與必然、生產關係中的技術因素等問題的；而在這中間，又包含著社會、國家的起源、在起源與發展中的經濟因素與觀念的、意識形態的、心理的等諸因素間的關係，其中尤以馬克思的倫理學說到底在他的全部學說中居於一個什麼樣的位置為要。也許，按照馬克思的一個說法，它看似「是一個純粹經院哲學的問題」，但實際上卻不是，原因只有一個，就是馬克思的「唯物主義」並不著意討論「物質」與「精神」哪個第一性，哪個第二性，世界是否統一於物質，人的精神活動是否只是人腦的機能或意識活動只是客觀世界的主觀映象等等這些在我們的教科書中千篇一律地加以宣傳的東西（正是這種宣傳才把馬克思變成了一位經院哲學家，使馬克思主義具有了一種經院哲學的哲學形態）。

馬克思的「唯物主義」其實就是他的「人本主義」（humanism，亦可譯為人道主義，但與我們通常所理解的「人道主義」不同，因為它具有一種哲學本體論的意味）；我們也可以把這種「人本主義」理解為馬克思全部學說中的人類學起點。

這種人類學所體現出的唯物主義在於它所強調的不是人的肉體性的、生物學的存在，而是人的社會存在；也正是社會的客觀性（人的群體生活，即人與人之間的相互配合與協作是維持人類生活的最為基本的條件；馬克思說：「人的實質也就是人的真正的共同體」[1]）、物質性（馬克思說：人們為了能夠『創造歷史』，必須能夠生活。但是為了生活，首先就需要衣、食、住以及其他東西。因此第一個歷史活動就

---

[1] 《全集》第 1 卷，第 487 頁。

是生產滿足這些需要的資料，即生產物質生活本身。[2]) 使得「唯物主義」不再是一個經院哲學的話題，而成為人的現實生活本身。

這種人類學的唯物主義首先是通過反宗教的鬥爭而體現出來的，它的最為直接的理論前提來自費爾巴哈；其次是政治鬥爭的需要，它的理論資源建立在對黑格爾法哲學批判的基礎上。馬克思自己是這樣說的：

> 那末請問，這該怎麼著手呢？有兩種情況是無庸置疑的。首先是宗教，其次是政治，這兩者目前在德國正引起極大的興趣。不管這兩個對象怎樣，我們應當把它們作為出發點，而不應當拿任何現成的制度，例如《伊加利亞旅行記》中的制度，來和它們對立。[3]

嚴格說來，只有「唯物史觀」是真正屬於馬克思的；馬克思的「唯物史觀」的出發點是宗教與政治。

第一節　任何一種解放
都是把人的世界和人的關係還給人自己

按照馬克思在《論猶太人問題》中的說法，德國本身就是一個基督教國家，基督教是德國的國教。

哈貝馬斯在《現代性的哲學話語》中說，西元 1500 年前後的三件大事把現代與中世紀區分開來，這就是新大陸的發現、文藝復興與宗教改革。如果我們把這個問題引伸一下，就可以這樣理解這三件大事：

---

[2] 《選集》第 1 卷，第 32 頁。
[3] 《全集》第 1 卷，第 417 頁。

新大陸的發現改變了人們的空間觀念，由此涉及到征服、殖民、新的勢力範圍的瓜分以及新的契約關係的誕生，特別是就利用海洋權力的界限而言，人類就此進入一個全新的領域，就如現在即將面臨的對太空領域的佔領與劃分一樣。文藝復興涉及到出於現在的需要而對傳統的思想資源的重新解釋；當時發生在歐陸幾個國家的「古今之爭」，首先就是一個藝術形式的創新問題，藝術不再是哲學的工具，而是哲學的目的和未來。詩成為人類的導師，或如瓦格納所說：

> 人們或許可以認為，宗教藝術化之際，藝術才能拯救宗教的內核。因為，藝術根據其象徵價值來理解實際上被宗教當真的神話符號，以便通過其自身的理想表現，揭示隱藏其中的深刻真理。[4]

而宗教改革的意味更深長。它使得人們把「末日審判」的歷史目的論輕而易舉地轉變為歷史的正當性，給了人們一個全新的時間觀念，有關未來、有關過渡、進步和理想實現的時間觀念。

黑格爾在《歷史哲學》中認為世界從此進入了一個新時代。注意：所謂的「新時代」，就指的是與以前的時代全然不同的時代，這本身就標誌著「斷裂」已然發生；而且這「新時代」又是一個即將來臨的時代（當然要到世界末日才來臨）。也就是說，就西元 1500 年前後的這三件大事而言，只有宗教改革徹底改變了人們的時間觀念，而且使人們相信現在是依賴於未來而存在的（時間從未來流經我們成為過去；人生的意義靠未來賦予；當然最後的『未來』就是死亡）；現在只是一個過渡階段，正是未來（基督教的末日審判）才使這樣一個時代成為一個不再無限循環而是有著「終點」（末日）的「新時代」。「現在」的正當性是由「未來」擔保的；換句話說，「現在」怎麼樣，取決於「未來」，也就是說，「手段」的正當與有效實現在「目的」中，「手段」是為「目的」服務、被「目的」證明。

---

[4] 轉引自哈貝馬斯《現代性的哲學話語》，第 101 頁。

從這一意義上看，啟蒙理性導致技術理性或工具理性應該是一個邏輯的必然；在通往歷史目的的漫長過程中，「現在」、「個人」當然服從於「未來」和「集體」。

哈貝馬斯說：「時代精神（Zeitgeist）這個新詞曾令黑格爾心醉神迷，它把現在（Gegenwart）說成是過渡時代，在此期間，我們既希望現時早些過去，又盼望未來快點降臨」。[5]

我們首先應該肯定的，就是馬克思也接受了這是一個「過渡時期」（所謂的「新時代」）的觀念，而且也希望現時早些過去，盼望未來快點降臨。

當然，馬克思在這裏所表達的不是基督教意義上的「過渡」與「降臨」，而是一個「把人的世界和人的關係還給人自己」的「過渡」與「降臨」；再以後，才有了他的關於共產主義的學說；但前提，是首先必須展開對宗教的批判。

對宗教的批判是當時的所謂「黑格爾左派」（即青年黑格爾派）的一個共同特點，也正是通過對宗教的批判，所謂的黑格爾學派也就有了公開而鮮明的分裂；這裏首先應該提到的就是大衛·斯特勞斯的《耶穌傳》。正是他創造出了後來被加在黑格爾門徒中各個派別頭上的那些稱號，即借用法國議會流行的說法把他們區分為左、中、右（這種分法後又經過俄國革命而傳到中國，一直影響著我們自己對自己的立場的選擇）：

> 關於福音書是否和在多大程度上作為歷史包含在神性與人性之統一的觀念中的問題，可能有三種回答：即從這個概念，或者能推引出全部福音書，或者只能推引出它的一部分，或者既不能推引出它的全部也不能推引出它的一部分。如果這三種回答或傾向分別由黑格爾學派的一個分支來代表的話，那麼按照

---

[5]　《現代性的哲學話語》，第 7 頁，譯林出版社 2004 年版。

> 傳統的比喻，人們就可以稱第一種，即最接近舊體系的一派為
> 右派，第三種為左派，第二種為中間派。[6]

《耶穌傳》這本書被馬克思認為是在人類歷史上開創了一門新的學科，即「從歷史學和語言學的角度來批判聖經」[7]。大衛・斯特勞斯對聖經的批判立足於他的神話理論。神話並不是對所發生事情的有意歪曲，更不是一種惡意的虛構；他贊同海涅的說法：應該把歷史神話與哲學神話區分開來，歷史神話具有現實性；哲學神話是思想的產物，但卻是一種有益的虛構，目的是為了教育和培養基督教的團體成員。[8]

申卡魯克在他的書中說，二十世紀新發現的大量歷史史料已經證實了斯特勞斯在《耶穌傳》中的許多說法都是正確的，比如早在福音書出現以前，早期基督教就是一種口頭相傳的文學體裁，而且在口頭相傳中又有著完全不同的解釋。所有這一切，都證明斯特勞斯在《耶穌傳》中從神話傳說的角度研究福音書，認為當時的神話反映了某些歷史的真實情況，而且福音書也正是在「團體的神話」的基礎上加工而成的自有他的道理；但這種「道理」其實是從一種完全「實證」的角度對宗教的研究，它適應了當時的需要，但卻不是一種合乎宗教自身要求的研究方法。比如關於「被釘十字架的耶穌」，就並不能僅僅從傳說或神話的角度進行研究，它更深層的意思在對人子、贖罪、救恩、神性、聖愛這些詞語的獨特意義及對人生的感受上。

這種感受當然是當下的德國人的感受；只要翻譯成德語，這種企圖傳達的感受就自然而然地發生了轉移：從猶太人那裏轉移為德國人這裏，從古代轉移為現代。

6　轉引自「英」大衛・麥克萊倫所著的《青年黑格爾派與馬克思》，第 4-5 頁，商務印書館 1982 年版。

7　《全集》第 21 卷，第 10 頁。

8　參見「蘇」申卡魯克所著的《黑格爾左派批判分析》，第 67 頁，社會科學文獻出版社 1987 年版。

　　大衛·斯特勞斯的《耶穌傳》從歷史學和語言學的角度批判了聖經，這引起了馬克思的高度注意；關於這個問題還值得多說幾句，因為我前不久剛剛參加了武漢大學舉辦的一個《歷史文化語義學國際學術研討會》，這次會議的一個主題就是想從歷史學和文化學（其實說成語言學似乎更確切）的角度對現代漢語中的一些至關重要的概念進行一番梳理，比如革命、進步、人民、解放、階級、自由、平等、科學、民主、生產力等等。作為一種「示範」，武漢大學中國傳統文化研究中心的馮天瑜先生出版了他的《「封建」考論》[9]一書。與會的日本學者居多，他們對這一話題也極感興趣，因為現代漢語中的諸多概念大都是從日語引進的；有些是漢語中的古典詞（如革命、共和、封建等），有些是經意譯後創制的新詞（如哲學、美術、體育等）。這裏面有一個古今對譯、中外對接的過程，恰似當初以德語翻譯聖經時所出現的情況；而斯特勞斯的工作，就無疑對我們今天如何從歷史學和語言學的角度研究馬克思的著作有著極大的啟發作用。在我們所能看到的所有的外國作品的漢語翻譯中，馬恩著作的翻譯水平幾乎公認屬於最高等級，因為當初就幾乎集中了國內最傑出的翻譯家們從事這一工作。但即便這樣，從歷史和語言的角度來說，誤譯、錯譯、誤讀、錯讀的情況依舊肯定不少。這裏不是專門討論這一問題的地方，但當我們討論到馬克思的思想時，必須牢記歷史學與語言學這一角度，注意文化作為一種信念、感知方式、價值觀念和行為規則對我們在譯讀馬恩著作時的支配作用，特別是出於某種現實需要而「意識形態化」了的支配作用。

　　下一個要提到的就是布·鮑威爾對宗教的批判。

　　鮑威爾曾是黑格爾的忠實弟子。他的哲學功底很好，畢業論文曾受到過黑格爾的高度評價，而且他也參予了黑格爾《美學》、《宗教哲學》的編輯出版工作；當斯特勞斯的《耶穌傳》剛一出版時，他就猛烈地批判了這本書，認為早期的基督教史具有超自然性的神秘，並不

---

[9]　馮天瑜：《「封建」考論》　武漢大學出版社 2006 年 2 月版。

能用神話和傳說加以解釋。但由於鮑威爾是一位真正的哲學家，所以他在批判斯特勞斯時，就顯示出他的另一個與斯特勞斯完全不同的著眼點：自我意識。他認為自我意識具有「理性的最高優先地位」，應該從人的自我意識出發展開對宗教的研究。但當他因此而被免去波恩大學副教授（這也因此而斷送了馬克思想通過他而進入大學的道路）後，他也就成為了一個堅定的神學理論批判者，並與斯特勞斯站在了同一陣線上（斯特勞斯、鮑威爾、費爾巴哈，甚至也包括馬克思等所謂的「黑格爾左派」都是因宗教批判而被逐出大學的，這本身也就說明，所謂的「非學院派」，並非是因為他們不想進入學院，而是想進而不能才不得不置身於學院之外並因此而成為國家政權的反對派的）；他認為應該以「無限自我意識的存在」代替虛構的實體，「在說明原始基督教和其他宗教的歷史時，必須從單一的東西（自我意識）開始，而不是從一般東西（神話）開始。問題不在於確定群眾的虛構的『無意識創造』，而在於研究早期基督教的精神領袖的創作，它們的自我意識的產物。」[10]他宣佈宗教是自我意識的產物，而自我意識則是絕對精神發展中的一個環節，或者說，宗教是被歪曲了的（幻想的）異化了的自我意識的產物。他認為宗教的秘密就在於把從自我意識中才可能得到的真理同自我意識區分開來並使之與自我意識相對立。這一說法不但證明瞭他始終都是黑格爾的學生，而且在基本觀點上也已經很接近馬克思有關宗教的說法了（馬克思：「反宗教的批判的根據就是：人創造了宗教，而不是宗教創造了人。就是說，宗教是那些還沒有獲得自己或再度喪失了自己的人的自我意識和自我感覺。」[11]）；當然，這中間的一個關鍵性的過渡環節還需要費爾巴哈的唯物主義加以補充。

關於費爾巴哈的唯物主義，我想我們首先可以把這樣幾個基本觀點肯定下來，它對於我們理解馬克思的唯物主義是極其重要的。這就

---

[10] 《黑格爾左派批判分析》，第 91-92 頁。

[11] 參見《選集》第 1 卷第 1 頁。

是：第一，費爾巴哈的唯物主義決不認為「思維只是大腦的功能」，因為這種唯物主義未能區分開物質的東西與理想的東西。思維的功能絕不僅限於「反映式地」認識世界，它還與人的理想有關。把思維僅僅看成是自然界的產物，認為思維受制於大腦這一物質形態的存在，這無法說明理想（包括推理、想像、愛）何以成為思維的本質（可惜我們的教科書直到今天還在強調思維是大腦的功能，還在以讚美的口氣介紹著 18 世紀法國唯物論者的觀點，如狄德羅以力學原理解釋精神運動，如拉美特里說「人是植物」、「人是機器」等等）。第二，費爾巴哈認為把唯物主義和唯心主義的爭論局限在「物質能不能思維」（這正是當初洛克所提出的問題）上是一個無聊的問題；問題的關鍵在於對人而言的「感性的存在」是否先於「思維的存在」；這裏所謂的「感性的存在」，用費爾巴哈自己的話來說，就是從認識上講，「智者的智慧所看不見的，感性的意識可以用雙手觸及」；從道德上講，感覺乃是道德的第一條件：

> 只有在感覺之中，只有在愛中，「這個」──這個人，這件事物，亦即個別事物，才有絕對價值，有限的東西才是無限的東西：⋯⋯愛就是情慾，只有情慾才是存在的標記。只有情慾的對象──不管它是現實的還是可能的──才是存在的。無感覺的無情慾的抽象思維取消了存在與非存在之間的差別，但是這種在抽象眼中消失不見的差別，在愛看來，正是一種實在。[12]

他還說過一些更「感性」的話，比如：

> 精神的人是用頭腦感覺的人，即頭腦的人，感性的人是用腹部感覺的人，即依從肚子的人。頭腦的人說：我吃飯是為了活著；依從肚子的人說：我活著是為了吃飯。男人說，我愛是為了活；女人說，我活著是為了愛，但愛的重點在腹部。女性代表肉，

---

[12] 費爾巴哈：《未來哲學原理》，《費爾巴哈哲學著作選集・上》，第 167、207 頁，商務印書館 1984 年版。

> 男性代表精神，也就是說：男性是人類的頭腦，女性是人類的
> 腹部。男性的腹部是凹陷的，女性的腹部是凸出的；女性的腹部，
> 在解剖學上，比男性的腹部更為發達、更為完善；……對男性，
> 腹部只不過是餐館，對女性，則已提高到愛的殿堂的高度。[13]

　　如此等等。也許在馬克思眼中，所謂的「頭腦」與「腹部」的關
係，只從費爾巴哈那裏摘取了「人首先得活著，而活著就需要吃飯」
這一點；因為說到底，如果用費爾巴哈在這裏提供的標準來看，馬克
思也無疑是一位真正的「男人」，所以他的著作中也很少或根本就不會
涉及「腹部」與「愛」等方面的問題。而這一點，也就使得我們在我
們的教科書中寧肯說「人是機器」也不願意把視線轉向「愛」與「情
慾」這些表示人的「感性存在」的詞語。也正是這一點，決定性地把
我們對「唯物主義」的理解引導向費爾巴哈所最為反感的「機械唯物
論」的方向。所以第三，費爾巴哈心目中的唯物主義，就是他的「人
本主義」。他自己說，「唯物主義、唯心主義、生理學、心理學都不是
真理；只有人本學是真理，只有感性、直觀的觀點是真理，因為只有
這個觀點給予我整體性和個別性。」[14]

　　費爾巴哈的人本主義的唯物主義有兩個最為顯著的特點：揭露基
督教的秘密就在於它的人本學的起源；把哲學所關注的問題由此引向
人、社會與歷史。後者被包含在前者之中，也就是說，人本主義的倫
理學才是費爾巴哈的唯物主義的真正秘密。

　　費爾巴哈在《基督教的本質‧1843 年第二版序言》中說：我不但
與傳統的唯物主義不同，也與一切反基督教的歷史學家們不同，特別
是與斯特勞斯和布‧鮑威爾（儘管人們常常把我的名字與他們放在一
起）不同，因為我們關注的對象不同；他們批判的是神學教條（比如
福音書），而我批判的是一般的基督教。

---

[13] 同上，第 211-212 頁。
[14] 同上，第 205 頁。

就是說，將基督教的宗教作為批判的對象，而作為必然的結果，
僅僅將基督教的哲學或神學作為批判的對象。……我的主要對
像是基督教，是宗教──它是人之直接對象、直接本質。對我
來說，博學和哲學，只是用來發掘人裏面的蘊藏的手段而已。[15]

　　這段話中有幾個詞是加了著重號的，比如強調了他「僅僅」把基
督教的哲學或神學作為批判的對象，強調了哲學只是用來發掘「人裏
面的蘊藏」。

　　這說明他的唯物主義的直接目的就在於展開對基督教的哲學或神
學批判，而且是為了用於發掘「人裏面的蘊藏」。

　　所以就「黑格爾左派」中對基督教的批判而言，只有費爾巴哈突
出了唯物主義的哲學依據；那麼自然而然地，這種唯物主義所凸現的
就是人，就是「人裏面的蘊藏」。他說，他的全部著作「只有一個目的，
一個意志和思想，一個主題。這個主題就是宗教與神學，以及與之有
關的一切東西。」[16]這裏所說的「與之有關的一切東西」，就包括在人
的社會生活、社會關係中市民的、政治的、道德的支配，包括法律、
輿論的力量以及榮譽、地位這些概念的力量。他甚至認為「如果政治
自由不是確立在使人擺脫任何宗教的精神壓迫的堅實基礎上，那麼，
對政治自由的偶像崇拜就將一文不值。因此，應該發展關於人獲得解
放的堅實基礎的思想和實現這種解放的方式、方法的思想。」[17]

　　盧卡奇在《歷史與階級意識》中說，費爾巴哈的唯物主義之所以
對馬克思來說很重要，就在於「他使哲學變成了人類學
（Anthropologie）」；如果沒有這一轉變，歷史就無法真正地變為人的
歷史，無法把歷史回朔到人，回朔到人與人的關係。請注意，當年康
德說他一生所研究的其餘三個問題（我能夠知道什麼？「形而上學」；

---

[15]　《費爾巴哈哲學著作選集·下卷》，第 21 頁，商務印書館 1984 年版。
[16]　同上，第 507 頁。
[17]　申卡魯克：《黑格爾左派批判分析》，第 120 頁。

二、我應該做什麼？「道德」；三、我可以希望什麼？「宗教」）都可以歸結為一個問題，這就是「人是什麼」，而對這一問題的回答則歸屬於「人類學」。康德在他的《實用人類學》的「前言」中一開始就說：「認識世界與擁有世界在意義上是相距甚遠的，因為前者只是理解他所旁觀到的世界，後者卻參與了這一過程。」[18]馬克思為了扭轉過去人們所習慣了的「理解他所旁觀到的世界」的哲學傳統，自然會把人類學理解為一個人類是否以及怎樣才能「擁有世界」的問題。這與他對人類歷史的發展目的，與他堅持「問題不在怎樣解釋世界，而在如何改變世界」的立場是完全一致的。當然，盧卡奇說，這一轉變的危險就在於：它可能把人視為一種固定不變的東西，所有的「人類學」或「人道主義」的立場都具有這樣的危險性。馬克思顯然注意到了這一點。但如果「人」是發展變化的，在不同的語境中有著幾乎完全不同的「人」，那麼，「至多是獨斷的形而上學又將被一種同樣獨斷的相對主義所取代。」[19]所以在吸取了費爾巴哈的「人類學」的唯物主義後，馬克思又重新轉回了黑格爾──當然不再是原先那個「老黑格爾」了。

從大衛‧斯特勞斯對基督教福音書的「歷史學和語言學的批判」，到布‧鮑威爾所談到的宗教是人的自我意識的異化，再到費爾巴哈的人本主義的唯物主義，把對一般意義上的宗教批判引入對人的社會存在、歷史存在中的各種壓迫性力量的批判，沿著這條線索，馬克思在一般意義上的宗教批判中為什麼要引入費爾巴哈的人本主義的唯物主義，或如恩格斯在《路德維希‧費爾巴哈和德國古典哲學的終結》中所說的那樣，為什麼「在十九世紀的德國，哲學革命也作了政治變革的先導」（恩格斯：「這時，費爾巴哈的《基督教的本質》出版了。它一下子就消除了這個矛盾，它直截了當地使唯物主義重新登上王座」）就會比較清晰地呈現在我們面前，因為馬克思的「唯物主義」所想解

---

[18] 康德：《實用人類學‧前言》，鄧曉芒譯，重慶出版社1987年版。
[19] 《歷史與階級意識》，第275-276頁。

決的，就是在「國家」（寄託著黑格爾的倫理理想）與「社會」（所謂
市民社會中的經濟關係）的區分中，必須把「人裏面的蘊藏」（社會存
在、經濟關係）作為政治變革的基礎：費爾巴哈在「人裏面的蘊藏」
中看到的只是人的自然需要和道德基礎，看到的只是人性的普遍適用
（恩格斯說：正因為費爾巴哈認為他的道德適用於一切時代，所以「它
在任何時候和任何地方都不適用」[20]）；而馬克思卻從人的「自然需要」
中看到了「物質生活的生產方式制約著整個社會生活、政治生活和精
神生活的過程。不是人們的意識決定人們的存在，相反，是人們的社
會存在決定人們的意識。」[21]這就是馬克思關於他所理解的「唯物主
義」的經典表述。

　　這段話至少告訴了我們；馬克思不但拒絕把思想當作物質，拒絕
用物質的人反對觀念的人，而且把一個非常重要的歷史原則歸結為意
識[22]；因為從邏輯上說，當馬克思指出「是人們的社會存在決定人們
的意識」時，「意識」也就成為了人的社會生活或人類歷史的一部分。
馬克思在這裏只說了「社會存在決定人們的意識」，並沒有、也不可能
把「意識」從人的「社會生活、政治生活、精神生活」中排除出去；
非但不排除，它在邏輯和事實上都會導致出這樣一個結論：「沒有一個
歷史事實不依賴於做為基礎的經濟結構的種種條件而產生，也沒有一
個歷史事件不是以一定的社會意識為先導的」（馬克思：一切內在條件
一旦成熟，德國的復活日就會由高盧雄雞的高鳴來宣佈[23]），這一點，
不但會直接導出以後的義大利的馬克思主義者如安·拉布里奧拉和葛
蘭西的思想，而且孕育著現代「西方馬克思主義」的一個基本觀念，

[20]　《選集》第四卷，第 236 頁。
[21]　《選集》第 2 卷，第 82 頁。
[22]　參見恩格斯《路德維希·費爾巴哈和德國古典哲學的終結·第三章》及 1890
　　年 8 月 5 日《致康·施密特的信》，轉引自「法」路易·阿爾都塞所著的《黑
　　格爾的幽靈──政治哲學論文集 {1}》，第 334 頁，南京大學出版社 1995
　　年版。
[23]　《全集》第一卷第 467 頁。

這就是對意識、意識形態、道德、倫理、人生意義等「觀念」或「精神」領域裏的問題的更為關注。

如果「回到」費爾巴哈，那就是說，要把「人裏面的蘊藏」（費爾巴哈強調的是「人性裏面的蘊藏」）首先要還給人的社會存在本身；而且就如馬克思所說的那樣：「所謂歸還就是喚起他的自覺。」[24]

「所謂歸還就是喚起他的自覺」，這是一句哲學意味極其深重的話，它幾乎可以使我們立即想起蘇格拉底的「認識你自己」、笛卡兒的「我思故我在」和特別重要的，就是康德、黑格爾以來德國古典哲學中有關人的「自我意識」的一系列論述。它著眼的是人與人的自我認識（意識），儘管這種認識（意識）的基礎是「人們的社會存在」，是費爾巴哈所說的「人裏面的蘊藏」，包括人的感性存在與感性直觀等等。

當然，馬上就會有人提出：這種人本主義的唯物論只是青年馬克思的思想，到馬克思後期，他就已經放棄了這種人本主義（或可理解為人道主義）的哲學觀念。

這裏所涉及到的就又是一個老問題：到底是只有一個馬克思，還是有兩個（早期和晚期）或多個馬克思（在同一個馬克思身上也可能有著完全不同的發展階段，有著不同語境下的不同論述，有著在當時情況下所只能引用的材料──比如摩爾根的《古代社會》在今天看來就頗多片面之處，也有著自己對自己的批判，比如馬克思和恩格斯在《共產黨宣言》的 1872 年的德文版序言中，就多次使用：

> 現在這一段在許多方面都應該有不同的寫法了，所以這個綱領現在有些地方已經過時了，對於社會主義文獻所作的批判在今天看來是不完全的，這些意見在實踐方面畢竟是過時了。

我們總不能認為寫作《共產黨宣言》時的馬克思和恩格斯還不「成熟」吧（把一個人的思想區分為成熟與不成熟，是一個徹底的偽命題，

---

[24] 《全集》第 1 卷，第 647 頁。

因為它先已假定了「成熟」就意味著百分之百的正確）？任何一個人的自相矛盾和自我修正其實是一件最正常不過的事；我們只要不把馬克思「神化」——而被「神化」的往往又只能是「老年馬克思」，這難道不可笑嗎？什麼東西可以保證或證明一個人的「老年時期」就一定比「青年時期」更成熟？這本來不應成其為一個問題，因為我們談論的是「馬克思」，就是比較「青年馬克思」與「老年馬克思」，這裏也不存在「誰比誰、或那個階段比那個階段更成熟」的標準）；而且當我們涉及到這一問題時，還要注意馬克思與恩格斯的不同，注意馬克思個人的思想軌跡與馬克思主義的所謂的「真理體系」的不同，我想在這裏重申一下：對本文作者來說，對馬克思個人（包括青年時期與老年時期）的興趣遠遠大於對一套相對成型了的馬克思主義的理論興趣；或者說，討論馬克思主義在當代中國的問題，是以關注馬克思作為一個具體的人的學說為起點的。

把馬克思說成是「兩個」，其實也就等於認為作為哲學家的馬克思與作為政治經濟學家的馬克思是完全不同的兩個人，因為哲學與政治經濟學本身就無法溝通。但我們都知道，從《1844 年經濟學－哲學手稿》到《資本論》，這一傳統的把馬克思區分為「兩個」的思路，其實恰好表明了馬克思從一開始就想把經濟學與哲學連接起來，只不過在早期更偏重於哲學基礎（上面所說的人本主義）的奠定，後期則努力完成一種有關社會歷史發展動力的「經濟學說明」而已。

美國學者 R·塔克爾在《兩個馬克思還是一個？》中說，完全沒有必要糾纏早期的（1844 年巴黎手稿時的馬克思）和晚期的（《資本論》時的馬克思）哪一個更為「不朽」，哪一個才是「真正的馬克思主義」；其實兩者「都是真正的，而且具有相同的意義」，我們所要解決的只是馬克思早期的哲學共產主義與晚期的科學社會主義之間的關係，而不是爭論「哪一個更正確」。他說，在一個特殊的、有限性的意義上，一個成年人對其童年來說彷彿就是完全不同的兩個人，但成年人畢竟是從其童年成長起來的，就如《精神現象學》孕育出黑格爾的

哲學體系一樣，《1844 年巴黎手稿》對於「成熟」了的馬克思來說也是完全適用的，「成熟的馬克思就是早期馬克思的有機物」，「手稿中的哲學術語只是一個新生嬰兒與其哲學母體連接起來的臍帶」，如果離開這一「臍帶」，我們就不知道馬克思的學說是怎麼來的。[25]不管怎麼說，就費爾巴哈所謂的要把「人性裏面的蘊藏」還給人自身而言，「異化」始終是馬克思全部學說中的一個核心概念，只不過在「後期」，這裏的「人性自身」已經暗地裏具有了一種「社會形象」而已。

所以所謂的「把人的世界和人的關係還給人自己」，就是還給人的社會存在；馬克思的唯物主義，強調的就是在人的社會存在這一基礎之上的「積極的」人道主義。

當然，「積極的」人道主義的哲學依據是一回事，它的實現則是另一回事；任何法律都不會規定乞丐不准購買奢侈品，但我們都認為這種在法律上給予乞丐的權利只是一個「謊言」。我們生活在一個以政治制度為特徵的社會中，以賽亞‧伯林在他的一篇專門論述「積極自由與消極自由」的文章中說，這種政治制度的一個「特徵」，也就是以法律的形式給出諸如此類的「謊言」。

這其實也就是馬克思所要解決的問題。

第二節　只有通過揚棄這種否定，積極的人道主義才能產生

我們通常認為馬克思從黑格爾哲學中吸收的是他的辯證法思想。這種說法在某種意義上是有道理的。最初的「青年黑格爾派」或「黑

---

[25] 《哲學譯叢》，1979 年第 3 期，轉引自《馬克思、恩格斯論人性和人道主義》，光明日報出版社 1982 年版，第 139 頁。

格爾左派」的意圖並不在政治，而是把自己視為爭取精神自由、反對基督教教義，爭取自我意識的自由和反對墨守成規、保守傳統的戰士；他們在自己的刊物《哈雷年鑑》上所發表的也主要是哲學的和文藝評論的文章。不僅如此，如前所述，他們甚至在黑格爾哲學的基礎上有了某種「分工」；這裏最應該強調的，就是讓盧格發展黑格爾的《法哲學》的思想，而這又是一個最敏感的話題；結果，也正是這位盧格先生，在 1842 年首先發表了在政治方面對黑格爾進行直接批判的文章，抨擊黑格爾的《法哲學》混淆了邏輯和歷史的範疇，未給「應當」留下任何歷史的餘地，這被認為是一個違反了他們的初衷的文章。因為普列漢諾夫在他的一篇文章中也說，當時的「黑格爾左派」是一批十分醉心於思想和系統哲學的人，他們賦予從事哲學的知識份子以十分神聖的意義；再沒有比精神創造更愉快的事了，辯證法的智慧表演像麻醉劑一樣使人陶醉。[26]

然而事情並不會就這樣一直平穩地發展下去。

《哈雷年鑑》很快就因為盧格發表的另一篇「生硬獨斷的、無神論的、共和制的」文章而與黑格爾的學說，接著也就與當局對立了起來。

盧格比馬克思大 16 歲，曾在大學期間因一次反對當局的「陰謀活動」而被判刑六年；出獄後成為黑格爾的學生，但始終是一個熱心而又認真的「半清教徒式」的「激進分子」。他妻子很有錢，自己又頭腦敏捷，文筆優美，所以當政府不讓他繼續留在大學裏時，他就辦起了《哈雷年鑑》，並使之成為青年黑格爾運動的中心。

繼《哈雷年鑑》被普魯士政府查禁（1841 年）後而起的《德意志年鑑》也被查禁了（1843 年）。

與這整個事件的發生相呼應的，就是在 1840 年春，弗里德里希·威廉三世和他的大臣、對黑格爾學派懷有好感的阿爾滕斯坦都去世

---

[26]　參見《黑格爾左派批判分析》，第 30 頁的論述與注釋。

了；而新即位的國王不但憎恨法國革命和啟蒙運動的思想，而且一心想用傳統的德國宗法精神建立一個以地方等級議會為基礎的政府。

馬克思的《評普魯士最近的書報檢查令》就寫於 1842 年 1、2 月間，但在德國無法發表，最後由盧格於 1843 年發表於瑞士。無論是1851 年最初的《卡爾·馬克思文集》還是我們現在看到的《馬克思恩格斯全集》，都以這篇文章作為馬克思的第一篇政論性文章，而這也就是馬克思本人的意見，所以 1851 年的《文集》在出版後即被禁止發行。但這本身也恰好說明瞭馬克思對這篇文章的重視。文章的第一句話是「我們不是那種心懷不滿的人」，最後一句話是「普魯士的作家終究因為有了新的檢查令而獲得更多的真正的自由或觀念的自由，也就是說，獲得更多的意識。」也就是說，正是這一紙「書報檢查令」把一批根本就不是「心懷不滿」的人推到了政府的對立面上，因為正是檢查和限制，才促使更多的人意識到了自由，而且想說出自己所感覺到了的東西。自由當然是針對這囚禁而言的，而最可怕、也最不為人所意識到的囚禁就是思想或觀念的囚禁；當然，反過來，思想與觀念也正是因為有囚禁才意識到自由的。所以青年馬克思所說的「普魯士的作家終究因為有了新的檢查令而獲得更多的真正的自由或觀念的自由，也就是說，獲得更多的意識」是千真萬確的至理名言。

到底是什麼力量促使馬克思從黑格爾的弟子變成了黑格爾哲學的批判者並進一步成為了「民主主義者」、「共產主義者」和「社會主義者」，這就是我們所關心的一個問題，其中又涉及到馬克思主義（或早期的黑格爾左派）與當初曾在同一戰線上並肩戰鬥的自由主義的分道揚鑣。

與這樣一個問題相關的，又必須涉及到在如下兩個方面的追問：第一，宗教與政治的關係；第二，辯證法與「哲學激進主義」的關係。

在當時的普魯士，除了藝術和文學，宗教是一個相對來說還可以自由討論的話題；但在黑格爾左派那裏，他們一開始都是站在普魯士政府一邊的，相信自己的哲學理想能夠在普魯士國家範圍內實現，而

這一理想其實也就是黑格爾哲學的理想，即宗教與哲學是完全可以調和的，二者的區別只在宗教是用想像和形象的的方式讓人們領悟到哲學所闡明瞭的東西；然後漸漸地認為普魯士「現時就它的深刻的趨向和國家制度來說，本質上是天主教的」[27]，於是在「新教」的旗幟下展開了對正統宗教的批判，把「浪漫主義」和「自由主義」對立起來，認為「浪漫主義」代表著普魯士的反動力量；再後來，他們就已經發現要脫離政治來討論宗教問題是不可能的，主張把教會變成學校，或認為應該把虛偽的宗教變成真正的宗教——哲學唯心論，盧格甚至認為只要一個人獻身於思想並與思想能夠化為一體的人就都是神聖的人，這種學說實際上就已經相當於在主張著一種「宗教和政治上的無政府主義」，這時的政治觀點相對來說還較為溫和，認為國家本身可以改良，以一個心目中理想的國家來反對教會；再後來，在他們心目中對立的就不再是浪漫主義與自由主義，而是自由主義與激進主義：

> 自由主義是一種在較富裕公民中間受到至少是心照不宣的大量支持的運動，所以它首先是實際的運動；他追懷普魯士改革時期的思想，它的哲學家是康德。激進主義則更多的是受了青年黑格爾派所瞭解的盧梭和法國革命的鼓舞，它過分講究理論。自由主義學說是有要參加政府的資產階級的願望產生的，相反，激進主義只限於知識份子的狹小圈子裏，這些知識份子傾向於採取革命的態度，而反對妥協。另一方面，自由派的目的是極其狹隘的，他們只限於贊成改革，希望與君主政體達成某種協定，……早在 1843 年，盧格就反對過自由主義，認為「德國社會必須採取新的思想方法，這種思想方法……把自由人作為原則，把人民作為其活動的目的，換言之，它必須使自由主義變成民主主義。

---

[27]　麥克萊倫：《青年黑格爾派與馬克思》，第 15 頁。

　　至此，青年黑格爾派也就用「民主主義」取代了原先的、有些含糊不清的「激進主義」[28]。所以麥克萊倫在他的書中告訴我們：「人們曾經認為青年黑格爾派是德國第一個政黨，這種說法大體上是正確的」；羅森克蘭茨早在 1843 年就已經描述出青年黑格爾派從反宗教開始，在不斷世俗化過程中「從教會經過文藝和哲學學派而達到政治」的過程。當時的青年黑格爾派已經認為只有黨派才能體現辯證法，才能防止革命；按照愛德格‧鮑威爾的說法，也只有黨派才能控制迄今無序的解放運動。也正是出於黨派的需要，他們才認為「革命民主主義」的政黨原則必須明確，認為只有政黨才是「勝利的創造者」；而對立面在譴責他們時，也總是以「該黨」兩字開頭的。[29]

　　按照湯姆‧羅克摩爾（Tom Rockmore）在《黑格爾：之前和之後》中的說法，青年黑格爾派無法進入大學校門，只好在校門外寫作和活動；

> 相反，右翼黑格爾主義者都是大學教師。無論他們有沒有名望，從政治觀點上來說，他們無疑都是反動派。他們都是自由主義者，他們所關心的是如何抵制黑格爾左派的革命計畫。[30]

　　但盧格在這裏所說的「把自由人作為原則」並非指的是「自由主義」，而是指一個被劃歸在「黑格爾左派」之內的學術－政治小團體。

　　當時在柏林，有一個小團體對馬克思和恩格斯來說都是很重要的，這就是先是以盧格為核心，後又以布‧鮑威爾為核心的「博士俱樂部」。馬克思正是通過這一「俱樂部」而轉向「黑格爾左派的」；1841年，當鮑威爾去波恩時，這個俱樂部曾一度停止活動，後來當鮑威爾被波恩大學解職重新回到柏林後，這個俱樂部才又以「自由人」的名

28　參見《青年黑格爾派與馬克思》，第 26 頁前後。

29　《青年黑格爾派與馬克思》，第 29-30 頁。

30　湯姆‧羅克摩爾：《黑格爾：之前和之後》北京大學出版社 2005 年 4 月版第 212 頁。

義重新開始活動。這個小團體視布・鮑威爾為「具有世界歷史意義的民族英雄」。馬克思和恩格斯都曾獨立地與這個「自由人」保持著密切的來往；按照盧卡奇的說法，這個小團體是黑格爾左派中最為激進的一個派別[31]；這個小團體最明顯不過地打出了黑格爾所使用過的「時代精神」這一概念，認為除了他們這個小團體以外的所有神學－哲學流派都是一些「明顯脫離『時代精神』的蒙昧主義者。」馬克思在當時給他父親的一封家書中也明顯表露出這一點。[32]「自由人」多是一些自由撰稿人。馬利寧和申卡魯克在他們的書中說，後來，當盧格想重新把「自由人」吸收到共同的活動中來時，卻發現這個小團體是一個「放蕩任性的、肆無忌憚的集團，比如當『自由人』的核心成員麥克斯・施蒂納（曾撰寫《自由人綱領》，當他與另一位「自由人」瑪麗・登哈爾特成婚時，包括布・鮑威爾在內的所有參加婚禮的人都放縱自己的反教權主義的情緒，公開辱弄宗教儀式）」[33]

「自由人」公開地、大規模地涉及社會政治問題的一個個案就是關於歐仁・蘇的長篇小說《巴黎的秘密》的討論。這部小說在當時成了討論工人階級和社會主義問題的一個焦點。布・鮑威爾在自己的評論中指出了工人階級「缺乏精神」、「意識薄弱」、「情緒底下」、「利己主義」等等毛病。對此，馬克思和恩格斯予以了堅決反擊。於是我們就有了他們二人第一次合著的《神聖家族，或對批判的批判所做的批判》。

至此，黑格爾左派的分裂也就勢不可免；馬克思和恩格斯的主要對手就是被認為是屬於小資產階級的烏托邦和對未來的空洞設想。

並不僅僅限於黑格爾左派，還牽扯到黑格爾左派與自由主義（也就是黑格爾右派）的決裂。

---

[31] 參見《黑格爾左派批判分析》第 35 頁注釋 3。
[32] 《馬克思早期著作》，第 1 卷第 15 頁，參見《青年黑格爾派與馬克思》第 16 頁注釋 2。
[33] 《黑格爾左派批判分析》，第 38 頁。

1842 年 10 月，馬克思從波恩到達科隆以後，很快就表明他是怎樣做到了這一點的：他在黑格爾左派中間，不僅在很大程度上促使他們劃清哲學界限，而且促使他們劃清政治界限。劃清政治界限也就成了《萊茵報》的事情；革命民主主義者反對專制教權制度的立場，通過報紙的論戰獲得了特殊的社會意義，同時與資產階級自由派的分歧卻越來越明顯。馬克思在抗議關閉自由派的《萊比錫總彙報》時，就說明瞭二者對待政治的不同態度：自由派的報紙（指《萊比錫總彙報》）是德國人民報刊的一個必要組成部分，但它「主要是適合對政治事實直接感興趣的人的口味，而我們則適合對政治思想感興趣的人的口味，自然，事實並不排斥思想，正如同思想不排斥事實一樣」。[34]

這是一段很重要的論述，表明黑格爾左派或青年黑格爾派為什麼說到底是一個哲學學派，在他們身上，為什麼既有浪漫主義和唯心主義的成份，又有對啟蒙運動的尖銳批評（與對自由主義的批評相關）和對法國大革命的熱情崇拜；說明當馬克思主義反對普魯士的王權專制主義時，在什麼意義上與自由主義是政治鬥爭中的戰友，同時又有著完全不同的政治目標；說明為什麼自由主義不會發展為共產主義和社會主義學說，而馬克思則完成了一個從革命民主主義者、共產主義者向社會主義者的轉變；說明瞭為什麼越到後來，馬克思主義（特別是執掌了政權以後）就與自由主義的矛盾越來越大；說明瞭重於思辨的政治哲學為什麼與重於事實的政治理論會導致那麼大的政治分歧並在今天對我們來說又具有了完全不同的政治意味。

是對「政治事實」感興趣還是對「政治理論」感興趣？是「多談事實，少談理論」（胡適），還是「重要的只在於理論」（陳獨秀）？

---

[34] 《全集》第 1 卷，第 194 頁，同時參見《黑格爾左派批判分析》第 33 頁。

　　在論述馬克思的思想轉變及其與周圍人的分歧時，我們總免不了想到我們自身的變化，並在反思中不斷清理著自己與中國近百年來的「事實」與「理論」的進程。

　　現在讓我們來討論一下辯證法與「哲學激進主義」（其實也就是後來的革命民主主義）的關係。

　　我們幾乎所有的教科書在講到黑格爾哲學時，都要強調他的保守的體系與革命的方法的矛盾。這裏的革命的方法就指的是他的辯證法，而保守的體系則指的是他的唯心主義的概念體系。這種「體系」的特點在於：第一，就是黑格爾認為真理本身應該是一個「全體」，要想從黑格爾哲學中「挑選出我們所喜歡的東西而拋棄不喜歡的東西是不可能的。從黑格爾的觀點來看，黑格爾似乎樹立了一個嚴格的標準：要末全部接受，要末什麼都不接受」[35]；其次，黑格爾巨大體系的不同方面可以吸引各個方面的思想家的注意，其中不僅包括系統形而上學方面的專家以及美學、社會學和政治理論，而且包括宗教、歷史、哲學史，甚至可以為激進主義、保守主義、馬克思主義、法西斯主義同時提供足夠的思想資源。當然，更重要的就在於這種體系給人一種「這是最後的哲學」的印象，似乎哲學到他那裏就終結了。黑格爾全集七編輯之一的甘斯在當時的一份訃告中說，「哲學現在已經達到圓滿的境界，人們認為它的發展只是根據它的題材按以往已經這樣明確表示過的方式進行有創見的工作而已」。更有人把黑格爾的哲學比作亞歷山大大帝，在他以後「沒有任何一個繼任者能登上王位，只好由各地的總督把各個行省拿來彼此瓜分。」[36]

　　一開始，青年黑格爾派也是這樣認為的，所以他們才有分工，想分頭在黑格爾的基礎上進行「有創見的工作」。

　　但黑格爾的辯證法的「革命性」很快就表現了出來，按照恩格斯在《路德維希‧費爾巴哈和德國古典哲學的終結》中的說法：

---

[35] 《黑格爾：之前和之後》，第 204 頁。
[36] 《青年黑格爾派與馬克思》，第 2 頁。

> 黑格爾哲學……的真實意義和革命性質，正是在於他永遠結束了
> 以為人的思維和行動的一切結果具有最終性質的看法。哲學所
> 應當認識的真理，在黑格爾看來，不再是一推現成的、一經發現
> 就只要熟讀死記的教條了；現在，真理是包含在認識過程本身
> 中，包含在科學的長期的歷史發展中」；「這種辯證哲學推翻了
> 一切關於最終的絕對真理和與之相應的人類絕對狀態的想法。[37]

但這種辯證法的要旨到底體現在哪裡？

我們國家的教科書把辯證法的「基本規律」一律規定為「對立統一、質量互變、否定之否定」，極其抽象空洞，學生們必須死記硬背下這幾句話才能應付考試，真是害人不淺。

這種「規定」並非就是錯的，問題只在於我們總讓其停留在空洞抽象的層次上，而辯證法就是為了反對抽象空洞的概念，或者說，就只是告訴了我們一個淺顯的道理：一個空洞抽象的概念是如何達到具體的。

黑格爾之所以認為哲學就是哲學史，就是因為只有通過哲學史，「哲學」這一概念才從抽象達到了具體；對於不讀哲學史的人來說，「哲學」永遠都只會是一個空洞抽象的概念。

對我們每一個人來說，每天都在與大量的抽象概念打交道。比如對我來說，自然科學，無論是物理、化學的那些概念就都是空洞抽象的；自由、民主、平等、博愛這些概念也是抽象的，因為用黑格爾的話來說，當現實還沒有結束其形成過程並完成其自身時，概念作為理想的東西是無法顯示出來的，「密納法的貓頭鷹要等黃昏到來，才會起飛」。

這是就「現實」本身是概念走向具體的「前提」而言的；但概念自身又是如何「走」（運動）起來的呢？

---

[37] 《選集》第 4 卷，第 212-213 頁。

　　在黑格爾哲學中，一定要講清楚的就是：第一，精神的本質規定性就是自由；所以概念自身是運動的（實體即主體），而且是有目的、有方向的運動（所以他強調意志的自由）；第二，所謂的辯證法，就講的是概念自身的運動原理。這原理純粹是就思維的概念從抽象達到具體的活動形式而言的。當然，它實際上所講的就是人的思維活動自身的矛盾及其克服。這裏面的一個核心範疇就是「否定」：概念自身對其空洞抽象性的否定；否定的方式就是概念將其自身「異化」（對象化、外化、物化）為一個異己的「存在物」（此在、定在），於是發現這個「異己」的「存在物」與自己不同一；而概念運動的「目的」（目標）就是達到同一，以實現自身。比如「倫理」這個概念，將其「異化」為「家庭」、「社會」，發現總不能實現自身，才最後在「國家」中有了歸宿。當我們說「這個人不是個人」、「這個家不像個家」、「如此下去，國將不國」時，其實都是就概念未能實現其自身而言的。

　　所謂的正——反——合，否定之否定，一定要強調的是兩點；第一，矛盾（正題與反題）不是一種外在的對立，比如正與反、陰與陽、天與地、無產階級與資產階級、物質與精神等等，而是就同一個事物自身所具有的自我否定性而言的，比如反在正中，陰在陽中，如此等等，黑格爾稱之為「內在否定性」；第二，「否定的辯證法」重在否定；「否定」就是過渡，就是揚棄，就是仲介，就是連接。

　　在概念從抽象到具體的過程中，否定起到了一種「仲介」作用，也就是揚棄作用；同時其自身作為一個獨立的環節，本身就是一個「調和」、「調解」的概念，類似於我們的「中庸」、「中和」。我們說黑格爾的體系是保守的，就是說他的整個體系都可以視為一個「仲介」，因為他是一個具有歷史意識的人，在歷史長河中，他當然「推翻了一切關於最終的絕對真理和與之相應的人類絕對狀態的想法」，任何思想體系只是這一長河中的一個「仲介環節」。

問題在於，當這些「仲介環節」並不認為自己只是一個「仲介環節」，或者說，當「革命者」不再認為「否定」只是一種「仲介」，而是一種「你死我活的決戰」時，問題當然就不同了。

這其實也就是當初青年黑格爾派或黑格爾左派所面臨的思想（現實）格局。

羅克摩爾在他的書中說，「每當黑格爾看到一個對立，他就立刻用一個仲介項來把它們連接起來。因此，他從來不會被迫在兩種觀點之間做出選擇──這兩種觀點看起來不相容，但是在仔細考察以後卻被揭示為是相容的。」[38]青年黑格爾派卻不會這樣認為，比如專制與民主、集權與人權、宗教與科學、物質與精神等等；在這種「不相容」中，黑格爾所謂的「仲介」就只能被理解為「調和」；特別是當政治形勢惡化，「反對派」受到無情鎮壓時，「黑格爾關於兩個對立的極端之間被仲介所調解的概念只能讓位於兩個矛盾的黨派一方戰勝另一方的思想」。「否定」漸漸具有了一種「絕對否定」的意味；就如法國大革命所揭示的那樣。否定不再是仲介，而是創造：破壞或毀滅基礎上的創造，以後又被說成是「破壞的快樂也就是一種創造的快樂」，「破就是立」，「破字當頭，立在其中」。這就是當年青年黑格爾派的思維邏輯，而巴枯寧把這一點說得最明確。[39]但馬克思並沒有這樣。他更願意把黑格爾區分為「秘密的」與「公開的」，「體系的」與「方法的」，以此為黑格爾進行辯護。比如對黑格爾的著名的「凡是現實的東西都是合理的，凡是合理的東西都是現實的」這一論斷，「右派」強調的是「現實性」，「左派」強調的是「合理性」；當海涅指出「現實性」與「合理性」之間有一種「辯證關係」時，恩格斯在《費爾巴哈和德國古典哲學的終結》中說，辯證法的革命性，「至少有一個人在 1833 年就已經看到了，這個人就是亨利希‧海涅」[40]

---

[38] 該書第 219 頁。
[39] 參見《青年黑格爾派與馬克思》，第 19-20 頁。
[40] 《選集》第 4 卷，第 211 頁。

　　而馬克思在以後討論到社會歷史的根本問題時所使用的「實踐」這個概念，之所以是一個「比單純的勞動更加廣泛，更加複雜，並以更多的過程為仲介」的概念；也就是說，對所有這些問題的思維的客觀真理性問題，並不是一個在社會實踐活動中可以「直接」給予回答的問題，它需要一系列的仲介性活動。在這裏，馬克思所吸收的就是黑格爾的觀念，即把仲介理解為真理實現其自身的環節。

　　當然，黑格爾講的依然是思維或概念的辯證法，現在馬克思要把它顛倒為現實的（也就是國家與社會）辯證法；它的前提就是必須認定「沒有對抗就沒有進步。這是文明直到今天所遵循的規律。到目前為止，生產力就是由於這種階級對抗的規律而發展起來的。」[41]

第三節　人就是人的世界，就是國家、社會

　　因為馬克思多次或者說一直所強調的就是「人的實質就是人的真正的共同體」[42]；

> 因為人的本質是人的真正的社會聯繫，所以人在積極實現自己的本質的過程中創造、生產人的社會聯繫、社會本質，而社會本質不是一種同單個人相對立的抽象的一般的力量，而是每一個單個人的本質，是他自己的活動，他自己的生活，他自己的享受，他自己的財富[43]；

---

[41] 馬克思：《哲學的貧困》，《全集》第 4 卷第 104 頁。
[42] 《全集》第 1 卷，第 487 頁。
[43] 《全集》第 42 卷，第 24 頁。

> 首先應當避免把「社會」當作抽象的東西同個人對立起來。個
> 人是社會存在物[44]

所以我們必須討論社會、國家的起源，討論馬克思所理解的「共同體」、「社會聯繫」和「社會本質」這些對我們來說似乎顯得既熟悉又陌生的概念。

關於有關「人」的認識，西方文化的一個基本出發點就是人性論。古代希臘認為人性是不變的，而人性中的貪婪（激情、慾望）就是「人的世界」之所以會有秩序的動因。比如柏拉圖就把政權類型等同於人的性格類型，於是就有了從貴族制逐步退化為寡頭制、民主制、暴君制，然後再返回貴族質的循環。古代希臘的社會政治學說中給人印象最深的就是那時候的人都把參與政治活動理解為人生的目的，而且人（當然不包括奴隸）都沒有公共生活與私人生活相區分的苦惱。中世紀時的奧古斯丁曾認為無形教會（聖靈）、有形教會（聖父）與國家（聖子）是「三位一體」的（後來康德也認為聖父「立法」、聖子「行政」、聖靈「司法」是三位一體的，見《單純理性限度內的宗教》）；後期有關人性與神性之關係說得最好的就是湯瑪斯‧阿奎那；他基本上奠定了有關自然法的社會政治學說的框架。總之在西方人看來，或者說人對善惡有自然的判斷，這種判斷或人的天生的理解力構成為合適的法的基礎與根據；或者說一切都是神意的體現，「自然法」即人的理性參預神意的結果，是自然理性從人的自然狀態中自然產生出來的，而之所以能這樣產生，又是因為人世間留有上帝的印記，如此等等。這一階段的社會政治學說中會牢牢讓我們記住的就是政教一體，因為國家只涉及社會秩序問題，人應該追求什麼樣的生活問題歸宗教，這二者是不應該分開的；或者說，人首先應該是「教徒」（信仰，有人格尊嚴），其次才是「公民」（守法，知道什麼不能做）。

---

[44] 同上，第 118 頁。

　　啟蒙運動以來關於社會起源的學說中影響最大的就是「社會契約論」和黑格爾的「主奴關係說」。

　　在「社會契約論」中，首先應該提到的是霍布斯。他的學說概括起來就是第一，有自然狀態，在自然狀態下人人自危，人與人如同狼與狼；它說明對人來說，首要的並不是幸福，而是安全，這幾乎也就是一切有關權利學說的一個最為基本的立足點；第二，自然狀態下根本無法「立法」，因為缺乏基本的信任，誰守法誰吃虧，所以惟一的解釋就是眾人先得同意讓一個人成為立法者，大家都把自身的權力交給他，把他的話就當成法律，於是就有了絕對專制論；但也只有在這一前提下，法律和秩序才成為可能，人也才有了自己正常的社會生活；但霍布斯的「社會契約論」也為憲政主義提供了理論依據：所謂「契約」，就是說有關社會秩序的最高綱領應該來自一種人民的「共謀」，即所謂的「契約關係」，而最高統治者就是簽訂契約的另一方（這已經超出了霍布斯的學說）。人民既然可以以契約的形式把權力賦予他，當然也就可以撤換他。而且，只要在沒有一個最高「主權者」的情況下人們依舊可以過一種有秩序的社會生活，那就說明先於最高「主權者」的，應該是一種自然生成的、有秩序的社會生活；國家（最高主權者）的出現應該是下一步的事。這就是洛克的「社會契約論」。這裏面最有意味的地方就是他區分開了社會與國家；1688 年查理一世被處死，英格蘭並無最高「主權者」，但也沒有「亂」，依舊過著有秩序的社會生活，這就是對洛克來說的最為有利的證據，說明有沒有政府並不十分要緊，人們照樣可以過著正常的社會生活，並不如霍布斯所說的那樣「人與人如同狼與狼」。霍布斯說沒有國家，社會就是不可能的；於是社會成了一種靠外在強力維持著的共同體生活。

　　洛克說，真正自然而然就有了的是社會，因為一個有著「自然法」（其實也就是人性與理性）的「自然狀態」就是我們所理解的社會，而且根本就不需要外在強力的維持。「自然狀態」中的人天然就擁有了的、也是最自然的東西就是財產；而最大的問題是缺乏財產糾紛中的

「仲裁者」：如果人人都擁有執行自然法的權力，也就是說，如果人人都充當自己的案件的裁判者，那麼「自私會使人偏袒自己和他們的朋友，而另一方面，心地不良、感情用事和報復心理都會使他們過分懲罰別人，結果只會發生混亂和無秩序。」洛克說，「因此，人們聯合成為國家和置身於政府之下的重大的和主要的目的，是保護他們的財產；在這方面，自然狀態有著許多缺點。」[45]

讀洛克的《政府論》上、下兩篇，有三個問題在聯想中給人的印象最深：第一，在上篇中，洛克主要是反駁羅伯特・菲爾麥爵士的關於「王權」起於「父權」：只要人出生在家庭中，就得服從父親，所以我們不能說人天生就是自由的。其實這也正是中國古代關於王權的起源與正當的最有力的論據；所以中國傳統社會以家庭為核心，而家庭中又必須有最高的「王權」，這就是「父權」。所謂「以孝治天下」，所強調的就是王權起源於父權的正當和自然。在西方哲學中，洛克他們講自然法，把自然法等同於人的理性，與中國人的思維方式上最大的不同，就是他們在邏輯上有一個「假設前提」，這就是人的「自然狀態」。

「自然狀態」純粹是一種假設，但卻是邏輯論證上必不可少的「假設」；有了這一「在先」的假設，人性、理性、天賦人權、自然法就可以在論證中「推論而出」。中國人就如羅伯特・菲爾麥爵士一樣講人必然出生在家庭裏，而在家庭裏就必須有服從，服從的就是父親，這裏也講的是一種「自然性」（儘管裏面也不乏假設），但卻是事實上的「在先」。這是兩種完全不同的「在先」。洛克在認識論上講感覺、經驗，但在「政府論」上，卻必須從一種「在先」的邏輯前提出發。不僅如此，洛克反駁羅伯特・菲爾麥爵士的最有力的武器恰恰就是聖經，就是亞當的權力並非來自他是「父親」，而是來自「神授」：「亞當是為上帝的直接權力所創造，或仗著這種權力而開始其存在，不須父母的參與，也不須預先有任何相同種屬的存在把他生養出來，只要上帝願意，

---

[45] 洛克：《政府論・下篇》，第 10 頁、第 77 頁，商務印書館 1983 年版。

他便被創造出來；在他之前，百獸之王的獅子，也是這樣」[46]。這說明，再是「唯物主義」的哲學家，討論到社會、國家、歷史這些問題時，都要有某種「唯心」意義上的「假設」。我們以前講洛克哲學時，不講他的政治哲學，這無形中不但扭曲了洛克，也遮蔽了我們自己的眼界。而且也只有理解了這些人的「唯心」意義上的「假設」前提，才能明白馬克思的歷史觀在什麼意義上也是從一種「唯心」意義上的「假設前提」（比如原始共產主義的公有制）出發並在什麼意義上又是「唯物」（比如歷史運動的最內在的動力在於物質化的生產方式的改變）的。

羅伯特・菲爾麥爵士說人只能出生在家庭裏，這至少強調了人的血緣聯繫；洛克卻把人視為自然狀態下的孤立的個人。僅從這一點上說，洛克不如菲爾麥爵士；但從邏輯論證的結論來看，菲爾麥爵士突出家庭血緣聯繫的目的在王權的天然正當性，而洛克心目中的孤立的人卻享有某種只屬於他個人的權利。對一種理論，我們是看它的出發點（事實的），還是看它最後的結論（邏輯的），這裏面有許多可供我們重新思考的問題。而且我們都知道，無論是血親觀念還是權利意識，其實都以人的社會性存在為前提；

其次，就是洛克區分開社會（也就是他的「自然狀態」，或者理解為人的社會生活本來就存在於自然狀態之中）與國家，這一點將會決定性地影響到以後的馬克思的學說。從洛克和羅伯特・菲爾麥爵士的辯論中就可以看出，當時的社會契約論主要面臨的實際上只有兩個問題，一是從家庭到國家，是否還有一些比如氏族、村落、城市聯盟這樣一些「過渡形式」；二是國民與國家（政府、最高主權者）之間到底是一種什麼樣的關係？洛克就說：「誰都不能把多於自己所有的權力給予他人；凡是不能剝奪自己生命的人，就不能把支配自己生命的權力給予別人。」[47]羅伯特・菲爾麥爵士以家庭的「在先性」反對社會（自

---

[46] 《政府論・上篇》，第 13 頁。
[47] 《政府論・下篇》，第 17 頁。

然狀態），給王權至上和王位世襲作論證；洛克則以社會（自然狀態）的在先性限制國家，認為有無國家社會都會依舊存在；但洛克所理解的社會實際上又不能算作社會（其實也就不是社會，而只是一個假設的「自然狀態」），因為他沒有賦予他的社會（自然狀態）以政治的含義（他把政治的含義歸屬於國家），而一個「無政治的社會」也就談不上「市民」或「公民」的權利意識，這樣的「社會」（單個人的堆積或簡單組合）其實根本就不是社會。正是這一困難，導致黑格爾之前的啟蒙思想家們一般都不區分社會與國家，只把國家視為更高一級的社會形式；黑格爾在《法哲學原理》中正式區分開了家庭──市民社會──國家，市民社會是一個「在經濟市場上一切人反對一切人的角鬥場」，而國家的目的則是為了促進普遍利益，平衡「角鬥場」上的勝利者與失敗者的利益，接濟失去競爭能力的貧困者（，即我們今天所說的「弱勢群體」，這一點談得非常精彩，類似於今日執掌北歐政權的所謂的「第三條道路」的思路）。馬克思直續黑格爾，但給「社會」下了一個正式的定義，認為「對市民社會的解剖應該到政治經濟學中去尋找」，因為只有在人們通過經濟活動而發生的關係中才能理解社會[48]（也正是在這裏，馬克思也給他所理解的「唯物主義」下了一個經典的定義：「不是人們的意識決定人們的存在，相反，是人們的社會存在決定人們的意識」），以此來看，家庭、氏族、家族，乃至城市聯盟都還不能算作「社會」。還是在這篇文章[49]中，馬克思認為「大體說來，亞細亞的、古代的、封建的和現代資產階級的生產方式可以看做是社會經濟形態演進的幾個時代」，認為「無論哪一個社會形態，在它們所能容納的全部生產力發揮出來以前，是決不會滅亡的；而新的更高的生產關係，在它存在的物質條件在舊社會的胎胞裏成熟以前，是決不會出現的。」[50]（注意：這裏涉及到了一個最關緊要的問題，後面還

---

[48] 《選集》第 2 卷，第 82 頁。
[49] 《政治經濟學批判·序言》。
[50] 同上，第 83 頁。

將詳細展開；在這裏，也許我們只須強調這樣一點就已足夠：無論是俄國的十月革命還是我們自己的社會主義革命，都與馬克思在這裏所做出的論斷不同，甚至可以說恰恰相反）

　　從以上的敘述中可以看出，洛克他們的自由主義還停留在很低級的理論狀態，比如認為人的權利是「天賦的」或「在自然狀態中就有的」，這其實與他們作為經驗主義者所強調的「經驗」、「試錯」、「證偽」、「功利」是不相容的；但他們顯然並沒有意識到這一點。僅就這一點而言，倒還是理性主義從一個假設前提出發邏輯地推論出其結論在理論上顯得更為有力。當然，這裏需要爭論的就是有沒有或需要不需要這樣的假設前提。但不管怎麼說，人只能根據自己所意識到的需要、利益與理想來提出相應的要求、作出必要的論證，而論證又總是從某個前提出發的；前提還得需要前提，如此類推，總得有需要假設為自明的前提。這一點其實在今天都已經看得很清楚了。這也是伯林所要說明的一個觀點。這也就等於說，無論是當時的自由主義還是保守主義、民主主義，在當時都是出於自己的需要所建構起來的理論體系，至於誰的理論更為正確，並不取決於理論本身，而是取決於對現實生活的洞察與考量，取決於自己的需要、利益與理想是否體現了時代的需要。當然，「時代的需要」在這裏有些抽象，「絕大多數人的利益」同樣很抽象。那麼怎麼說呢？恐怕只有黑格爾的歷史目的論是當時唯一能讓人接受的一個「假設前提」了。換成我們都熟悉的話，就是「世界潮流」或「歷史前進的方向」。今天的人們還相信這樣一個「假設前提」嗎？這是一個需要向我們自己提出的問題。

　　第三，霍布斯強調的是生命和死亡恐懼，正因為「自然狀態」下的人沒有生命保障，所以才要推舉出一個最高統治者；洛克強調的是財產權，認為「政治權力就是為了規定和保護財產而制定法律的權利」。到黑格爾的「法哲學」（英譯為「The Philosophy of Right」，也就是「權利哲學」），最先開始討論的也是「所有權」。看起來，似乎「生命」高於「財產」，或者說「生命權」比「財產權」更重要，但也正如

黑格爾所說，這裏不能單就「生命」與「財產」的關係來講，而應該就「人」在什麼意義上才成其為「人」而言。黑格爾說，人之為人，就在於他能把他的意志體現在任何物中，其中包括生命：「只有在我願意的時候，我才具有這四肢和生命」；「動物固然佔有自身，它們的靈魂佔有它們的身體，但是動物對它們的生命是沒有權利意識的。」[51]所以從「佔有」、「擁有」的權利意識的角度看，黑格爾就認為「人唯有在所有權中才是作為理性而存在的」；無論是生命還是財產，黑格爾一律視之為表現在「物」上的所有權。人有權把他的意志體現在任何物上；所有的物都可變為人的所有，因為人就是自由意志，「因此每一個人都有權把他的意志變成物，或者物變成他的意志，換句話說，他有權把物揚棄而改變為自己的東西。」[52]

黑格爾在這裏所表達的其實就是典型的資本主義精神和資產階級的「人」的觀念；在這種觀念中，自己的生命和他人的存在都可以作為「物」而被佔有、被交換、被滿足。當然前提就是人的社會性存在。馬克思也正是從這種表達中意識到「需要和滿足需要的手段成了他人的存在，他人的需要是大家彼此滿足的條件」；「總之，各個人藉以進行生產的社會關係，即社會生產關係，是隨著物質生產資料、生產力的變化和發展而變化和發展的。生產關係總和起來就構成為所謂的社會關係，構成為所謂社會，並且是構成為一個處於一定歷史發展階段上的社會，具有獨特的特徵的社會。」[53]

馬克思的思想資源，主要來自德國，包括他的社會政治學說，也與黑格爾的「法哲學」息息相關；但馬克思高於他的同時代人的一個方面，就在於他並不僅僅將自己局限為一位「德意志思想家」，而是最為廣泛地吸納、消化了法國和英國的研究成果，這從他曾在法國、英國居住並從事研究的人生經歷中就可以看出。

---

[51] 《法哲學原理·第 47 節附釋及補充》。
[52] 同上，第 44 節補充。
[53] 《選集》第 1 卷，第 363 頁。

　　所以最後，我們要特別提到法國，提到盧梭的社會契約論。

　　英人約翰・麥克里蘭在他的《西方政治思想史》[54]中關於「社會契約論」曾說了這樣一些對人很有啟發的話：「契約論」的基本思想是「人為構造」；但如果國家是可以「人為構造」的，那麼也就當然可以「根本改造」。所以「契約論」本質上在為社會革命提供著一種論據。黑格爾反對契約論，這與他反對國家革命密不可分。但這只是問題的一個方面；從另一面來看，「自動產生的社會是自由主義的骨幹主題」，這從洛克、哈耶克等人的學說中都可以看出。但如果國家是「自動產生」的，那麼就成了黑格爾，而黑格爾在「法哲學」上的保守性又是盡人皆知的。如何既是「自動產生的」，同時又是可以「根本改造的」，這就是社會契約論所面臨的一種兩難處境。

　　盧梭把「社會如何可能」的問題轉變為「如何使社會更好」的問題：是的，社會（自然狀態）是在先並且美好的，但也如洛克所說，有不完善的地方；如何使之更好？黑格爾想到的是國家的出現，而盧梭想到的則是社會的自治原理，於是就有了道德實體、公正原理、普遍意志這樣一些概念；而政府，只是這些概念的執行機構。當然，作為一個事實上的前提，這個國家的幅員一定要小。但事實上這已不再可能。除此之外，至少邏輯上，盧梭的社會契約論還可以導出這樣一些結論：第一，現代國家並不具有這些概念所要求的正當性，就是說，並不體現他所理解的「普遍意志」；這與黑格爾有近似之處，但黑格爾講的是「自然的邏輯進程」（或「理性的狡計」），而在盧梭這裏，則很可能在「普遍意志」的名義下開展一場反對國家的社會革命；第二，盧梭在大講個人「自由」，認為個人自由「非有即無」的同時，又要講普遍意志，但到底有什麼力量才能防止那種「不如此則無法體現個人自由」的力量假借著「普遍意志」的名義而將其轉化為一種「特殊意志」呢？

---

[54]　約翰・麥克里蘭：《西方政治思想史》，海南出版社，2003 年版。

當我們這樣提問時，說明我們的目光還是集中在「國家」上，集中在權力的歸屬上。

馬克思與眾不同的地方就在於他堅決地把目光從「國家」轉向「社會」；他把「社會」理解為生產關係的總和，把「國家」理解為為了調和社會矛盾而「從社會中產生但又自居於社會之上並且日益同社會脫離的力量」，理解為一種「政治共同體」的「憲法組織」；社會與國家共存，但並不重疊。馬克思在《論猶太人問題》中是這樣說的：

> 在政治國家真正發達的地方，人不僅在思想中，在意識中，而且在現實中，在生活中，都過著雙重的生活——天國的生活和塵世的生活。前一種是政治共同體中的生活，在這個共同體中，人把自己看作社會存在物；後一種是市民社會中的生活，在這個生活中，人作為私人進行活動，把別人看作工具，把自己也降低為工具，成為外力隨意擺佈的玩物。[55]

我們也可以這樣來理解馬克思的想法：人，首先是社會的人，也就是說，人首先作為「私人」過著塵世的生活；也只有這樣的人才是「真實的人」、「本來的人」；把這些人聯結起來的不是政治、憲法，而是市民生活中的經濟活動。從這一基本點出發，馬克思認為社會經濟制度是第一位的，鞏固國家政權的不是政治、憲法，而是最世俗的人的經濟生活、經濟制度。傑出的德國馬克思主義學者亨利希·庫諾在其巨著《馬克思的歷史、社會和國家學說》中說：

> 黑格爾對市民社會中的社會和國家所作的區分為人所接受採用，而上述區分卻在卡爾·馬克思和弗里德里希·恩格斯死後在德國甚囂塵上的庸俗馬克思主義中很少受到注意，雖則馬克

---

[55] 《全集》第 1 卷，第 429 頁。

思的整個社會學說都是以此為支柱，並構成了他的社會學概念的基本組成部分。[56]

而作者所列出的「庸俗馬克思主義者」在社會與國家的關係上的觀點概括起來有這麼幾個方面的表現：第一，為了使馬克思更像一位「唯物論者」，所以有的乾脆把社會定義為「物質生活的機體」，有的則突出強調「只有血親關係才是聯接人類社會的紐帶」；第二，把馬克思康德化，同時也把英國激進的自由主義與馬克思主義混合起來，離開社會的生產關係談論個人的自由與權利，談論個人的全面發展；第三，忽略了馬克思對社會與國家的區分，把個體聯合定義為「外部確立的和具有裁決力的法律、法規下的相互合作狀態」，這實際上還是以「人首先是孤立的個體人」為出發點的；第四，對社會制度與國家制度不加區分，對人權中的「社會權利」與「公民權利」不加區分，如此等等，總之是為了賦予馬克思以更多的革命性而讓馬克思從黑格爾退回到康德乃至盧梭、洛克。

馬克思把社會與國家區分開來是為了強調社會的經濟關係的基礎作用。這是馬克思的原意，這裏面多多少少含有某種「決定論」的味道，就是說，只要社會的經濟關係變了，政治關係及國家制度就會發生變化。然而又正如作者所說：

> 一個國家的成員可能處於完全不同的經濟方式的物質相互關係之中，換句話說：國家成員的一部分按其經濟發展階段來說，可能屬於現代資本主義社會，而另一部分則處於封建的或原始的——自然經濟的社會狀態之中。

反過來，當時的一些社會民主黨人又認為先應該把國家政權拿到手，然後再改變社會的經濟制度。[57]在作者看來，這都不是馬克思的觀點。

---

[56] 庫諾：《馬克思的歷史、社會和國家學說》，第 255 頁，上海世紀出版集團 2006 年版。

不是馬克思的觀點，但又在「馬克思主義」的旗幟下取得了成功，這就是俄國十月革命所提出的問題；當然，這已不僅僅是一個理論問題了，也許只有用黑格爾的「理性的狡計」才能搪塞過去。

黑格爾是反對「社會契約論」的，他在《法哲學原理》中說：

> 國家制度不是單純被製造出來的東西，它是多少世紀以來的作品，它是理念，是理性東西的意識，只要這一意識已在某一民族中獲得了發展。因此，沒有一種國家制度是單由主體製造出來的。拿破崙所給與西班牙人的國家制度，比他們以前所有的都更為合乎理性，但是它畢竟顯得對他們格格不入，結果碰了釘子而回頭，這是因為他們還沒有被教化到這樣高的水平。

他自己並不使用諸如「自然狀態」這樣一些概念，而是用他在《精神現象學》中所論述的「主奴關係」來解釋「社會」種人與人之關係的起源和歷史發展的動力。

他的論證邏輯大體上來說是這樣的：自我有慾望，或者說「自我意識就是慾望」；這慾望表現為消滅獨立存在的對象（比如佔有、吃掉等等）；然而對象還在，自我發現靠自己消滅不了它，於是寄希望於對象自己否定自己──這其實也就是對象的「本性」，因為對象之為對象，「它潛在地是否定性的東西」（可以理解為對象生來就是為了被否定的，也正因為它具有自我否定性，所以它才是獨立的，這裏面講的是一種相互性，即互為對象，為對方而存在），「自我意識只有在一個別的自我意識裏才能獲得它的滿足」；「這裏所談的是一個自我意識對一個自我意識」的問題，也就是說，精神存在於相互差異、各個獨立的自我意識的「統一性」中，黑格爾說：「我就是我們」（這是他對人的社會性存在的經典解釋）；但在達到這種統一性（相互承認）之前，先要有這樣一個辯證發展的過程，即第一，揚棄對方的獨立存在，以

---

57 參見該書第 246、260 頁的論述。

便確信自己的獨立存在；第二，揚棄它自己本身，因為它會發現這個
對方就是它自己本身。主奴關係就是在這一意義上談到的。黑格爾說，
在戰爭與征服中，總有「恐懼」（死亡恐懼、對絕對主人的恐懼）的一
方，於是成為奴隸（這裏的死亡恐懼讓人想到霍布斯的學說），而主人，
則通過奴隸間接地享受到了「物」（直接與物打交道的是奴隸）。這就
是對財富的佔有（這又讓人想到了洛克的學說），但這種佔有又是經過
奴隸們對「物」的「加工改造」而實現的。這一切，看起來黑格爾講
的是精神在揚棄對方（也就是揚棄自身）中所實現的對立雙方的同一
性，但實際上所揭示的又是資本主義的社會現實，特別是當黑格爾說
道：奴隸之為奴隸，就是因為「他在鬥爭中未能掙脫鎖鏈並且證明瞭
他自己不是獨立的」時，我們馬上就會聯想到馬克思、恩格斯在《共
產黨宣言》的最後所向全世界無產者發出的呼籲：「無產者在這個革命
中失去的只是鎖鏈，他們獲得的將是整個世界。」

　　可惜他們兩個人都沒有以最明確地方式說明與「無產者」同時獲
得這個世界的，也還有資產者，否則，精神就並未實現它的統一性，
獲得了整個世界的「無產者」仍會在「對方」「為承認而進行的鬥爭」
中「自我揚棄」或「自我否定」。但與此相類似的意思在《共產黨宣言》
中已經有了：

> 　　如果說無產階級在反對資產階級的鬥爭中一定要聯合為階
> 級，如果說它通過革命使自己成為統治階級，並以統治階級的
> 資格用暴力消滅舊的生產關係，那麼它在消滅這種生產關係的
> 同時，也就消滅了階級對立和階級本身的存在條件，從而消滅
> 了它自己這個階級的統治。[58]

　　當然，這裏的意思還是與黑格爾有些不一樣：黑格爾說的是在相
互承認中實現精神的統一性，根據在於對立雙方的自身都具有自我否

---

[58] 《選集》第 1 卷，第 273 頁。

定性；馬克思則說的是這種自我否定性來自於其存在所依賴的生產關係，當這種生產關係不復存在時，也就沒有了「階級對立和階級本身的存在條件」。

到底導致馬克思與黑格爾分道揚鑣的關節點在哪裡？起碼，有這樣兩點是可以肯定的：第一，黑格爾認為，在國家出現前的社會狀態中，慢慢形成的財產和等級差別為「強者」（主人）提供了對「弱者」（奴隸）實施統治的機構，這就是國家的出現，而「強者」之所以成為「強者」，又由於他們是戰爭中的「征服者」或「勝利者」；但在馬克思看來，國家是隨著經濟的發展、在並不需要多少「暴力」的基礎上自然而然產生的，就是說，階級的分化是一個經濟發展的「自然結果」。按照黑格爾，與「主奴關係」相伴隨的，始終有著「暴力」；但在馬克思看來，只要解決了經濟發展中的階級分化（這與所有制問題密不可分），「主奴關係」問題自然也就不復存在；第二，就是在黑格爾的心目中，「國家是絕對自在自為的理性東西，因為它是實體性意志的現實，它在被提升到普遍性的特殊自我意識中具有這種現實性。」[59]但在馬克思的經歷中，英國革命、法國革命、1848年歐洲革命、特別是經過「路易·波拿巴的霧月十八日」和巴黎公社，馬克思已經對在國家政權身上所體現出來的政治強權充滿的政治仇恨，一心想把社會從「國家」手中解放出來，這時候的國家就已不再是黑格爾所說的「倫理的現實」，而成為階級統治的工具。馬克思在國家觀念上的根本轉變也導致了這樣一個理論問題：如果說國家只是社會經濟發展的必然結果，而且國家制度主要是維護和貫徹社會的經濟制度的話（這是馬克思的一貫觀點），那麼對階級統治負有罪責的就不應該是國家而應該是社會；「如果同時又認為國家根本不是這些階級出現的自然後果那就特別顯得不合邏輯。」[60]庫諾還進一步指出，馬克思在《道德化的批判

---

[59] 《法哲學原理·第 258 節》。
[60] 《馬克思的歷史、社會和國家學說》，第 311 頁。

和批判化的道德》中一直認為社會的「非正義」並不是資產階級國家
造成的，而是植根於社會的生產關係之中；所以這些「非正義」的社
會現象也不能通過政治上的勝利、國家政權的改變而改變；但後來，
在國家政權的鎮壓活動中，馬克思就改變了自己的觀點，認為首先應
該把社會從國家政權手中解放出來，或如他在《法蘭西內戰》中所說
的那樣：

> 巴黎工人階級所要打倒的就是國家政權的這種最後和最淫賤
> 的形式」，「用最簡單的概念來說，公社意味著在舊政府機器的
> 中心所在地———巴黎和法國其他大城市———初步破壞這個機
> 器，代之以真正的自治。[61]

　　庫諾說，其實在馬克思還活著的時候，國家政權除了「鎮壓」這
一職能之外，已經開始有了新的任務和職能，而且這些職能就恰恰集
中在馬克思最應該關注的經濟發展的基礎上，比如中小企業逐步為大
企業所吞併，大的股份公司和資本聯合取代了獨資經營的自由商品，
如康采恩、利益共同體、辛迪加、托拉斯等等，這些生產形式一方面
使得企業的真正的領導權和佔有權相分離，完成了財產佔有者與其財
產的分離；另一方面企業的財產與經營也就常常具有了一種社會公共
服務的性質，比如私人鐵路和有軌電車、運輸、劇院經營、發電廠等
等。這些發生在社會經濟生產中的變化也使得國家政權的性質和職能
發生了變化，如新的監督機構和管理部門的出現，如國家為了反對自
由競爭而漸漸把一些大企業（郵電、鐵路、運河、礦山、軍工生產等
等）掌握在自己手中，所有這一切，都使得國家政權從一個職能國家
轉變為管理國家，變成了一個巨大的經濟共同體，「國家可以說是成為
了一個包羅了所有國家成員的所有經濟活動的巨大的生活框架，任何

---

[61]　《選集》第二卷，第 437 頁。

一個人都成了其中的一分子，都在被推向前進。」[62]所有這些變化，其實就發生在馬克思的眼皮底下，然而出於政治仇恨，他們依然想的是奪取國家權力、打碎或改造國家，使社會職能取代國家職能這樣一個問題。庫諾把這整個一小節乾脆就取名為「馬克思反對馬克思」。

弗蘭西斯‧福山和阿克塞爾‧霍耐特分別在《歷史的終結》與《為承認而鬥爭》中講到了黑格爾關於「主奴關係」的論述；當然，講得最多的還是前面提到的科耶夫。他們都說明瞭真正使人獲得滿足的從來就不是豐富的物質生活，而是對其地位（成就）和尊嚴（人格）的承認。當然，按照這個邏輯，當驅動歷史車輪的慾望──為承認而進行的鬥爭──在一個實現了普遍認可和相互承認的社會中得到了滿足時，也就沒有任何人類社會制度可以更好地滿足這種「為承認而鬥爭」的慾望了，因此歷史也就走到了盡頭（福山 語）。但霍耐特並不僅限於此。他從哲學的基本假設（比如有關自然狀態的討論）出發，不僅討論了在黑格爾那裏的「承認的三種形式」（愛、法律和團結），而且以米德的社會心理學為依託，討論了與這三種承認形式相反的三種蔑視形式（強暴、剝奪權利和侮辱），認為其中的每一種蔑視形式都是激發社會衝突的行為動機。

我在這裏提到這些事，是因為當奴隸們為失去鎖鏈而鬥爭時，那種強暴、剝奪權利和侮辱似乎就成了一種完全正當的行為；而這一切，導致的又只能是又一輪潛伏或公開的「為承認而鬥爭」。這裏面有一種惡性的循環，它絕對不是黑格爾的辯證法，但反過來看，難道「歷史的終結」真的就是一個必然的結論嗎？

所以，「唯物史觀」的要害應該集中在馬克思的歷史觀上。

---

[62] 同上，第 318 頁。

第四章

馬克思的唯物史觀（下）

　　任何時候，我們總是要在生產條件的所有者同直接生產者的直接關係——這種關係的任何形式總是自然地同勞動方式和勞動社會生產力的一定的發展階段相適應——當中，為整個社會結構，從而也為主權和依附關係的政治形式，總之，為任何當時的獨特的國家形式，找出最深的秘密，找出隱蔽的基礎。不過，這並不妨礙相同的經濟基礎——按主要條件來說相同——可以由於無數不同的經驗的事實，自然條件，種族關係，各種從外部發生作用的歷史影響等等，而在現象上顯示出無窮無盡的變異和程度差別，這些變異和程度差別只有通過對這些經驗所提供的事實進行分析才可以理解。

——馬克思，《資本論》第三卷

卡爾‧馬克思與燕妮‧馮‧威斯特華倫於 1843 年 6 月 21 日結婚，婚後在燕妮的母親和弟弟的陪同下作了一次新婚旅行，路線是：克羅茨納赫──愛貝爾堡──普法爾茨──巴登─巴登──克羅茨納赫；旅行中，馬克思所閱讀的書籍集中在對黑格爾《法哲學原理》從第 261 節到 313 節的重新思考上；而這一思考所連帶的，就是在歷史中「社會形態」（一個說明市民社會與國家間關係的概念）的變遷。馬克思一共記有五本筆記，注明的日期是 1843 年 7-8 月，標題為《克羅茨納赫筆記》；其核心思想就體現在《馬克思恩格斯全集‧第 1 卷》中的《黑格爾法哲學批判》中，又稱《1843 年手稿》。

這裏有這樣三個問題需要引起我們的注意：第一，按照前蘇聯出版的《馬克思的青年時代》[1]一書的作者尼‧拉賓的說法，馬克思認為《法哲學原理》的全部的神秘之處就集中在第 262 節上，因為正是在這一節裏，黑格爾說：

> 現實的理念，即精神，把自己分為自己概念的兩個理想性的領域，分為家庭和市民社會，即分為自己的有限性的兩個領域，目的是要超出這兩個領域的理想性而成為自為的無限的現實精神，於是這種精神便把自己這種有限的現實性的材料分配給上述兩個領域，把所有的個人當作群體來分配，這樣，對於單個人來說，這種分配就是以情勢、任性和本身使命的親自選擇為仲介的。

神秘的地方就體現為黑格爾在這裏成功地把「神的意志」（現實的理念即精神）與作為群體的個人的親自選擇變成了一個在歷史中共同實現的過程。

第二，拉賓說，馬克思對《法哲學原理》中從 303 節到 306 節的「每一個字」都進行了詳盡的分析[2]；在看完後面以後再回過頭來重新

---

[1] 尼‧拉賓：《馬克思的青年時代》北京三聯書店 1982 年版。
[2] 該書第 169 頁。

研究第 303 節，因為黑格爾在這一節中告訴我們，私人等級（不在政府中供職的等級）又分為兩個等級，其中一個建立在實體性關係上（參預普遍事物），另一個則建立在特殊需要和以這些特殊需要為仲介的勞動上；黑格爾在這裏所強調的是：（在議會中）參預普遍事物（其實也就是立法、投票）的每個人儘管是以單個人的形式表現出來（自己只投自己的票），但卻只能是「某種普遍物的代表成員」而不能是作為單個人的一種「群體」，因為這樣的「群體」，「他們的行動完全是自發的、無理性的、野蠻的、恐怖的」，這樣的「群體」，也就是 黑格爾所謂的「人民」。這裏有著黑格爾對法國大革命的深刻反思，也是馬克思所絕對不能贊同的一種觀點。但從人的類本質出發，又完全可以得出一種「集體主義」的結論；當然，如何使這裏的「集體」成為一個「有機體」，一直就是馬克思在理論和實踐中所尋找的東西。

最後，就是恩格斯對馬克思《1843 年手稿》的一個評語：

> 馬克思從黑格爾的法哲學出發，結果得出這樣一種見解：要獲得理解人類歷史發展過程的鎖鏈，不應當到被黑格爾描繪成「整個大廈的棟樑」的國家中尋找，而應當到黑格爾所輕蔑的「市民社會」中去尋找。[3]

依據這一點，馬克思心目中就有了「古代社會」（人民與國家之間的實體性的統一）、「中世紀社會」（國家的職能喪失了社會職能的性質，變成了某個等級的特權）、「現代社會」（等級成為私人要素，私人等級與國家相對立，國家與市民社會相互異化）和「未來的民主社會」（全民利益不僅是國家原則，也是整個社會生活的原則）的劃分；用馬克思自己的話來說，就是在「古代社會」，「希臘人的市民社會只是政治社會的奴隸」；在「中世紀」，市民社會的原則也就是國家的原則，但這裏的市民社會的成員卻並不是「古代社會」的「自由人」，而是「不

---

[3]　《全集》第 1 卷，第 721-722 頁，注釋 91。

自由的人」，因為國家與市民社會都已經喪失了其「全民普遍利益」性質；「現代社會」，按馬克思的說法，是「官僚政治是一個誰也逃不出的圈子。它的等級制是知識的等級制。上層在各種細小問題的知識方面依靠下層，下層則在有關普遍物的理解方面信賴上層，結果彼此都使對方陷入迷途」；關於「未來的民主制」，馬克思說，「在民主制中，不是人為法律而存在，而是法律為人而存在；在這裏人的存在就是法律，而在國家制度的其他形式中，人卻是法律規定的存在。民主制的基本特定就是這樣。」[4]

所以，我們完全有理由說，馬克思的歷史觀基本上也來自於對黑格爾的《法哲學原理》的改造；這種改造，就是一種顛倒，或用馬克思自己的話來說，就是要把「彼岸之物」改換成「此岸之物」：

> 在人民生活的各個環節中，政治國家即國家制度的形成是經歷了最大的困難的。對其他領域來說，它是作為普遍理性、作為彼岸之物而發展起來的。[5]

那麼在馬克思心目中，「作為此岸之物而發展起來的」，就只是人的市民社會。

黑格爾重視的是「彼岸」的政治國家，馬克思重視的是「此岸」的市民社會，這就是二人的根本區別。到葛蘭西，面對國家這個「自居於社會之上並且日益同社會脫離的力量」（馬克思在《法蘭西內戰》中把國家說成是凌駕於市民社會之上的中央集權的國家機器），面對法西斯政權對這一點的繼承，他又重新回到黑格爾，認為國家是一個理性社會的產物；只有在這樣的國家中，人們才能過上一種合乎理性、也就是合乎自然的生活。與此相適應，市民社會也就不再屬於經濟基礎，而是屬於上層建築，即包含著整個意識形態和文化關係的「市民

---

4 分別參見《全集》第 1 卷，第 285、302、283 頁，同時參見《馬克思的青年時代》第 162-166 頁。
5 《全集》第 1 卷，第 283 頁。

生活」；這不僅使政治披上了文化的外衣，而且從知識份子的身上，也最能顯現出政治社會與市民社會的關係[6]。

　　再到後來，在「回到黑格爾」把「市民社會」作為一個與「政治社會」相比較（也就是相區分），同時又發現「政治社會」（如國家）並不能如黑格爾所願成為客觀自由（普遍性的實體性意志）與主觀自由（個人追求特殊目的的意志）的統一這一前提下，如查理斯・泰勒所說，「市民社會」這一概念就成為了自下而上地創建獨立的而不是受國家督導的社會生活方式的綱領：

> 例如，在 80 年代初期，這就是波蘭團結工會運動中的主流思想。但是，還有一個廣為流傳的信念，即認為社會的這種獨立性不僅是對抗暴政的一個必要的解救辦法，還應該是民主波蘭的一個重要特徵。……與此同時，這一概念在西方也獨立地盛行起來。

　　他把「市民社會」的概念區分為三個層次：（1）就最低限度的含義而言，只要存在不受制於國家權力支配的自由社團，市民社會便存在了；（2）就較為嚴格的含義來說，只有當整個社會能夠通過那些不受國家支配的社團來建構自身並協調其行為時，市民社會才存在；（3）作為對第二種含義的替代或補充，當這些社團能夠有效地決定或影響國家政策之方向時，我們便可稱之為市民社會。在做出這樣的區分之後，泰勒說，「列寧式的統治下」也存在著某種意義上的市民社會，但那嚮往的只是第一種含義下的市民社會；而在西方的政治理論中，不僅包含著第二種含義的市民社會，有時也包含了第三種含義[7]。

　　當然，這些都是後話。

6　參見「意」薩爾沃・烏斯泰羅內主編的《一個未完成的政治思索：葛蘭西的《獄中扎記》・引言》，社會科學文獻出版社 2000 年版。

7　泰勒：《市民社會的模式》，載《國家與市民社會──一種社會理論的研究路徑》，第 5-6 頁，中央編譯出版社 1999 年版。

起先看來，市民社會中的人的基本關係就是經濟關係。黑格爾說，「利己的目的，就在它的受普遍性制約的實現中建立起在一切方面相互依賴的制度。」[8]但馬克思並不滿足於用「利己的目的」加以說明，他必須尋找到在「利己的目的」後面更深層次的體現在市民社會中生產與再生產的經濟關係。而目的，則在於最終說明「政治制度」是如何從「市民社會」中生長出來並最終「自居於社會之上」的。

第一節　政治國家的此岸化
──「邏輯」還是「事實」？

讀馬克思三大卷的《資本論》是一件需要極大勇氣的事情；如果不是為了寫這本書，我相信我是不會下功夫去讀它的。

就是去讀，那些涉及計算和公式的地方（如絕對剩餘價值和相對剩餘價值、勞動力價格和剩餘價值的量的變化以及計算剩餘價值率的各種公式，還有貨幣資本的循環、生產資本的循環等等）也一概不看，看了也看不懂。人其實只能在自己看得懂的東西上加深理解，看不懂的（儲備不夠或其他原因），看也是白看。

除過這些章節，在讀完以後，又真的發現問題其實並不複雜（這當然也只是相對於自己所能看得懂的東西而言的）；而且我也更加確信，以前的我們之所以對《資本論》有著種種「誤解」，主要原因還是不懂黑格爾；或者說，由於一開始就對黑格爾有了種種偏見（唯心主義、普魯士的衛道士、官方哲學家等等），致使我們未能通過黑格爾的「方法」而發現《資本論》的「秘密」。

首先一個問題，就是彼岸與此岸的「二重化」。

---

[8]　《法哲學原理・第 183 節》。

　　這種二重化，說到底也就是思想（精神世界）與世界（現實世界）的二重化，這種二重化是我們每個人都能感受得到的；如果我們就把「世界」理解為「現實世界」，那麼這種二重化也就是精神或思想與現實或世界的二重化。

　　我們每個人都同時生活於這樣一個二重化了的空間之中。

　　彼岸與此岸的「二重化」，天國與塵世、善與惡、天使與魔鬼的決戰本是宗教用語，特別隱含在「靈知思維」的「救世論」中。馬克思在這裏把它改換為「個人生活與類生活、市民社會生活與政治生活的二元性」，改換為利己的、獨立的、市民社會的個人和「變成公民」的「法人」二元化；他喜歡用「彼岸世界的真理消失以後，歷史的任務就是確立此岸世界的真理」這樣的用語；而且他也相信人同時過著「天國的生活」與「塵世的生活」這樣一種「雙重生活」。然後在此基礎上，馬克思再區分開了一系列的「二重性」。其中「家」（也許馬克思認為人類社會生活的最初形式並不是家庭，而是一種類似於家庭集團的群體生活）與「國」（恩格斯說，當氏族組織變成了地區組織以後，才能與國家相適應[9]）、「身」（馬克思理解為「社會」）與「心」（那麼「心」就是相對於「社會」這個「身」而言的「細胞」，即「商品」）的傳統二元論的概念雖說退隱到了幕後，但卻依舊起著作用。亨利希·庫諾在他的《馬克思的歷史、社會與國家學說》中認為恩格斯關於人類從家庭公社形式發展為國家的說法受到的詰難最多，「這一領域也確實是馬克思主義社會學說中最為薄弱的部分」[10]，一個最為明顯的例證，就是恩格斯在《家庭、私有制和國家的起源》中認為只要存在著群婚現象，那麼世系就只能從母親方面來確定；於是就「把這種只從母親方面確認世系的情況和隨著時間的進展而由此發展起來的繼承關係叫做母權制」[11]。當恩格斯這樣說時，他顯然已經忘記了「社會制度取

9　《選集》第 4 卷，第 148 頁。

10　該書第 448 頁。

11　《選集》第 4 卷，第 37 頁。

決於經濟發展水平」、「母權家庭機構和一定的經濟形態有著直接關係」這一「馬克思主義」的基本觀點。

就「塵世生活」（市民社會的生活）中的人而言，這是一些「從事活動的、進行物質生產的，因而是在一定的物質的、不受他們任意支配的界限、前提和條件下能動地表現自己」[12]的人。

然而這種「進行物質生產的」活動本身又具有一種「二重性」：抽象的勞動與具體的勞動。馬克思在寫給恩格斯的一封關於《資本論》的信中說：

> 我的書最好的地方是：（1）在第一章就著重指出了按不同情況表現為使用價值或交換價值的勞動的二重性（這是對事實的全部理解的基礎）；（2）研究剩餘價值……[13]。

馬克思認為他的《資本論》一書最好的地方就是通過勞動的二重性（抽象的人類勞動與具體的有用勞動）來說明價值的二重性（商品的價值與使用價值）[14]；他自己很得意地說：「商品中包含的勞動的這種二重性，是首先由我批判地證明瞭的。這一點是理解政治經濟學的樞紐」[15]。

其實，說出「抽象的人類勞動與具體的有用勞動」與「商品的價值與使用價值」，在傳統哲學的形而上學中，也就等於說出了「事物本身」（勞動本身，勞動力在生理學意義上的耗費）與其「屬性」（勞動力在特殊的有一定目的的形式上的耗費）；當然，馬克思在這裏把「事物本身」變成了具體的「物」（比如商品），而將其「屬性」改變為能「滿足人的某種需要」的方面（馬克思的原話是：「商品首先是一個外界的對象，一個靠自己的屬性來滿足人的某種需要的物。」[16]）

12　《選集》第 1 卷，第 29 頁。
13　《全集》第 31 卷，第 331 頁。
14　《資本論》第 1 卷，第 60 頁，人民出版社 1975 年版。
15　同上，第 55 頁。
16　《資本論》第 1 卷第 1 章開始處。

　　但指出這一點的意欲到底何在呢？

　　我們在研讀馬克思的著作時，心裏應該有這樣「一對矛盾」，這就是馬克思是一個極為關注政治的人（黑格爾自己也說過：「我一向對政治有一種偏愛」），這從「青年黑格爾派」的形成就能看出；所以他在接受了費爾巴哈的人本主義的唯物主義（人類學的根）的同時，也譴責費爾巴哈過於關注人的自然而忽略了人的政治（其實這裏面就有了「塵世的人」與「天國的人」之分）；但馬克思的基本觀念又是認為政治屬於上層建築，上層建築的變化取決於經濟基礎的變化。那麼，政治（國家）到底是屬於「塵世」（此岸）的還是屬於「天國」（彼岸）的？在黑格爾，這一點很清楚，因為他把國家視為一個「倫理理念的現實」；也就是說，國家不同於市民社會（不屬於塵世），當然也不屬於「天國」，因為「宗教對於一切人來說都是真理，這個信念必須以精神的見證為根據，而這個出來作證的精神就是人裏面的精神」[17]。正因為國家是中立的而且高於宗教（許多人據此認為黑格爾是一個無神論者、泛神論者，是第一個說出「上帝死了」的人），所以才能起到調節市民社會中由於個人自利原則而引發的各種矛盾，起到一個普及教育、救濟貧民，同時又能在緩解衝突中壓制下層民眾的反抗的作用。

　　馬克思對這種視國家為「中立機構」的觀點是極為不滿的，因為國家事實上只能站在統治者一邊，這也就是沙拉敘馬霍斯最早在與蘇格拉底辯論時所說的那句話：國家的正義就只是強者的利益。馬克思是相信這句話的。

　　後來的人也許更願意相信國家偏袒強者，宗教則偏袒弱者；但在馬克思那個時代，一方面，政治、經濟、國家都可以視為塵世的內容，反對的是宗教這一天國的內容；另一方面，政治（連同它的集中表現即國家）又可視為與人的最為塵世的經濟生活相對立的天國生活（即

---

[17] 黑格爾：《精神哲學》，第 384 頁，楊祖陶譯，人民出版社 2006 年版。

連同宗教在內的意識形態與上層建築，馬克思稱之為「它是作為普遍理性、作為彼岸之物而發展起來的」）。

在不同的語境中，馬克思其實把這兩種不同的意思都表達過。

一般而言，「塵世」也就是「基礎」的意思；但這裏的「基礎」有兩解：一是指人類生活的「世俗基礎」，即「為了生活，首先就需要衣、食、住以及其他東西」；二是指不同社會的不同的經濟基礎，即馬克思在《資本論》第 2 卷中所說的「勞動者和生產資料的結合方式」[18]。

不管怎麼說，馬克思最基本的、也是最為人所知的意思就是：國家從社會中產生而又自居於社會之上，不但日益與社會相脫離，而且體現著特殊利益集團的利益，只會越來越成為社會發展的阻力；這一點，在風起雲湧的革命浪潮中尤其醒目。這裏的一個不言而喻的前提就是社會（塵世）與國家（天國）的兩分法。

在這二者的關係中，國家是社會的政治制度，是以法的形式把社會的習俗、法規的固定化；所謂政治生活即圍繞著國家權力和政治制度所開展的鬥爭；所以社會制度是國家制度的基礎，但又決不能將這二者混為一談，正如意識形態並不直接依賴於經濟方式一樣，國家的政治制度也並非由社會制度所決定，因為它是一種「從社會中產生但又自居於社會之上並且日益同社會脫離的力量。」

為了強調社會（馬克思並不把任何共同體都視為「社會」，而是認為只有處於某種經濟的利益關係中的群體才是社會）的基礎作用，馬克思既不用康德的「人的不合群的社會性」來解釋人的社會傾向與分離傾向，不採用任何社會契約論的觀點，也不同於黑格爾的主奴關係學說，而是寧願把國家的產生解釋為一個隨經濟發展而出現的階級分化的「自然過程」。但庫諾在他的書中說，「羅馬國家並不是產生於羅馬原始居民經濟上的分化，而是部落對部落的征服與奴役的結果。」（《馬克思的歷史、社會與國家學說，第 289 頁》）當然，在我們中國

---

[18] 第 44 頁。

的歷史上，不同朝代（比如元代、清代）的出現也與經濟發展中的「自然進程」無關。關於羅馬國家的起源問題，恩格斯後來在《家庭、私有制和國家的起源》中已有所更正和說明（比如認為只有雅典才是最純粹、最典型的形式）。[19]

讀《資本論》，可以強烈感受到馬克思是所有「青年黑格爾派」中唯一的一個「體系化」了的哲學家（而他們當初都是從反對「體系化」的建構而開始反叛黑格爾的），這種「體系化」也可以理解為一種「總體化」了的思維方式，即把社會視為一個總體，然後把所有的社會現象都視為這一統一的「總體」的「屬性」、「顯現」或「因素」。

> 因此，對馬克思主義來說，歸根結底就沒有什麼獨立的法學、政治經濟學、歷史科學等等，而只有一門唯一的、統一的——歷史的和辯證的——關於社會（作為總體）發展的科學。[20]

馬克思把黑格爾對精神現象的研究變成了對社會現象的研究，把《邏輯學》的內容變成了一門有關具體學科的研究內容；把一個完全抽象的問題變成了一個具體的問題，但這又是一個同樣在觀念中經歷了「從抽象達到具體」的思維過程的「具體問題」。

馬克思之所以要講人的生活的二重性和勞動的二重性，就在於想揭示出「抽象」是如何達到「具體」的這樣一個道理；因為所謂的「二重性」，就講的是抽象與具體的關係，換成馬克思自己的話，也可以理解為經濟的「細胞」（形式）與發育成熟了的「身體」（質料）的關係。[21]

在具體與抽象的關係上一般來說存在著這樣四種情況：觀念上從概念的「抽象」達到「具體」，這時的「具體」是作為思維的「結果」而呈現在人的思維中；感性的「具體」，這時的「具體」被理解為認識

---

[19] 《選集》第 4 卷，第 165 頁。
[20] 《歷史與階級意識》，第 77 頁。
[21] 第 1 版序言。

活動的起點，因為我們不能不從我們的感性活動出發；歷史的運動成了一個概念從「抽象」達到「具體」的過程；在認識活動中從感性的「具體」上升為概念的「抽象」，即所謂的從感性到理性。

我們也可以把這四種情況歸結為以黑格爾為代表的兩種情況和以康德為代表的兩種情況。黑格爾所強調的是（絕對精神從抽象出發最後所達到的）概念的具體和歷史的具體實現；康德（至少在《純粹理性批判》中）強調的是（認識活動所藉以開始的）感性的具體和（最後所達到的）現象的抽象（形式）。康德的話就在《純粹理性批判‧先驗感性論》的一開始：

> 通過我們被對象所刺激的方式來獲得表像的這種能力（接受能力），就叫做感性。所以，借助於感性，對象被給予我們，且只有感性才給我們提供出直觀；但這些直觀通過知性而被思維，而從知性產生出概念。……在現象中，我把那與感覺相應的東西稱之為現象的質料，而把那種使得現象的雜多能在某種關係中得到整理的東西稱之為現象的形式。[22]

康德在這裏把感性、知性（亦可理解為理智）、理性加以區分；但這種區分絕不僅限於「認識論」，因為康德最後所要解決的就是知性與理性間的關係；而這二者的關係，說到底又是一個《純粹理性批判》與《實踐理性批判》的關係問題，是一個知識與信仰、認識活動與道德行為之間的關係問題，而其核心，則交織在有關「自在之物」的理解上。漢娜‧阿倫特在《精神生活‧思維》中說，康德對理智與理性所做的區分，「其意義比他自己認識到的更為深刻，甚至完全不同。」在認識活動中，思維只是為了達到目的的手段；而在道德行為中，思維則是一種「來自理性的本質」並為了理性自身的活動。她還引用埃里克‧韋伊（Eric Weil）在《思維和認識，信仰和自在之物》中的話

---

[22] 《純粹理性批判》，鄧曉芒譯本，第25-26頁，人民出版社2004年版。

說，「康德哲學的最後基礎必然能在他關於人的理論，在哲學人類學中，而不是在認識論中……被找到」；阿倫特說，「那些把《純粹理性批判》解讀為一種認識論的人似乎完全不知道該書的結論性章節」。[23]

馬克思顯然也不會把他的注意力集中在認識論問題上。他的「總體」也就是「具體」，即「許多規定的綜合，多樣性的統一」；他在《政治經濟學批判導言》中說，現實「在思維中表現為綜合的過程，表現為結果，而不是表現為起點，雖然它是真正的起點，因而也是直觀和表像的起點」。[24]馬克思在這裏實際上是對在康德與黑格爾那裏的有關「具體」與「抽象」（起點與結果）之爭的一個總結，而且這種總結是站在黑格爾的立場上的。認識論問題討論的是我們的認識活動之「可能性條件」，目的在於克服主體與客體（認識對象）之間的分裂。但在馬克思看來，克服這種分裂的途徑並不是一個認識論的話題，當然也不是黑格爾的「絕對精神」在自我揚棄中的「合題」，而應該從人的「此岸生活」，即社會生產形式入手。問題在於，這種「入手」應該從「在思維中表現為結果」的「具體」即「商品」開始，而不是現實生活中的直觀與表像。

於是我們就發現，馬克思區分商品、勞動、資本的二重性，其實是為了首先確立一種討論「現實生活中的直觀與表像」的「邏輯起點」。這個「邏輯起點」一定是觀念性的存在。所以在《資本論》一書中，馬克思總是從「定義」開始自己的論證的；無論是商品、勞動、資本，還是機器、價格、工資，在馬克思那裏都不是「現實生活中的直觀與表像」，而是概念及其定義中的相互聯繫。

讀《資本論》的感覺與讀馬克思的其他著作的感覺完全不同，因為這是一本真正的理論性著作，它講求的是邏輯上的嚴整，體現出

---

[23] 參見《精神生活・思維》，第 69 頁及該頁的注釋 2。
[24] 《全集》第 12 卷，第 751 頁。

的也是邏輯上的力量；儘管並不缺少事實上的例證，但馬克思的意圖始終集中在「這些以鐵的必然性發生作用並且正在實現的趨勢」上。[25]

所以馬克思也才在《資本論》的「第一版序言」中說，在分析經濟形式中，代替顯微鏡和化學試劑的是一種「抽象力」；並在「第二版跋」中格外強調了他是黑格爾「這位大思想家的學生」；強調了「敘述方法與研究方法是完全不同的」，敘述的對像是現實的運動，或者說是「作為他的出發點和根據的事實」；而研究的對象則是這種現實運動的「形式」，是形式間的聯繫與規律；只有完成了這一「形式上的」研究，現實的運動與本來就是出發點的事實才能得到說明，或者說，「現實的運動才能適當地敘述出來。」[26]把這一點說得更明確些，就是在馬克思看來，這裏有一個「從抽象上升到具體」的方法，所要把握的是「特殊對象的特殊邏輯」[27]。請注意，這裏所講的一直就是事物間的邏輯關係，它的出發點就應該是有關「特殊對象」的抽象的形式或觀念。這是我們的教科書在大講「唯物主義反映論」時所完全不能理解的一個關節點。馬克思對此說過很多類似的話，比如在《資本論》中就告訴我們「最蹩腳的建築師從一開始就比最靈巧的蜜蜂高明的地方，是他在用蜂蠟建築蜂房以前，已經在自己的頭腦裏把它建成了。勞動過程結束時得到的結果，在這個過程開始時就已經在勞動者的表像中存在著，即已經觀念地存在著。」[28]他在同一個地方還強調所謂勞動的簡單要素，首先就是「有目的的活動或勞動本身」。目的、觀念、本身，都是一些隻作為觀念而存在著的「邏輯分析」的要素，也是辯證法的要素。

我們再舉一個具體的例子：在《資本論》第一卷中，馬克思說：

---

[25] 《資本論・第一版序言》。

[26] 同上。

[27] 《全集》第 1 卷，第 359 頁。

[28] 《資本論》第 1 卷，第 202 頁。

> 所有發達的機器都由三個本質上不同的部分組成：發動機，傳
> 動機構，工具機或工作機。[29]

　　所有的變化都發生在「工具機或工作機」上；「工具機或工作機」就是機器的最後的「結果」，比如我們看到的就是火車代替了馬車、聯合收割機代替了人力收割的鐮刀，等等。所以如果要從直觀和表像出發，所「敘述」的就應該是發生在作為「結果」的「工具機或工作機」上的一系列變化。但相對於分析的方法而言，它又應該是「起點」：由此出發進展到機器中最重要的「發動機」和「傳動機構」，以及我們根本就看不見的機器的出現對產品、對工人的生活、對社會的變化所產生的巨大的、直接性的影響。馬克思在這裏所說的「工具機或工作機」實際上指的就是人（工人），而他所要揭示的「發動機」和「傳動機構」，就是人（工人）勞動的「動力」與產的流程，所以他才在《資本論》的一開始就說，在他的書中所涉及到的人，只是一些「經濟範疇的人格化，是一定的階級關係和利益的承擔者。」（第一版序言）

　　如果說社會就是一架機器，而工人就是這架機器的「工具機或工作機」的話，馬克思所要發現的就是這架機器的「發動機」和「傳動機構」。

　　馬克思之所以要從商品入手展開對「現代社會的經濟運動規律」的分析，就是因為「商品」相當於一架機器的「工具機或工作機」，它是事實與表像的結果，同時又是邏輯分析的起點；當然，作為邏輯分析的起點的「工具機或工作機」，就只是一種觀念性的存在，所以馬克思才給「工具機或工作機」下了這樣一個定義：它指的是能抓住勞動對象，並按照一定的目的來改變它 ，「從一開始就擺脫了工人的手工工具所受的器官的限制」的那個東西[30]。

　　從「工具機或工作機」出發，只有通過對「發動機」和「傳動機構」的研究，「工具機或工作機」這個概念才能具體起來；正如不研究

---

[29] 《資本論》第 1 卷，第 411 頁。
[30] 《資本論·第 1 卷》，第 410-411 頁。

「勞動的二重性」（以及與之相關的剩餘價值、雇傭、積累、資本的周轉等概念），「商品」這個概念（注意：是商品的概念而不是直觀與表像中的商品）也就無法具體起來一樣。這就是體現在馬克思《資本論》一書中的「邏輯學」。

如果說「人」就相當於「工具機或工作機」或「商品」的話，馬克思之所以認為「人的本質是一切社會關係的總和」，就在於應該把對「人」的研究深入到對諸如「發動機」和「傳動機構」的研究，對諸如勞動的二重性的研究。這是一種邏輯的需要，而不是靠對人的經驗觀察。

我們在前面已經提到過黑格爾的那句「名言」：「密納法的貓頭鷹要等黃昏到來，才會起飛」；也就是說，任何一種思想都是一種事後的想法，它只能在「事後」，因為「我們的思想之物不是通過我們直接得以體驗事物的感官知覺，而是通過在這之後的想像。」[31]在黑格爾那裏，哲學是創造歷史的絕對精神在完成後回顧以往以求認識自身的一種工具；只有當「過程」結束了，思想才可能在回顧中認識自己所走過的歷程（或者理解為，「過程」就是思想呈現其自身的過程；過程不結束，這種呈現也就不會完整。當然，這個過程永遠也不會結束）；所以他一方面認為「哲學作為有關世界的思想，要直到顯示結束其形成過程並完成其自身之後，才會出現」；另一方面又表現出他對傳統、對以往的留戀與回顧。所以他的「巨大的歷史感」是通過對過去的回顧而表現出來的。能有這樣的「回顧」，是因為精神一直前行著；而精神前行的目的，又是為了把「反思」留在後面，使其有更多的內容。在這一意義上說他是一個保守主義者也是有道理的。它在哲學上的啟示也可以這樣講，就是歷史就是存在於記憶中的「過去」，而意義也只存在於事物運動的過程之中，目的或目標並不重要（運動就是一切，只在乎曾經擁有，不在乎天長地久等等）。當然，精神在記憶的儲存中如何處理那些始終也不呈現的事物，即始終不在場、不能被回憶，但又

---

[31] 《精神生活‧思維》第 94 頁。

確實發生過的事物，這是一個現代哲學提出的問題，阿倫特稱之為一個準備「走得更遠」的目標。當然，這裏的目標依舊指的是對「過去」的認識。黑格爾當然談到了「終結」和「實現」，但思想總是「終結」和「實現」後的事。黑格爾更看重的是思想。

但馬克思並不這樣看。他也承認思想（觀念）作為分析事物運動規律的邏輯起點就是現實事物運動的終點，但並不認為「目標」或「目的」就是在未來某處等待著的一個什麼東西，也不認為「目的」就是一個規範「過程」的概念，而是認為應該把「最終目標」的實現與「總體」（即被視為過程的社會整體）的所有環節都聯繫在一起才能把觀念的東西轉變為現實的東西（參見《歷史與階級意識》第73頁的有關論述）。但這一點很可能導致一種「消除偶然」、「消除無知」的結論，特別是當馬克思不再只滿足於思維，而是想「改變世界」時就更是這樣。

從「思想總是在後的」這一點出發，我們可以看出康德、黑格爾與馬克思之間的差別：在康德，沉思（旁觀者）顯然是最高尚的（沉思凌駕於行動之上，古典哲學家的美德），也只有「旁觀者」才最清醒，因為他追求的只有真理，所付出的代價就是不參加演出；黑格爾在回頭張望中卻不免淡淡的憂傷，因為人的一切作為只是「絕對精神」實現自身的「工具」；當密納法的貓頭鷹起飛時，黃昏已經來臨，那也就預示著黑夜的到來。黑夜並不壞，因為它孕育著光明，而且按照阿爾都塞的說法，「羅曼蒂克小夜曲中最深刻的主題時常縈繞著黑格爾的思想」，而且說「當我們在眼睛裏觀察人類的時候我們看見了夜晚，那個使我們害怕的夜晚，世界的夜幕在我們面前升起」[32]。

在馬克思那裏已經沒有了這樣一些情調。他決心付諸實踐，用行動來實現自己的思想，因為他認為自己已經揭示出了現代社會的經濟運動規律。

---

[32] 阿爾都塞：《黑格爾的幽靈》，第226頁及注釋，南京大學出版社2005年版。

　　但到底什麼才是「現代社會」的「現實生活」？其間有沒有「規律」可循？阿倫特對此至少提出三點想法可供我們進一步的思考：第一，到底什麼才是「現實生活」（vita activa）呢？她認為這是「由那些致力於研究沉思的生活方式和用這種觀點考察人生的人杜撰出來的，因為現實的生活方式是辛勞的，而沉思的生活方式則是十分安閒的；現實的生活方式是在公開場合進行的，而沉思的生活方式是在『私下裏』進行的；現實的生活方式致力於考察『其鄰人的需要』，而沉思的生活方式則關注『上帝的顯現』。」這裏的「上帝」可以改換成任何一種「存在」，比如「絕對精神」、「自在之物」或「現實生活」等等；第二，就是在經歷了思想史上的許多轉變之後所保存下來的「真理」這個概念已經「破碎為一系列具體真理，在其時代中每一個真理都要求普遍的有效性，雖然研究的連續性表明真理僅僅是暫時的」；第三，「毫無疑義，在每一項科學事業中，思維都起著十分重要的作用，但思維是一種達到目的的手段；目的是由一個『什麼東西值得認識』的決定所規定的，而這種決定不可能是科學的。」[33]

　　前兩個問題可以不管（我們可以這樣問阿倫特：難道沉思的生活就不是一種「現實生活」了嗎？），僅就第三點而言，至少對馬克思來說是完全適用的。因為他非常清楚他為什麼要研究現代社會（也就是資本主義社會）的經濟運行規律，清楚自己由此出發想達到什麼目的。也正是這一點，在使他不同於其他思想家的同時，也更讓我們更加理解了思維與行動、行動與目標、目標與真理、真理與意向之間的關係。

　　比如在《資本論》中，當馬克思談到機器時，他的基本觀點就是對機器的譴責。這種譴責的地方很多、很嚴厲，如認為「機器不是使產品變便宜，而是使產品隨著機器的價值相應地變貴。」因為機器作為不變資本把自身的價值轉移到它所生產的產品上，而這個價值要比手工業生產和工廠手工業生產的勞動資料「增大得無可比擬」[34]；再

---

[33]　參見《精神生活·思維》第4，第60-61頁的論述。
[34]　《資本論·第一卷》，第424頁。

比如說「機器使男勞動力貶值了」，因為「資本主義使用機器的第一個口號就是婦女勞動和兒童勞動！這樣一來，這種代替勞動和工人的有力手段，就立即變成了這樣一種手段，它使工人家庭全體成員不分男女老少都收資本的直接統治，從而使雇傭工人人數增加」；還比如肯定機器的出現「消滅了工作日的一切道德界限和自然界限。由此產生了一種經濟上的反常現象，即縮短勞動時間的最有力的手段，竟成為把工人及其家屬的全部生活時間變成受資本支配的增值資本價值的勞動時間的最可靠的手段。」[35]還有，機器的出現增加了勞動的密度，強化了勞動的節奏，在相同的時間裏會給資本家創造更多的價值，如此等等。所有這一切，都讓我們理解了工人們最初的反抗為什麼會表現為毀壞機器，理解了卓別林在電影《摩登時代》中的精彩表演。

也許，我們不能同意馬克思的這些說法，因為在我們看來正是機器的出現才使東西變得更便宜，才縮短了勞動時間，減輕了勞動強度；而且，馬克思不是一直在強調著只有技術的進步才是社會生產方式發生變化的革命性因素嗎？

但從上面所引用的馬克思的話就可以看出：第一，馬克思有關機器的論述，著眼於邏輯上的「必然」，這既使他的論述很有力量，也讓我們多少有些感到與事實的不符；第二，馬克思在《資本論》第 1 卷中說了，「勞動力的價值規定包含著一個歷史的和道德的因素」[36]；如果說生產力這個概念本身就指的是「勞動者和生產資料的結合」的話，當勞動者沒有掌握生產資料時，人也就只能隸屬於機器，於是時間也就失去了它的質的、可變的、流動的性質，而凝固為一個精確劃定界限的、在量上可測定的「物」（工人的物化的、機械地客觀化的、同人的整個人格完全分離開的「成果」[37]；第三，所以，馬克思在這裏所

---

[35] 同上，第 433、447 頁。
[36] 第 194 頁。
[37] 參見《歷史與階級意識》，第 151 頁的有關論述。

體現出的是一種滲透於邏輯論證之中的道義上的力量。他對機器的抗議，實際上也就是對資本主義生產方式的抗議。

在閱讀《資本論》這本充滿思辨與枯燥的統計數字的著作中，我們常常能體會到馬克思是怎樣把邏輯思維轉換為一種達到目的的手段，而且正是這一目的決定著他認為「什麼東西值得研究」並賦予了這種研究以道義上的力量。我們從馬克思的這本書中看到了那個時候工人們每天工作 15 小時，正在為 12 小時、10 小時而鬥爭；看到工人們「一間屋裏擠 30 個人，空氣少到還不及需要量的三分之一，夜裏睡在用木板隔成的一間間不透氣的小屋裏，每兩人一張床」；結果一個名叫瑪麗・安・沃克利的女工星期五得病，星期日就死了；醫生基斯先生直率地說：「瑪麗・安・沃克利致死的原因，是在過分擁擠的工作室裏勞動時間過長，以及寢室太小又不通風。」於是「自由貿易論者科布頓和布萊特的機關報《晨星報》就叫喊道：『我們的白色奴隸勞作到墳墓裏去了，無聲無息地憔悴而死了。』」下面就是有關這件事的全面而詳細地報導。[38]當我們讀到這裏時能不動容嗎？既為 160 年前的瑪麗・安・沃克利們，就成了為我們今天成千上萬的民工們。而類似這樣的例子，在我們的身邊簡直可以說不勝枚舉。只要這個世界上還存在著諸如此類的事情，馬克思及其學說也就會一直具有著他獨特的魅力。我想，這也許依舊可以理解為《資本論》這本書的邏輯力量，而且是一種具有情感色彩的邏輯力量。這讓我們又想起了阿倫特所引述的在康德哲學中所表達出來的意思：「在認識活動中，思維只是為了達到目的的手段；而在道德行為中，思維則是一種「來自理性的本質」並為了理性自身的活動。」

---

[38] 《資本論》第 1 卷，第 284-285 頁。

第二節　歷史觀中的目的論
──「因為」還是「意欲」？

歷史有無意義取決於歷史有無目的。

當然，這裏說的是「歷史的意義」，而不是「歷史中的事件的意義」；前者是歷史哲學的主題，後者是歷史學家的素材[39]。

目的論的歷史觀有一個逐漸形成的過程，其中基督教的「末世論」顯然是一個關鍵性因素。我們甚至可以說，正是基督教的末世論才使歷史有了方向，有了座標；如果沒有基督教的末世論，也就不可能有後來的歷史意識。馬克思歷史觀中的革命性變革到底何在？它在今天對我們又意味著什麼，這恐怕依舊是一個需要從頭說起的問題。

在「從頭說起」的整個過程中，一直交織著「德國的歷史觀」（這本就是伊格爾斯所著的的一本書的書名）與基督教的「末世論」（見洛維特的《世界歷史與救贖歷史》）以及某種形態的「靈知主義」（見約納斯等人合著的《靈知主義與現代性》）的混合，所以這將是一個比較漫長的考察過程。因為在這三本書中，都討論到了馬克思的歷史唯物論。其中所涉及到的比較重要的問題有：（1）在有了歷史發展的目的這一前提下，歷史發展的推動力與人類追求解放、自由和奔向理想社會的意志力之間的關係問題；（2）這只是一個知識問題還是一個歷史實踐的活動問題；（3）誰是這一歷史使命的承擔者以及憑什麼相信歷史有著進步，而且這一進步不依人的意志為轉移；（4）這套說法又是如何意識形態化的，我們應該如何理解意識形態這一概念，如此等等。

庫諾在他的《馬克思的歷史、社會和國家學說》中大體勾勒出了古代希臘和中世紀基督教的歷史觀。

---

[39] 參見「英」格魯內爾所著的《歷史哲學──批判的論文》，第 5 頁，廣西師範大學出版社 2003 年版。

　　古代希臘最偉大的歷史學家無疑就是修昔底德，他的《伯羅奔尼薩斯戰爭史》在歷史學上所達到的成就是令人驚歎的；而這，主要取決於他首先是一位政治家、思想家，他寫歷史就是為了「以古鑒今」，「對後人進行政治教育」，這與孔子修《春秋》的主旨大體相仿；但與孔子不同，就是他注意記載細節，這又與司馬遷著《史記》的風格相彷彿（當然，他記述的是一場長達 27 年、期間有談判、有停戰，也有複戰、投降的細節），所以修昔底德是一位集孔子與司馬遷於一身的、歷史上少有的大思想家兼大史學家，他在尋求雅典戰敗的原因上，並不僅限於雙方軍事力量的消長，而是擴展到政治、經濟、天時地利的一切領域，特別是社會的道德秩序，並在說明「強者得天下」這一普遍原理的同時，也說明瞭只有法律才能被視為建立一個正義與秩序的共同體的最佳基礎。這種眼界，自然在孔子和司馬遷之上。但在修昔底德看來，既然人的歷史是由人的行為寫成的，而人的行為又取決於人的本性；由於人的本性（受情緒與慾望支配）是不變的，所以歷史只能在事件的重複出現中往返循環。所缺的，就是我們今天所說的「發展」與「進步」的觀念；而這一觀念的或缺，又與他尚未賦予歷史以「目的」有關。他還沒有找到同時身兼「歷史哲學家」與「歷史學家」的途徑。

　　到奧古斯丁，歷史已經有了目的，這就是通過上帝之國與魔鬼之國的鬥爭，在鬥爭中善戰勝惡，上帝之國終究得以重建。通過這樣一個簡單的敘述，我們幾乎就已經獲得了一個「原有——失落——鬥爭——回復」（不是簡單的回復，而是更好，螺旋式上升）的發展模式，而這樣的模式是屬於「歷史哲學家」的，因為他把「未來」也納入「歷史」（過去）的範疇，並用「未來」來說明「過去」，用「期待」來說明「回憶」。使「未來」成為歷史（時間）的焦點，這是基督教的基礎，因為「未來」和「期待」都是不可見、不可證明的，它所需要的就只是信仰。被信仰的東西是無法用理論的方式加以證明的，人們只有以實踐的方式加以認信（卡爾·洛維特）。

　　馬克思從認識走向實踐，其中就與他所談的是與他所信的結合在一起的。上一節通過對《資本論》的解讀，我們已經發現這種「所信」，在很大程度上也就是一種道義上的力量。

　　在奧古斯丁那裏，在說明歷史（時間）時，一個極其有用的思想資源就是柏拉圖的「回憶說」，於是「記憶」也就成為奧古斯丁理解人的意識活動的核心。通過記憶，過去、現在和未來之間才有了連續性。這裏最困難的，就是如何理解「現在」。這個問題的難度集中在這裏：上帝創世以前，時間肯定是沒有的；所以從邏輯上說，世界與時間應該是同時被創造出來的。那麼上帝是否在世界（時間）之外？如果在「之外」，這裏的「外」是哪裡？如果在「之內」，那就成了泛神論。而且上帝又是被什麼創造出來的呢？只能說是被他自己，於是就有了斯賓諾莎的「自因」這個概念；而且聖經上明明寫著上帝創世用了七天，「天地萬物都造齊了。到第七日，神造物的工已經完畢，就在第七日歇了他一切的工，安息了」，怎麼能說上帝也在世界（時間）之中呢？西方哲學的邏輯思維正是通過在辯論這些看似純屬無稽之談的問題中訓練出來的。這是一個問題。其次，上帝同時又是永恆的，這裏的永恆，就指的是永遠的「現在」，所以所謂的時間，就指的是「現在」，「過去」只是記憶中的「現在」，「未來」則是期待中的「現在」；沒有了「現在」也就沒有了時間。但「現在」是不是一個可以無限可分的「時間段」呢？哪怕「現在」就只是一個「點」，它也應該是可以「無限可分」的，那麼一個可以「無限可分」（不斷流失著）的「現在」還是不是一個「現在」呢？不管怎麼說，奧古斯丁關於時間既為每個人所知同時又為每個人所不知的名言成為了哲學史上的一段最引人入勝的佳話，它將直接導致對死亡問題的探討。從邏輯（又是邏輯！想想上節馬克思關於機器的邏輯思考）上說，也正如古希臘語和拉丁語中的諺語所說的那樣：nemo ante mortem beatus dici potest（在死之前，沒有人能被認為是幸福的）。邏輯上所得出的結論竟然可以與我們的經驗相去十萬八千里！海德格爾對此做出的解釋是：「作為不同於『物體』──只

有當物體是完整的和完美的，它們才開始在世界上存在──的人生只有在不復存在時，才是完整的。」奧古斯丁反駁古代希臘人的循環往復理論的一個最為有力的論據，就是基督的死而復活：

> 基督曾為我們的罪而死去，並又從死者復活，他將不會再死。……在復活的奇跡中，創世的奇跡重新得到完成並提高。……按照古人的觀點，圓周是唯一完善的運動，因為它是在自身中封閉的運動；圓周是無目的的，而既然十字架是人生的象徵，其意義在一個目標中得到實現，圓周就是應予擯棄的。

一個古代社會的循環運動（圓周），一個基督教的末世論（十字架），這二者幾乎窮盡了人類理解歷史的所有可能；如果再考慮到「有限」與「無限」的關係，那麼就可以得出有關歷史的三種理解模式（詳後）。

中國古代無疑也是相信圓周運動的。「子曰：天何言哉？四時行焉，萬物生焉，天何言哉？」[40]講「四時」、「天地」、「日月」，一方面是為了給治國、修身提供「自然依據」，另一方面也是為了給人一種萬物複始、天地循環的時間觀。當年章太炎先生想把《周易》中六十四卦的排列順序納入歷史進化的軌道，可見當初我們是多麼想也有一種類似於基督教末世論的思想資源。

然而我們沒有。沒有而又接受了馬克思主義的歷史觀，並在科學技術巨大進步的推動下似懂非懂地有了一個「未來更好」的信念；到今天這一信念又受到巨大挑戰（其中包括傳統的循環運動觀的復活），大家在觀念上已經變得有些無所適從了。當然，這些也都是後話。

說到這裏，就有必要專門提一下馬克思與宗教的關係。

馬克思出身於一個猶太人家庭，德國是一個基督教國家，馬丁·路德的宗教改革使德國人有了自己的德語和民族意識；用更寬泛一點

---

[40] 《論語·陽貨》。

的語言來說，就是沒有馬丁・路德的宗教改革，也就沒有以後的德國（恩格斯：「路德不但掃清了教會這個奧吉亞斯的牛圈，而且也掃清了德國語言這個奧吉亞斯的牛圈，創造了現代德國散文，並且撰寫了成為十六世紀《馬賽曲》的充滿勝利信心的讚美詩的詞和曲。」[41]）。德國這個國家的文化，就凝聚在馬丁・路德的新教精神之中。也就正如恩格斯所曾指出的那樣：「在德國鎮壓新教不僅會成為德國人的不幸，而且也會成為全世界的不幸」；「只有德國人掌握著神學，並且由於這個緣故而擁有批判——歷史學的、語文學的和哲學的批判的對象。這種批判是德國的產物，如果沒有德國的新教，這種批判是不可能的。」[42]

　　馬丁・路德的宗教改革以及隨後的加爾文的宗教改革，概括起來，至少在這樣三個方面對馬克思主義的形成有著決定性的影響：第一，就如馬克思所說，德國宗教改革從一開始就表現為一種「無法成熟」的、單純的精神反抗。馬克思在《黑格爾法哲學批判・導言》中說，德國的宗教改革及其「勝利」使得德國人有了一種精神上的優越感，這種優越感使得「不僅德國各邦的帝王登基不及時，而且市民社會每個領域也是未等慶祝勝利，就遭到了失敗，未等克服面前的障礙，就設置了自己的障礙，未等表現自己的寬大本質，就表現了自己的狹隘本質，因此，就連扮演一個重要角色的可能性，也是不等這種可能性顯現出來就已成為過去，一個階級剛剛開始同高於自己的階級進行鬥爭，就捲入了同低於自己的階級的鬥爭。」[43]這是一段很深刻的論述（我甚至覺得它在某種意義上也適用於近代的、或者說就是當代的中國）。也正是基於這一點，馬克思才不再滿足於宗教改革的、甚至包括哲學理念上的「優越」與「勝利」，開始思考什麼才是德國人徹底解放的「基礎」（中國共產黨人又何嘗不是這樣！）；第二，宗教改革的基本精神就是個人主義的自由與平等（有信仰的人才有自由，因為在與

---

[41]　參見《選集》第 3 卷，第 445 頁。

[42]　《全集》第 18 卷，第 653-654 頁。

[43]　《選集》第 1 卷，第 13 頁。

上帝發生絕對關係的地方，一切外在的強制、奴役和被迫服從就都消失了，而且信徒之間是絕對平等的）；馬克思和恩格斯認為這種個人主義的「自由」與「平等」的信念，正是資本主義生產的最主要的任務之一[44]，而且，正如恩格斯在《社會主義從空想到科學的發展》中所說的那樣，資產階級在反對封建制度的偉大鬥爭中一共有三次大的決戰，第一次就是德國的宗教改革；如果說路德的宗教改革是一次適合於君主專制的改革的話：

> 加爾文的信條則適合於當時資產階級中最勇敢的人的要求。他的先定學說，就是下面這一事實在宗教上的反映：在商業競爭的世界中，成功或失敗不取決於個人的活動或才智，而取決於不受他支配的的情況。起決定作用的不是一個人的意志或行動，而是未知的至高的經濟力量的擺佈；……加爾文的教會的組織是完全民主的和共和的；而在上帝的王國已經共和化了的地方，人間的王國還能夠仍然從屬於君主、主教和領主嗎？[45]

不管我們是否同意恩格斯對馬丁·路德的宗教改革與加爾文的宗教改革的比較（我個人對此持保留態度），恩格斯把宗教領域中所發生的事就看成是人世間所發生的事的反映，這一點，多多少少表明了他與馬克思並不對宗教改革持完全否定的態度。不但不持完全否定的態度，而且在改造中繼承了它的宗教精神。

這種精神，轉化為一種理論的語言，就是我們要說明的第三點，它集中在「什麼才是正本清源，回到人類最為古老的原始教義」（馬丁·路德當初就是這樣說的，認為只有自己的學說才是基督教最原初的學說，自己之所以要改革宗教，就是為了捍衛已經被天主教歪曲了的古老原則）和「如何理解人類社會的惡」（人類眼光狹隘，不知道善與惡

---

[44] 參見《選集》第四卷，第76頁的論述。
[45] 《選集》第4卷，第391頁。

並非取決於個人的行為，而是受著未知的至高無上的力量的支配）。也許在馬克思的心目中，惡（剝削、壓迫）在歷史上的作用總有一天會為人們所理解（這也正是黑格爾的說法，他就把戰爭與征服看成是推動世界歷史發展的動力，是為所謂的「理性的狡計」）；而歷史的發展，是一個與人類的意志、共同的規劃、個別英雄人物的主觀意願不能說全無關係，至少也是這些因素所不可能說明的一個「神秘過程」；我們的理智，只能在事後才起作用（黑格爾：密納法的貓頭鷹，要到黃昏才起飛）；所謂的「從必然王國向自由王國的飛躍」，只能是一種「在方法上對理解現實有深遠意義的預言。」[46]這後面也許有著「歷史乃是上帝偉大而自然的啟示」的意味，但這種「意味」是蘊含著的，它的較為明確的表述就是非人力所能抗拒與改變的、永恆的「經濟規律」。

除過神學這一前提，如果說奧古斯丁的學說主要來自柏拉圖的話，湯瑪斯·阿奎那的歷史觀則以亞里斯多德的學說為依據[47]。庫諾說，阿奎那的兩個基本觀點一直到今天依然支配著人們的頭腦，這就是（1）人的行動是由其本性抑或人的天性決定的，人類的整個歷史無非是人類的本質起作用的結果；（2）一種一開始就有其特定目標的自然或理性意圖貫徹於歷史的進程之中，這一點立足於一個神學假設，但也正是這一假設使人性和人的行為都成為上帝實現自己的目的的工具。這一目的有最初和最終之分：最初目標為上帝造人是為了表現其完美和善良，最終目標則是通過讓人接近上帝而使人達到最高的善和完美、幸福。[48]

從這裏，我們已經可以依稀看出黑格爾的歷史觀和發展觀。

黑格爾與啟蒙運動以來的哲學家在給歷史現象所做出的解釋基本上是一樣的，即都認為所有歷史行動和所承受的這一切紛亂複雜、疊

---

[46] 盧卡奇：《歷史與階級意識》，第 335 頁。

[47] 具體論述參見拙著《哲學的基本假設與理想國》，中國人民大學出版社 2007 年 2 月版。

[48] 《馬克思的歷史、社會和國家學說》，第 33 頁。

花一現的現實的終極源泉就是人們出於利益、激情、慾望和自私自利而採取的毫無理性的行動。

黑格爾與所有前人之不同的地方，就在於第一，他認為儘管歷史的現像是毫無理性的，但我們必須用理性的眼光去看待它，必須為「神義論」做辯護，即為上帝所創造出的這個世界做辯護。他在《小邏輯・概念論》的一開始就說，「概念的觀點一般講來就是絕對唯心論的觀點。哲學是概念性的認識，因為哲學把別的意識當作存在著的並直接地獨立自存的事物，卻只認為是構成概念的一個理想性的環節。」[49]於是，從「理想性」的概念出發，發展中的社會就是一個整體，而且其間每一部分又都處於相互聯繫、相互作用之中；但「相互關係不但不等於概念，而且它本身首先必須得到概念的理解。這就是說，相互關係中的兩個方面不可讓它們作為直接給予的東西，而必須如前面兩節所指出的那樣，確認它們為一較高的第三者的兩個環節，而這較高的第三者即是概念。例如，認斯巴達民族的風俗為斯巴達制度的結果，或者反過來，認斯巴達的制度為他們的風俗的結果，這種看法當然是不錯的。不過這種看法不能予人以最後的滿足，因為事實上，這種看法對於斯巴達的風俗和制度並沒有概念式的理解。而這樣的理解只在於指出這兩個方面以及一切其他足以表現斯巴達民族的生活和歷史的特殊方面，都是以斯巴達民族概念為基礎」[50]；第二，就是必須研究變化的過程本身，也就是說，運動中有法則，有規律，而且這一法則和規律就是「質變」，「即漸進過程之中斷以及（變成）與先前實有物有質的不同的他物。」黑格爾所舉的例子就是「再加一粒麥就可形成一堆麥，繼續再拔一根毛，就可產生一禿的馬尾」，因為這裏所否定的不是一般的質，而只是特定的質，「這一特定的質立刻就會被另一特定的質所代替。」[51]最後，黑格爾提出了他的有關「理性的狡計」的觀

---

[49] 《小邏輯》，第 327 頁，商務印書館 1980 年版。
[50] 同上，第 321-322 頁。
[51] 同上，第 237-238 頁。

念，認為在所有人的所有的激情、慾望和自利後面，有一個不同於所有人的個人目的的「必然性」。黑格爾用「必然性」的概念取代了古代的「天意」，並以此給任何「不合理」的現象以「合理性」的解釋。這種必然性既表現為每個人都有自己的「目標」，所以「不得不如此這般行事」（比如凱撒和拿破崙就不得不為征服與鞏固政權而竭盡全力），又表現為這些人其實並不知道他們為什麼要這樣，因為在他們的「目標」後面還有著遠非它們所能意識到的「目的」。

也正是出於這一「目的」，黑格爾在他的《歷史哲學》中就給世界歷史畫出了這樣一個最不能為我們所容忍的輪廓：世界歷史開始於東方，如中國、印度、波斯，終結於西方，從希臘人開始，到日爾曼人結束。總之，在世界精神從東到西的歷史進程中，最後是通過基督教而達到了現實，達到了對自由的認識。洛維特在他的《世界歷史與救贖歷史》中說，黑格爾是「最後一位歷史哲學家，因為他在根本上是一位極其宏偉的歷史感還被基督教傳統規定和限制的哲學家」[52]；同時，在黑格爾的歷史哲學中，我們也能最為明顯地發現歷史哲學是一種值得注意的混合，即「人類」的自以為得意其實又是無意識地創造與「神義」在暗中對人類命運的救贖相混合的歷史；這裏的「神義」，也轉化為一種「世界精神」，即合乎「民族」這一概念的「民族精神」或「倫理意識」；它最後的體現形式就是國家。國家是普遍的「目的」（神義）與個人的特殊「目標」（慾望）的合一。那麼，當人類終於意識到這一點，並把「神義的救贖」最終排除出去，並認為「國家」也只是統治階級的意志的體現，「民族精神」也應該「從社會生產力和生產關係之間的現存衝突中去解釋」[53]時，剩下的還有什麼呢？難道就只有衝突和對衝突的解釋了嗎？

---

[52] 該書第 69 頁。

[53] 《全集》第 13 卷，第 9 頁。

在對「社會生產力和生產關係之間的現存衝突」的解釋中，最為有力的一個概念就是「進步」。

當然，在討論「進步的觀念」這一術語時，也應該如喬治·索雷爾那樣區分開「進步」的觀念與進步的「觀念」；他相信有「進步」，但厭惡「觀念」。[54]

索雷爾所反駁的，就是他的法國前輩為了證明自己比柏拉圖和亞裏士多得更高明而發展出來的這套「進步的觀念」——意識形態化了的東西。

在洛維特看來，差不多與馬克思同時，就有關人類歷史是進步的這一觀念而言，在理論上做出了重大貢獻的也恰是兩位法國的歷史哲學家即蒲魯東和孔德。

如果說黑格爾其「宏偉的歷史感還被基督教傳統規定和限制的」話，在蒲魯東和孔德那裏我們幾乎已經看不到這種限制了，而且他們都是一些非常想（也就是有意識地）走出黑格爾的思想模式的思想家。黑格爾的思想模式是「唯心主義」的「精神」；儘管「絕對精神」也可以理解為一個取代了「上帝」的概念，但這種「精神」的優越性卻體現在基督教的「絕對性」中。在對法國大革命的反思中，黑格爾更確信了「精神」（體現在基督教精神中的絕對性）的不可或缺。而蒲魯東和孔德就不同了。構成他們思想體系的一個思想動因，就是他們都受到法國大革命的解放性動力的激勵，想為「革命」的「進步性」尋找到一種必然性或正當性的說明。

> 在蒲魯東看來，現代革命的任務就是對天意的非宿命化。人和人的正義必須把所有人類事務的領導權握在自己手中。人將取代上帝，對人的進步的信仰將取代對天意的信仰。[55]

---

[54] 「法」喬治·索雷爾：《進步的幻象·英譯本導言》，上海人民出版社 2003 年版。
[55] 《世界歷史與救贖歷史》，第 75 頁。

與此相關，就可以得出如下一些結論：

只有人才是創造的主人，人並不是按照上帝的形象被創造的，相反，上帝是按照人的預見與籌畫而被塑造出來的（與費爾巴哈類似）；如此，人的本性並不是神性的，而是人性的，如果上帝存在，他也就是人的敵人，因為上帝會剝奪人自己的創造力和預見（與費爾巴哈不同）；那麼，為了與上帝作對，人寧願完成魔鬼的事業，也正是在與上帝的作對中，人才有了科學、進步與幸福，其間每一步都是「粉碎神明的勝利」（與費爾巴哈相反，跨出決定性的一步）。

> 從對普遍發展的研究中，孔德引伸出「重大的基本規律」，即我們的文明和我們的知識都相繼經歷了三個不同的階段：神學的或者虛構的階段（童年），形而上學的或者抽象的階段（青年）和科學的或者實證的階段（成年）。

這是我們每個讀過一些西方哲學史、特別是對孔德的實證主義有所瞭解的人都耳熟能詳的一段話。

與此相關，也可以得出如下一些結論：

用「發展」和「進步」取代宗教意義上的「完善」；「發展」與「進步」所確立的是相對性的原則，所以必須用科學的相對主義取代神學的絕對主義；於是正是孔德發明瞭「社會學」這一概念，同時也就創立了這一學科，認為如自然科學那樣研究社會現象並發現其規律就是他所謂的「社會物理學」或「社會學」（注意：馬克思在《資本論》的第一版序言和第二版跋中，所努力闡述的就是既要把自己的研究方法與黑格爾的同時也要與孔德的劃清界限，馬克思同時處於他們兩個人之間，這本身就很有意味；而且馬克思也說他就如物理學家研究自然現象一樣地來研究社會的經濟形式，可見那時他們心目中共同的科學模式就是牛頓的物理學）；他的「社會物理學」就是他的「社會人種學」，因為「人種」或「種族」本身就是一個物理學、生物學、生理心理學的研究課題；那麼作為一個必然的結論，就是只有歐洲的白人才具有

最能動的進步性和普遍性，具體說來，就是應由五個最進步的民族（法蘭西、義大利、西班牙、不列顛、德意志）共同構成一個「大西方共和國」（自查理大帝以來它們就一直是一個政治共同體）來引領人類進步的方向；

這個方向不是「新教」而是「天主教」（上述五個國家大都信仰天主教）；但也不是「天主教」的教義，而是「天主教」所確立的「教階制度」；這種「制度」一方面主張教會權力與世俗權力的分離，另一方面又為社會秩序的重建樹立了典範；「他信仰沒有基督教的天主教體系，信仰沒有共同父親的兄弟之情」；所以美好的未來在他心目中就應該理解為一種「世俗化」的「教階制度」。

洛維特對這兩位法國「進步論者」的學說提出了如下質疑：

第一，「在人們還沒有感到自己不依賴於一種天意之前，不可能提出任何一種進步理論」，也就是說，先得有「天意」，有時間或歷史的目標，然後才思考我們人類與這種「天意」與「目標」的關係；「進步」的理論必須奠基於「天意」和「目標」之上，「但最後，恰恰是進步理論接過了天意的功能，即預見和為未來籌畫」[56]；第二，無論是蒲魯東還是孔德，都把基督教本身從《舊約》到《新約》視為一種「奠基性進步」的典範，所以「現代的進步觀有雙重涵義：就其起源而言是基督教的，就其傾向而言是反基督教的。現代的進步宗教的出發點是在末世論的意義上對一種未來實現的期待，從它的角度來看，迄今為止的人類都生活在墮落狀態中，……進步的和衰亡史的歷史體系都是《聖經》的救贖學說和衰落學說的晚近的、但卻始終依然有影響力的結果」[57]；第三，無論是蒲魯東還是孔德，都是偉大的學者，內心深處都有一個「竭盡全力維護自己獨立性的宗教靈魂」；蒲魯東說他的研究離不了必須設定「我們稱之為上帝的這個未知者」[58]，而孔德既然

---

[56] 同上，第 72-73 頁。
[57] 同上，第 74 頁。
[58] 同上，第 79 頁，注釋 2。

把理性的預見和預言說成是哲學實證性的終極標準，就像事實上在自然科學中那樣，那麼他既沒有如馬克思那樣預見到「工業大軍」的興起，更沒有如布克哈特那樣預見到「軍事工業」的興起，卻預言到戰爭的爆發和最後的被根除，預言到人類的未來「不要上帝也不要國王，通過對人性的系統崇拜來重新組合」；他所說的「人性崇拜」就指的是對「愛」的崇拜，相信一切進步都是「秩序在愛的影響下的發展」，甚至在巴黎聖母院的一次演講中（1860 年）公開說只有他的實證主義才是「終極的宗教」，那麼這種「預言」到底在多大程度上還是「實證」的呢？洛維特說，一旦基督教的教會位置空出來，馬上就會有「人性的宗教」去填充[59]。此言不差。而且我還就此想到斯賓塞的學說及其下場。麥克里蘭在他的《西方政治思想史》中講到自由主義的成熟與式微時說，斯賓塞主義的樞軸是進化；進化似乎是一個比革命更「自然」也更溫和的概念；但在 19 世紀後期，人們還是相信進化即進步。「進化論」看似與達爾文的《物種起源》有關（恩格斯就這樣看），但實際上來自馬爾薩斯的《人口論》，因為正是馬爾薩斯的「人口論」才告訴了我們一個隨著人口越來越多，生存競爭（適者生存）也會越來越激烈的「規律」。牛頓當年用「萬有引力」的單一觀念解釋物理宇宙，似乎大獲成功；那麼也就有無數的後來者想用「自然進化」來解釋世間萬物。於是「進步」也就成了「規律」，思想家與思想家的不同，只表現在解釋的途徑上的差異。這話也是馬克思在《資本論‧第一版序言》中說的：兩千多年來，人類在「以貨幣形式為其完成形態的價值形式」的研究上「是極無內容和極其簡單的」，所以他才要從這一領域裏的問題入手揭示人類社會的發展規律，也就是進步的規律。

　　斯賓塞主義相信人類進化，背後有一個 19 世紀後期的基本假設，即只要精確描述出一個社會的經濟與社會基礎，就能得出其政治建制將會怎樣的結論。他把工業化社會的未來說得太好，但「一次大戰就

---

[59]　同上，第 105 頁。

是靠工業化而壯大的強權之間的戰爭。斯賓塞預言工業社會必然和平。他的預言終於廢墟之中。1914 年以後，時代的重大政治問題仍用武力解決。」[60]洛維特也說，一百多年後的今天來看，孔德的《實證主義的一般特徵》並不是實證的，而是幻想的。當然說成是「純粹幻想」也不對。無論是蒲魯東還是孔德，在用「進步」代替「天意」的同時，也都意識到如果說路德的宗教改革瓦解了天主教的權威，而今天的進步觀念又正在瓦解新教的基礎的話，我們事實上並沒有為天主教或新教的教育成就與社會成就創造出一個替代品[61]。對這一點說得更悲切的是蒲魯東寫於 1860 年 10 月 27 和 29 日的一封信。他在信中說：

> 所有的傳統都被耗盡、信仰被取消；另一方面，新的程式尚未就緒，也就是說，尚未深入到群眾的意識之中。我稱之為瓦解。它是社會生活中最可怕的時刻。良知被出賣、平庸慶祝勝利、真假被混淆、原則被背叛、激情變成低劣、風氣變得卑鄙……所有的一切都更加使意志善良的人們充滿憂傷。我不是給自己製造幻象，我並不期待……明天就在我們的國家裏發現公民的自由、對法律的尊重、公眾的禮儀……理性、發現平民的集體精神。不，不，衰落的終點是無法預見的；它在一兩代人期間將不會減緩。這就是我們的命運……我將只看到惡，並且死在一團漆黑之中，被過去打上拋棄的印記；集體大屠殺將會出現，緊隨血腥屠殺之後的屈辱將是可怕的。我們將不能活著見到新時代的成果。我們將在黑夜裏戰鬥。我們必須逆來順受，忍受這種生活而沒有太多的悲傷。讓我們只要有機會，就相互支持，在黑暗中相互召喚，主持公道吧。[62]

---

[60] 《西方政治思想史》，第 544 頁。
[61] 《世界歷史與救贖歷史》，第 94 頁。
[62] 同上，第 81 頁。

　　請原諒我引述了這麼長一段話（而且我還希望我們所有的人，特別是我們這一代或前後三代的中國知識份子要反復地、細緻地閱讀理解這一段話）。因為它讓我想起了好幾件事：一是蒲魯東傳奇的一生，這個出生在法國的「放牛娃」不僅是第一個自稱「無政府主義者」的人，而且用巴枯寧的話來說，「他是我們所有人的大師」；他早在1840年就出版的《什麼是財產？》一書並轟動一時（馬克思說這本書「起了劃時代的作用」）；是他最先把人們的注意力引向對私有財產的關注，寫出《財產即盜竊》的名著，並因此而受到審判。他也見過馬克思（馬克思說與他「往往是整夜的爭論」），並與馬克思在如何組織社會主義運動的現實問題上無法統一意見，馬克思的《哲學的貧困》就是針對他的《經濟矛盾的體系，或貧困的哲學》一書而寫的（馬克思說「其形式的激烈競使我們的友誼永遠結束了」）。他既當選過法國第二共和國的制憲議會議員，也因反對路易‧波拿巴而坐了四年牢。無論是巴黎公社還是俄國的民粹派、義大利的激進民族主義者（小說《牛虻》的主人公即為其成員），都受到的是他的影響，而這種影響又作為一種革命的力量影響到中國至少三代知識份子的命運。這段寫於1860年的一封信中的話，不但說的是他在他那個時代的感受，也幾乎就說的是我們的今天。而差不多同時，馬克思也正式把他的目光轉向了「政治經濟學」，寫出了他的《政治經濟學批判‧序言》。

　　蒲魯東死後不久，馬克思就也在一封信（1865年1月24日）中系統評價了蒲魯東這個人及他與蒲魯東的關係，說他是一個「地地道道的小資產者」（當然，馬克思說，「我從來沒有同意過那種說他『背叛』了革命的叫囂」，但也不認為他就是路易‧波拿巴時期的盧梭）[63]。

　　一個相信自己將會「死在黑暗中」的人自然只能是一個「小資產者」。

　　讓我們看看也是差不多同時（1864年10月），馬克思為國際工人協會（即第一國際）所寫的「成立宣言」：馬克思在「宣言」中也承認

[63] 該文及上述馬克思的話均見選集第二卷。

在 1848 年革命失敗後，「短促的解放夢已隨著工業狂熱發展、道德敗壞和政治反動的時代的到來而破滅了」；但馬克思並沒有滿足於蒲魯東式的「讓我們只要有機會，就相互支持，在黑暗中相互召喚，主持公道吧」，他認為「所以，奪取政權已成為工人階級的偉大使命」；他認為「過去的經驗證明：忽視在各國工人間應當存在的兄弟般團結，忽視那應該鼓勵他們在解放鬥爭中堅定地並肩作戰的兄弟團結，就會使他們受到懲罰——使他們分散的努力遭到共同的失敗。」[64]

這是兩種完全不同的生活態度。

我們也只有從馬克思的這種生活態度出發，才能理解他的「進步觀」，理解他的「唯物史觀」。

當「未來」（目的論、末世論）成為時間（歷史）的焦點後，如果按照亞里斯多德關於動力的「形式因」即為「目的因」的理論（任何事物都由質料與形式構成，質料就是潛在的形式，而且自身就具有實現其形式也就是達到其目的動力），那麼這裏面實際所隱含著的就是一種天命觀、天意觀的「歷史決定論」。但這又是一種神秘的、未知的「決定論」，這才有古代希臘的悲劇。

近代進步觀念取代這種天命式的「決定論」的，主要集中在這樣幾個方面：首先，進步應該發生於一切領域，而不是零零碎碎的只表現在物質生活或道德現象上；其次，進步應該理解為一個可以無限完善的過程，所以應該擯棄那種不可避免的毀滅式的悲觀主義；最後，它延伸到未來，所以是可以預見的。於是進步的歷史觀本身也就成為政治行為的正當性與理論合理性的一個依據。馬克思說蒲魯東的錯誤就在於它「不是把經濟範疇看作歷史的，而是荒謬地把它看作歷來存在的，這就表明他對科學辯證法的秘密瞭解得多麼膚淺」[65]，這說明馬克思所理解的辯證法是一個與歷史觀念緊密相連的概念；而辯證法的秘密就在於能說明發展與進步。

---

[64] 《選集》第二卷，第 131、134 頁。
[65] 《選集》第二卷，第 143 頁。

「誰」用辯證法預見到了未來，「誰」也就掌握了這種歷史延伸的方向，獲得了政治行為的正當性與理論論述的話語制高點。

當然這也就剝奪了哲學自身固有的價值，使得哲學論述成為了一種從歷史背景出發對一切現象進行辯證解釋的方法。

既是對現象的解釋，所以儘管是「歷史的」，但所遵循的並不是時間的先後，而是觀念在邏輯上的秩序。這一點，列寧在讀黑格爾的《邏輯學》和寫作《談談辯證法》時說得最清楚。他認為談到哲學史（哲學的歷史）時，不一定非要與歷史人物的年代先後為次序，「總的說來，在邏輯中思想史應當和思維規律相吻合。」[66]這裏的「應當」加了著重號。這就是一般意義上的意識形態，即「最接近於歷史現實的觀念」也就是「最應當」的觀念；而且作為發展的結果與目標，邏輯的必然性也就是歷史的必然性。與此相關，也就有了「意識形態方法」，即一種依據歷史（是時間的先後還是邏輯的順序始終是一個不太好捉摸的問題，因為在強調歷史進步的同時，也強調會有暫時的曲折、倒退，而這種曲折、倒退並不合乎歷史的必然，所以也就不應該納入對歷史進程的描述）來解釋一切精神現象的發生、演變、相繼，是進步還是倒退（反動）的運行過程。而意識形態這個術語也就具有了一種新的涵義，即它能表現出如何看待歷史事件和眼前所發生的一切的人的立場與方法。我們過去就一直是用這樣的意識形態的眼光來看待周圍的一切的。所以所謂的「意識形態方法」從屬於歷史進步（而且是必須服從，必須以此為衡量標準）的觀念。喬治‧索雷爾在他的書中說，這種有關進步的學說是從進化論中吸取思想養料的，它把歷史運動的緩慢性、規則性列為第一要素，其次，就是強化了必然性的觀念；最後，人類社會的制度的生長、改進的過程類似於任何一個有生命物體「身上」的器官，是一個自然生長的自然現象[67]。

---

[66] 列寧：《哲學筆記》，第 355 頁，人民出版社 1956 年版。
[67] 《進步的幻象》，第 281 頁。

但馬克思的進步學說真是這樣的嗎？

我們必須在這裏討論一下「意識形態」與「靈知主義」的關係。因為也許正是某種「靈知主義」的神秘因素，才使得馬克思的學說至少看起來並不那麼僵硬。

我們以前在講到西方的文化與哲學時，總喜歡提到「兩希傳統」（希臘傳統與希伯來傳統）。所謂的「希伯來傳統」就指的是一種宗教精神；這種精神當然與希臘傳統有著密不可分的聯繫，比如約翰福音開頭所說的「太初有道，道與神同在，道就是神」中的「道」（Word），也就是希臘哲學中所說的「邏各斯」（Logos），他們認為耶穌在基督教世界中的地位相當於「邏各斯」在希臘世界中的地位。使徒保羅用人們所熟知的思想和術語「佈道」，表達已經存在並為他們所知的東西，這正是「邏各斯」的本來含義。

但在這層意思（以佈道的形式講解已經存在並為他們所知的東西）之外，也就是說，在我們平常所理解的「兩希傳統」之外，還應該提到西方文化與哲學中的第三種傳統，這就是所謂的「靈知主義」（gnosticism），這是我在新近讀到一本《靈知主義與現代性》[68]，後才想到的一個問題，因為裏面專有一篇文章，談到《馬克思主義與靈知》（Marxismus und Gnosis）；劉小楓先生在他的「編者前言」中，也提到了這樣一件事：50 年代初，政治哲學史家、思想家沃格林（Eric Voegelin）在其芝加哥大學講座《新政治科學》中就提出了這樣一個著名論點：現代性就是靈知主義為表徵的時代，其特徵是人謀殺上帝，以便自己解放自己。

這句話不但讓我們想到尼采，更讓我們想到了馬克思。

靈知主義與宗教精神（比如基督教）是一種什麼關係？它和馬克思主義又是一種什麼關係？

---

[68] 劉小楓選編，《靈知主義與現代性》張新樟等譯，華東師範大學出版社，2005 年版。

　　「耶穌的作為」作為一種教義，其核心觀念就是拯救；十字架上的耶穌的死與活，說明「人獲救的根據就是耶穌基督的死與復活」，這裏面可分為四個主要的支配性主題或形象，如「十字架是獻祭」（耶穌本人作為祭物）、「十字架是勝利」（復活本身就是對地獄的征服）、「十字架是寬恕」（只有耶穌才既有能力又有義務為人類之罪作出補償）、「十字架是愛」（耶穌對苦難的擔當體現了對人類的愛）[69]，如此等等。

　　但這裏始終存在著一個問題，就是知識與拯救的關係。

　　但凡具有一些西方哲學史的知識並仔細讀過馬克思的書的人都會有這樣一個比較強烈的印象，這就是馬克思對笛卡爾以來的西方近代知識論並不感興趣。我們只在他的《神聖家族》第六卷第 3 部分中的「D」小節及「關於費爾巴哈的提綱」中看到過他對哲學史的一般論述，而且那些地方給我們留下的突出印象就是馬克思認為「唯物主義」是不能敵視人的，詩意的感性光輝也不能成為機械運動或數學運動的犧牲品。馬克思在著名的《關於費爾巴哈的提綱》第三條中說：「有一種唯物主義學說，認為人是環境和教育的產物，因而認為改變了的人是另一種環境和改變了的教育的產物，──這種學說忘記了：環境正是由人來改變的，而教育者本人一定是受教育的。」[70]這是什麼意思？就是說「人」，而且是「受教育的人」，相對於環境來說是在先的。這裏的「在先」，指的是邏輯上的「在先」：先得有「受教育的人」，才談得上「環境的改變」和「教育的改變」。

　　那麼，這裏的「受教育的人」到底是從哪裡接受的教育呢？誰又充當了人的最初的「教育者」呢？

　　馬克思在這裏提到了「革命的實踐」；但「實踐者」就已然是「受過教育的人」，否則就談不上「實踐」（馬克思說：實踐強調的是人的

---

[69] 參見「英」麥格拉斯所著的《基督教概論・第六章》第 141-148 頁，北京大學出版社 2003 年版。

[70] 《選舉》第一卷，第 17 頁。

感性活動，人的主觀能動性，而且這種能動性是從所謂的唯心主義中發展出來的）。

實踐的真理性表現為人的思維的現實性和力量，亦即思維的此岸性。這種「此岸性」，說到底與人在現實生活中是否能獲得最終的「拯救」（解放）有關。

所有這些，說明在馬克思心目中，人類的實踐活動的本質既不同於基督教的彼岸性，也不同於近代知識論的經院性；他必須在知識與「拯救」（解放）之間找到一種新的思想資源；這種資源的核心在於：知識不僅僅只是人的認識活動，它同時更是人的實踐活動；這種活動也不僅僅只限於道德、倫理的領域，它更與人類最後的解放（拯救）密不可分。

魯多夫（Kurt Rudolph）在《知識與拯救：靈知》一文中說，從西元二世紀那些偉大的靈知論思想家身上可以看出，靈知主義的思想來源有三個：猶太教（上帝的觀念、創世、原初時間、救贖史）、伊朗（二元論、拯救者、靈魂的超升、世界的進程、終結時間）和希臘（精神——物質二元論、存在——生成、原型——摹本、造物主、術語學）；當靈知主義作為一種思想體系影響逐步減弱後，波斯人摩尼（Mani，216-277）卻在靈知主義的基礎上組建了一個嚴密的教會組織，從西元3世紀到14世紀，「摩尼教」傳遍了幾乎整個人類世界，其中也包括中國。我們這些研習西方文化與西方哲學的人，多半是從「諾斯替教」和「摩尼教」那裏瞭解到靈知主義的。

啟蒙時代的思想家赫爾德認為靈知論是「真正具有基督性的宗教哲學」；而受到黑格爾高度讚揚、認為在他的思想中真正體現了純正的「德國風格」的波墨哲學以及謝林、黑格爾本人的哲學在後人那裏都被認為是靈知主義的精神思辨的繼承者。[71]

我個人認為，至少在這樣四個方面，宗教－靈知的意念對馬克思形成自己的思想一直就有著某種「暗中」的影響：

---

[71] 《靈知主義與現代性》，第 16-17 頁。

　　第一，它與基督教的觀念不同，不是要把人從原罪或罪責中拯救
（解放）出來（因為這其實也是不可能的，惟一的只有信仰和順服），
而是要把人從某種被造就的有形的（或理解為物質的、質料的）禁錮
或囚籠中解放（拯救）出來；我們完全可以把這種有形的、結構性的
囚籠理解為一種社會的經濟結構。既然這種社會的經濟結構是人為造
就的，當然也就完全可以人為改變；

　　第二，就是靈知主義的思維結構包括三個方面的內容：精神與物
質的二元對立演變為善惡對立，再演變為階級對立，這裏面有著一種
順理成章的邏輯聯繫；在二元對立後面有一個統一的「支點」，這個「支
點」從基督教的彼岸的天國到靈知主義的「精神微光」，也正是這種「精
神微光」可以讓人類洞悉二元對立後面的統一性；把這種統一性從精
神的一元論（這是黑格爾的事）轉變為社會物質力量的一元論也是順
理成章的；那麼，所謂的「救世」，就是要通過對世界進程的內在層面
的認識來改變其現有結構，「作為與純粹『沉思者』相對的某類精英，
他們由此理解了世界、人類與拯救之間的密切關係」[72]，也許馬克思
認為他之不同於傳統的「沉思者」（經院哲學家）的地方，就在於他不
但發現了人類歷史的發展規律，而且說明瞭「人類的大多數為什麼註
定了要從事艱苦的勞動和過著悲慘的生活」（恩格斯語）；

　　第三，就是在新教地區，靈知主義一直作為思想的「異端」受到
猶太教、天主教、經院哲學的壓制；而馬克思也一直視自己為一個「異
端分子」；馬克思很早就意識到為了擴大影響，必須構建組織，所以從
開始的「青年黑格爾派」一直到「第一國際」，用恩格斯的話來說，就
是馬克思「參加賴有他才第一次意識到本身地位和要求，意識到本身
解放條件的現代無產階級的解放事業——這實際上是他畢生的使命。
鬥爭是他得心應手的事情。」[73]這裏還需要特別強調的就是：鬥爭，

---

[72] 同上書，第 5-7 頁。
[73] 《在馬克思墓前的講話》，選集第三卷，第 575 頁。

或否定性因素既是黑格爾辯證法的核心，也是靈知主義的基本主題：「在青年黑格爾的思維中，靈知論的基本主題，即否定性因素的問題及其克服，扮演著重要角色，從它逐漸生長出辯證法。」[74]

馬克思在《論猶太人問題》中，認為那種把人的政治生活（政治共同體中的生活，個人是社會存在物）與市民社會的物質生活（個人作為私人進行活動，把別人當成工具，自己也降低為工具）、天國的生活與塵世的生活（簡稱天與地的關係）區分開來的觀點是一種「唯靈論」的觀點[75]。而在前面的討論中我們就已經知道，這種觀點（即在人的類生活中區分開政治關係與經濟關係）對於馬克思主義的形成有多麼的重要。

最後，在托匹茨（Ernst Topisch）的文章中，還表達了這樣一個觀點：馬克思主義中的人人平等、消滅私有財產以及對國家的揚棄，「在馬克思那裏也很清楚，無論怎樣世俗化，對他的社會學說的論證怎樣顯得唯物主義，都還有來自宗教的終末論的因素在起作用」；而靈知主義──終末論傳統與黑格爾和馬克思的學說之間是最為重要的歷史連接點，因為「辯證邏輯是一種歷史邏輯，以終末論世界觀為基礎。這種邏輯由否定性因素的力量這一問題決定，而這一問題是在啟示文學和靈知中提出來的。黑格爾那經常被談到、但卻很少被理解的邏輯的基礎就在啟示文學和靈知論之中。」[76]與否定性這一觀念相聯繫，就有了黑格爾的絕對者必須異化為一個他物，一個否定性的東西，然後才有外化與復歸，否定之否定等三段論的精神運動節律；而在馬克思那裏，就是勞動者陷入依賴他自己的勞動產品、勞動者同自己的勞動產品的關係就像同一個異己對象的關係一樣，最後才可能經過本質的喪失而復得（靈魂的墮落與回升，從自身釋放出世界並與世界重新統

---

[74] 托匹茨：《馬克思主義與靈知》，《靈知主義與現代性》，第 116 頁。
[75] 《全集》第一卷，第 428 頁。
[76] 《靈知主義與現代性》，第 115 頁。

一及和解的合理化解釋）這樣一個過程。托匹茨認為這也許是黑格爾主義——馬克思主義辯證法的最重要的源泉。[77]

「意識形態」這一概念在今天無形中已經變成了一個貶義詞。

其實經濟關係再是決定作用，它也總要轉化為人的信念、價值觀、決心和動機才能促使人訴諸行動。這應該是一個常識。所以馬克思才在《政治經濟學批判・序言》中說，「一種是生產的經濟條件方面所發生的物質的、可以用自然科學的精確性指明的變革，一種是人們藉以意識到這種衝突並力求把它克服的那些法律的、政治的、宗教的、藝術的或科學的或哲學的，簡言之，意識形態的形式（的變革）」[78]這兩種「變革」都是歷史的變革，也都是發生在歷史中的內容；經濟條件方面所發生的物質的、可以用自然科學的精確性指明的變革指的是最終說來的「原因」，或者也可以理解為「終極原因」；但就具體的歷史事件而言，最直接、最切近的「原因」還是人們的觀念，是「意識形態的形式」上所發生的變化，導致這種變化的「原因」，我們最好稱之為人們的「意欲」或「為了」；唯物史觀與唯心史觀的不同，不在是否是人們的理想、動機、目的、願望促使了人們採取行動，而在對這些理想、動機、目的、願望所做出的不同解釋上：是人性自身的或傳統觀念固有的、絕對精神的顯現、上帝的意志，還是經濟方式的「終極」的決定作用，這種決定作用通過「思想」這一仲介環節表現為「意識形態」，表現為人們的理想、動機、目的和願望。

但那怕再說成是「終極原因」，說成是借助於「思想」這一仲介而起作用，這裏面總有一種「決定論」的意味；事實上，就對人的行動起著直接作用的理想、動機、目的和願望而言，人們也並不是按照這些觀念所具有的表面價值來理解和接受它們，「而是根據表達它們的人所具有的生活情景來解釋它們的。此外，這一點還表明，這個主體所

---

[77] 同上，第 127 頁。

[78] 《選集》第二卷，第 83 頁。

具有的獨特特徵和生活情景，對他那些見解、感知過程以及解釋過程都產生影響。」[79]就是說，除過馬克思所強調的「終極原因」（經濟關係）、我們一般人都承認的「直接原因」（理想、動機、目的和願望等等觀念上的關係），我們還應該看到「生活情景」（生活世界，具體的環境以及對經濟、理性的不同理解，而且這種理解很可能與做出某種解釋的人的具體情況密不可分，這裏面的情況就太複雜了）所起到的「中間原因」。這使我們想到了法國的馬克思主義者阿爾都塞。

　　阿爾都塞並不同意馬克思把意識形態僅僅理解為生產關係在人們「思想上的反映」；當然也不同意就如葛蘭西那樣把意識形態歸入上層建築的範疇，而是認為意識形態所表現的其實是「人們的生活經歷同它們的生存條件之間的關係」；所以意識形態並不是一種知識，而只是一個概念語詞，它所反映的實際關係，永遠包含著某種想像的成分[80]。他反對任何以政治或經濟利益作為意識形態的建構基礎，想為意識形態尋找到新的、科學知識的基礎。這一基礎顯然和他所理解的「實踐」這一概念密切相關。這裏的實踐所強調的就是馬克思越到後期，就越意識到的「一個成功的革命需要有生命力的哲學，恰如需要實踐一樣」。所以在當時的法國哲學家中有了一種很有趣的分野：雷蒙·阿隆反對任何形式的馬克思主義；薩特貶低《資本論》和作為政治經濟學家的馬克思，突出的是早期馬克思著作中的人道主義；而阿爾都塞所讚美的恰恰是後期投身於革命實踐活動的馬克思。也正是為了說明「政治假定」在構建理論形態上的作用，他才把結構主義引入新的時間向度，說明「一些歷史環節為什麼是在過去和任何特定時刻——在每個現在發生的事態中——同時發生的」。[81]

[79] 曼海姆：《意識形態和烏托邦》，第 66-67 頁，華夏出版社 2001 年版。

[80] 高宣揚：《當代法國思想五十年·導論》，「台」五南圖書出版公司，2003年版。

[81] 參見伊·庫茲韋爾所著的《結構主義時代：從萊維－斯特勞斯到福柯·第二章》，上海譯文出版社 1988 年版。

但不管怎麼說，曼海姆下面的這段話還是值得我們每個人牢牢記取，因為它與我們每個人的生活實踐密切相關：

> 只有馬克思主義理論，第一次把特定的意識形態觀念與總體性意識形態觀念結合了起來。只有這種理論第一次對階級地位和階級利益在思想方面所發揮的作用給予了應有的強調。從很大程度上說，正是由於馬克思主義來源於黑格爾主義這一事實，所以馬克思主義有能力超越單純的心理學分析的層次，並且把這個問題置於更加廣泛的哲學背景之中。[82]

看來全部問題還是集中在經濟生產的間接的「終極決定作用」與人們在採取行動的「政治假定」中，「意識形態」所表現出來的直接的「意欲作用」之間的關係上。一位堅定的馬克思主義者布勞恩塔爾對此表示出的質疑就是：

> 「迄今為止，即按照我們迄今對唯物史觀的發展所進行的研究，我們面前有了一個在歷史上起作用的因素的完整的原因鏈條：生產力構成了第一個環節。生產力制約生產關係，後者又制約社會結構，而社會結構又決定政治的法律的等等表像、概念和觀念，一句話，決定馬克思所說的『上層建築』。然而所有這些相互間是否處於這樣一種簡單的關係：這一個總是決定另一個的原因？我們早已不得不強調（這是馬克思零星的言論和暗示所引起的）：比如說精神上層建築也過著一種自我生活；所以在某種意義上它不僅是一種由經濟基礎所決定的作用，而且本身也是原因，起碼是自我改革的原因。」[83]

---

[82] 《意識形態與烏托邦》，第 84 頁。
[83] 轉引自《馬克思的歷史、社會和國家學說》，第 612 頁。

　　他所想強調的，就是「意欲」的「自主作用」。庫諾在引述完這段話後，認為布勞恩塔爾在這裏未能區分開「原因」與「條件」；就是說，生產力制約生產關係，這裏並不是一種簡單的決定作用，而是說，只有當人們以一定的方式共同協作時，生產力才會產生某種相應的關係。這樣說來，人們在社會生產中相互活動的方式，反過來就構成生產力發揮「原因」作用的「條件」。以此類推，說生產關係決定社會結構就更把問題簡單化了，因為生產關係本身就是社會結構（馬克思：「生產關係的總和構成了社會的經濟結構」）；社會結構與上層建築的關係，也是在一個（甲）決定另一個（乙）的同時，另一個（乙）反過來作為「條件」又「制約」著這一個（甲）。恩格斯說，「所有這些先生們所缺少的東西就是辯證法。……這裏沒有任何絕對的東西，一切都是相對的。對他們說來，黑格爾是不存在的……」[84]

　　然而一個辯證法，一個在作為「原因」起決定作用的同時，又反過來受到被決定者的「制約」，這就能使人「恍然大悟」嗎？且不談個人在歷史中的作用，不談特別傑出的人物（列寧所謂的「領袖人物」）在人群（正是他們在相互合作中構成了一定的活動方式）中的獨特作用，這套理論背後的東西到底是什麼？馬克思研究生產力、生產關係、上層建築間的相互關係，到底想告訴我們什麼？

　　還是上一節最後通過阿倫特之口所表達出的康德的意思：「在認識活動中，思維只是為了達到目的的手段；而在道德行為中，思維則是一種『來自理性的本質』並為了理性自身的活動。」

　　於是，我們就涉及到了馬克思唯物史觀中的兩個根本性的問題：

　　第一，現代歷史研究首先是在德國被職業化的；19 世紀對歷史的興趣與正在上升的德意志民族情緒有關。按照伊格爾斯在《德國的歷史觀》中的說法，由於德國在政治層面上未能實現民主化，所以德國民族的自我認同是截然有別於西方民主制的歷史觀的；在這種情況

---

[84]　恩格斯致卡爾‧考茨基的信，選集第 4 卷，第 487 頁。

下，所謂的「歷史主義」（Historismus）「其要旨在於拒斥啟蒙運動的理性和人道主義的觀念。」按照《韋氏新國際詞典》（第三版）中的說法，「歷史主義曾與道德相對主義相一致，與這一認識論相等同，即『沒有絕對的價值、範疇或標準』」；加塞特更是這樣說：「人是沒有特性的，他所有的只是……歷史」[85]伊格爾斯在他的注釋中詳盡考察了英語中「歷史主義」（historicism）的來龍去脈，並採用了卡爾・波普爾對「歷史主義」的兩種含義的區分：一是「假設歷史預言是社會科學的主要目的，並進一步假設通過發現歷史進程中潛在的『節奏』或是『模型』、『法則』或是趨勢，這一目的就能達到」；二是用於分析不同的社會學說與學派之間在特定歷史時期所盛行的嗜好和興趣的聯繫，或是它們與政治、經濟、階級利益之間的聯繫。

　　對馬克思來說，他顯然屬於第一種意義上的「歷史主義」（馬克思：「新思潮的優點就恰恰在於我們不想教條式地預料未來，而只是希望在批判舊世界中發現新世界。」[86]）。他根本就不相信人們的思想、觀念只是思想自身的產物，他要發現決定著人們的觀念發生變化的「基礎」，相信只要「基礎」變了，一切都會隨之發生改變；於是與傳統的「自然」這一概念相對立的就不再是「精神」，而是「歷史」（馬克思：整個所謂世界歷史不外是人通過人的勞動而誕生的過程，是自然界對人說來的生成過程[87]）的生成與完善；這樣，歷史現象就不同於自然現象，其本身就是一個有意義的過程；所以恩格斯才說「我們談的不是不顧民族的意志立即實行財產共有，而是首先要確定目標和保證我們能夠向這個目標邁進的辦法和途徑。至於共產主義的原則是將來的原則這一點，一切文明國家的發展進程都可以證明」[88]。共產主義就是要消滅私有財產，把

---

[85] 「美」格奧爾格・G・伊格爾斯：《德國的歷史觀・中文版前言》及 28 頁的注釋，譯林出版社 2006 年版。

[86] 《全集》第 1 卷，第 416 頁。

[87] 《全集》第 42 卷，第 130 頁。

[88] 《全集》第 2 卷，第 616 頁。

這一點確立下來以後，馬克思才轉向對人們的財產關係的研究。馬克思的歷史樂觀主義所面臨的最大問題就是他低估了經濟權力與政治權力之間的角逐（這也依舊是我們中國人在今天所面臨的一個最大問題）；或如麥克里蘭在他的書中所說的那樣：19 世紀的政治學說都屬精英學說；「如果精英認真看待其敵手的意識形態，政治建制就會在社會與經濟遊戲中扮演一個活躍角色。」於是，傳統精英一面也變，一面就會將傳統社會裏有用於鎮壓和戰爭的層面加以現代化，直到你死我活的戰爭。這也是馬克思在巴黎公社期間為什麼那麼激烈、在 1848 年革命失敗後為什麼要強調「奪取政權已成為工人階級的偉大使命」的一個原因。

其次一點，就是幾乎所有講到近代以來歷史哲學的人都會提到人類一共只有三種彼此相關而又相異的時間觀：古代人認為時間是循環的、無限的；基督徒認為時間是直線式的、有限的；現代人認為時間是直線的、無限的 [3]，在此基礎上，再組合或分化為另外一種形態的時間觀，比如在馬克思那裏，首先應該肯定，這裏的時間不具有任何神靈（包括先驗）的意味，但這一點並不能排除在對基督教時間觀世俗化的同時，依舊把歷史理解為一個不可避免地通向一個既定目標（如共產主義，如自由王國的實現等等）的有意義的過程；在這一過程中，依然是光明與黑暗的決戰，扮演上帝的「選民」的不再是猶太人，而是無產階級。格魯內爾在他的《歷史哲學》中說，馬克思就是這方面的一個最為典型的例子，「當你想到世俗化的時候，你不應只注意這類例子。因為更重要的是下述普遍事實：現代人對歷史的理解──以及對現代歷史哲學的理解──有著宗教的先驅，但本身卻絕不是宗教性的。」不是「宗教性」的而又有意識地站在窮人（被壓迫者）一邊，對人的生存現狀表示出強烈的不滿，那麼這種「不滿」就不能是單純的道德譴責，也不能把問題歸結為「彼岸的政治國家」，而應把問題集中在社會的生產活動和所有制問題上。當然，這只是就理論上所能達

到的一種深度而言的，事實上，越到後來，馬克思也就越把生產活動與所有制問題就看作是一個政治國家的問題。

　　就猶太教－基督教這一宗教背景而言，按照格魯內爾的說法，又可分為千禧年論（millenarianism）與可臻完善論（perfectibilism）；前者相信有歷史的最後狀態，後者則認為這一最後狀態只能無止境地接近，但卻永遠也達不到這種狀態；前者相信「質變」，其間當然也有災難、危機和動盪，後者則是一種平坦的過渡與改善；於是前者更渴求一種「救贖」，把希望寄託在「非凡之人」身上，後者則只要肯定了人都是理性的動物，都渴望幸福，就可以說明社會為什麼會越來越好。格魯內爾認為，一般說來，中歐是千禧年論的大本營，西歐則更為信奉可臻完善論（這幾乎被作者用來說明為什麼德國的啟蒙運動全然不同於英法兩國的模式，說明為什麼在德國更少不可知論、無神論和自由思想者，說明馬克思在如此努力地偏向於英法兩國的文化中為什麼在骨子裏依然是一位德國哲學家）。作者所舉出的千禧年論者的代表人物有黑格爾、馬克思；可臻完善論者的代表人物有杜爾閣、孔多塞。作者說，還有些思想家，很難說他們屬於哪一類，比如我們前面提到的孔德。「最後，可臻完善論者與千禧年論者並非彼此隔絕的；他們之間之所以互相影響，只是因為他們是充滿敵意的對手。」[89]

　　歷史已經反覆證明，宗教最怕的並不是無神論者、人文主義者或科學主義者、理性主義者對宗教學說的攻擊，它怕的就是來自宗教內部、通過改頭換面把宗教原理正本清源化、世俗化、古典化、原教旨主義化、或對不同的時代、環境的適應化，等等；而這些來自宗教內部對宗教原理的「顛覆化」，又是任何宗教在歷史進程中都無法避免的，它即是宗教改革的動力，同時也孕育著喪失宗教精神的巨大危險。對宗教來說是這樣，對任何一種意識形態或偉大學說都是這樣。我們這一代人都還記得當時所認可的對馬克思主義來說，危險不是來自帝

---

[89] 同上，第 46 頁。

國主義，而是來自修正主義這一說法；但事實本身又證明瞭馬克思主義之所以是「活的」，恰恰就因為它是可以「修正」的。

問題只在於想解決什麼問題，這一問題是否具有人類的普遍意義。

第三節　生產關係
──「人的關係」還是「物的關係」？

馬克思關於生產關係（有時稱之為生產方式、經濟關係或社會關係）的一個「標準定義」出現在《資本論》第五十一章中，這一章的題目就叫《分配關係與生產關係》。馬克思是這樣說的：生產關係，「即人們在他們的社會生活過程中、在他們的社會生活的生產中所處的各種關係」；其中最直接的就是每個人都知道的「分配關係」──自己經過勞動後的所得。馬克思說，「分配關係本質上和生產關係是同一的，是生產關係的反面，所以二者都具有同樣的歷史的暫時的性質」；任何社會生產，其產品總可以分為兩個部分：「一部分的產品直接由生產者及其家屬用於個人的消費，另一部分即始終是剩餘勞動的那個部分的產品，總是用來滿足一般的社會需要」，人們並不過問「用來滿足一般的社會需要」的這「剩餘勞動的那個部分的產品」是如何分配的，也不問誰在執行這種社會需要的代表的職能。勞動者用這種分配關係來表示對產品中歸個人消費的那部分的各種索取權，而「剩餘勞動的那個部分的產品」則直接落在與直接生產者相對立的、掌管著「特殊社會職能」的那些人手中，「這種分配關係賦予生產條件本身及其代表以特殊的社會性質。它們決定著生產的全部性質和全部運動。」[90]

---

[90] 《資本論》第 3 卷，第 993-994 頁。

　　「分配關係本質上和生產關係是同一的」，「分配」的是「物」，但卻是「人」在分配，這幾乎就是一個極其簡單明瞭的問題。

　　任何有關社會發展規律的學說，這裏所說的「規律」，都只能通過人們的創造性活動才能體現出來；離開人的活動，並無任何有關社會、歷史的規律可言。規律既然體現在人們的創造性活動中，那麼任何有關社會、歷史的發展規律的學說，也就離不了人的目的性選擇，即我們所謂的人道主義問題。這也幾乎就是一個極其簡單明瞭的問題。

　　馬克思的學說之所以是「唯物主義」，就在於他強調這裏的「人」是現實的、即處於一定的階級關係之中的人；而這種階級關係歸根到底又是一種誰支配物質生產資料及誰佔據統治地位的物質力量。離開了這種「物質力量」的現實性，任何對「人」及「人的社會關係」的解釋都被馬克思視為一種意識形態。

　　馬克思認為只有資本主義的生產關係才有著最為鮮明的、具有獨特歷史規定性的特徵，因為也只有在資本主義社會中，生產關係不僅表現為財產上的分配關係，而且更以法律的形式把這種分配關係規定下來，使之同時成為一種「司法上的關係」。所以馬克思同時也把生產關係理解為社會關係，理解為使主人成為主人、奴隸成為奴隸的制度（首先強調的是經濟制度）關係。馬克思在《資本論》第一卷中說：「首先，威克菲爾德在殖民地發現，擁有貨幣、生活資料、機器以及其他生產資料，而沒有雇傭工人這個補充物，沒有被迫自願出賣自己的人，還不能使一個人成為資本家。他發現，資本不是一種物，而是一種以物為媒介的人與人之間的社會關係。」在這段話下面有一個注，在注中，馬克思說了那段人人耳熟能詳的最為著名的話：

　　　　黑人就是黑人。只有在一定的關係下，他才成為奴隸。紡紗機是紡棉花的機器。只有在一定的關係下，它才成為資本。脫離了這種關係，它就不是資本了，就像黃金並不是貨幣，砂糖並

不是砂糖的價格一樣⋯⋯⋯資本是一種社會生產關係。它是一種歷史的生產關係。[91]

通過這樣的敘述，我們已經可以比較明確地看出，在馬克思那裏，生產關係當然不是企業間的技術關係，不是人與自然的關係，而是人與人或集團（階級）與集團（階級）間的關係；這種關係同「物」結合在一起（通過對「物」的分配表現出來），作為「物的分配關係」所表現出來的，並不單純只是人們在社會勞動中進行經濟協作的結果，而是一種強加在勞動者身上的政治關係；所以，馬克思非常清楚，他的「政治經濟學」研究的不是經濟，而是人，看人的政治關係是如何通過經濟關係而體現出來的。

我們基本上可以明確的是：（1）人是社會的人，就是說，社會不是單個人的集合，在這一點上，馬克思堅決與古典的自由主義者劃清了界限；（2）社會的人的社會關係首先就是經濟關係以及與之相應的階級關係；我們有足夠的理由說馬克思完全沒有顧及（或完全不具有這方面的意識）種族關係、性別關係，因為我們真的拿不出足夠的理由把種族、性別上的衝突都歸結為階級衝突，現在發生在伊拉克、美國及其他地方的種族衝突就是典型的例證；至於性別問題（比如女性主義）就更是一個時代的話題了，因為我們都意識到了發生在我們身邊的「家庭暴力」，而這種「暴力」很難歸結為經濟或階級上的衝突（這方面的因素肯定有，但馬克思又顯然相信隨著經濟上的階級關係的消滅，種族與性別上的衝突也就會不復存在）；（3）這種經濟關係即所謂的生產關係，它當然也是人建立起來的（馬克思：這些一定的生產關係同麻布、亞麻一樣，也是人們生產出來的。[92]），但卻不是通過契約，而是一種必然的、不以人的意志為轉移的強行出現的關係；這裏面有這樣一個問題可以多說幾句：人們在生產中所建立起來的經濟關係，

---

[91] 參見該書第 834-835 頁。
[92] 《全集》第 4 卷，第 144 頁。

是一開始只是一種完全平等的關係，還是一開始就建立在不平等的基礎上，比如一開始就有了服從與被服從的關係，有了壓迫、統治甚至剝削的關係？換言之，到底是先有統治者還是先一律平等、統治的關係只是後來才發展起來的？我們沒有、也不可能有完全一致的經驗材料作證，這裏需要的依舊是一種邏輯上的「假定」，它服從於你想說明什麼問題。無論是先有統治者，還是先平等，按照契約論者的思路，統治者的出現總要有一個「契約」的形式；他們的不同在於在霍布斯看來，只有在有了統治者以後，才可能有一個「和諧」的社會；而在盧梭、洛克或蘇格蘭啟蒙思想家（如亞當・斯密）看來，自利、財富，最重要的是人的「合群本能」都使得政治共同體的出現不可避免；所以問題不在起源上的「先有什麼或後有什麼」，而在權力是否建基在權利（首先是自然的、天賦的）的基礎上。馬克思並不直接回答這一問題，但似乎徘徊在二者之間：在社會化的經濟生產中，他認為統治者一定是先要有的（比如通過征服等手段，黑格爾的主奴學說與國家學說在這一方面提供了思想資源），這才談得上有「剩餘價值」的剝削；只要說到人是社會的人，社會的階級結構與階級衝突總是第一位的；但他同時又相信社會的生活關系構成法律關係的基礎，相信曾有過一種公產的、原始的「馬爾克公社」（馬克思 1868 年 3 月 14 日在寫給恩格斯的一封信中說「順便提一下，在博物館裏，我除鑽研其他著作外，還鑽研了老毛勒關於德國的馬爾克、鄉村等等制度的近著。他詳盡論證了土地私有制只是後來才發生的，等等。……我提出的歐洲各地的亞細亞的或印度的所有制形式都是原始形式，這個觀點在這裏「雖然毛勒對此毫無所知」再次得到了證實。」[93]）這也就是說，就國家的出現而言，如果講是隨著生產力、交換關係的發展，在勞動者（奴隸）之中自然而然出現的，那就是一種觀點；如果講是出於占居優勢地位的統治者的願望才有了國家這種政治形式，那就必須先得承認有統治

---

[93]　《全集》32 卷，第 43 頁。

者（主人）；而且在我們一般宣傳教育中，都相信馬克思在《資本論》第三卷中關於我們可以把魯濱孫個人的勞動當成「一個自由人的公社」的「假設」；相信恩格斯在《共產主義原理》中所相信的「當全部資本、全部生產和全部交換都集中在人民手裏的時候，私有制將自行消亡，金錢將變成無用之物，生產增加了，人也改變了，舊社會的各種關係的最後形式也會消滅」的說法，相信恩格斯在《家庭、私有制和國家的起源》的最後所說的隨著國家的消亡，「將是古代氏族的自由、平等、博愛的復活，但卻是在更高形式上的復活」；（4）所以在馬克思的心目中的社會一直就與資本主義的「剝削」這個概念聯繫在一起，而這一切又只是作為發展過程中的一個環節出現的（黑格爾的影響）；至於「剝削」為什麼會出現，當然與資本和勞動、窮人和富人間的財產關係、分配關係的不平等有關；而這種不平等說到底取決於經濟活動的方式和由它決定的社會成員在社會經濟結構中的地位，這一點，作為一個當代中國人，其實早已看得清清楚楚；（5）所以馬克思的唯物史觀中的最為核心的概念就應該是「勞動」。他在《資本論》第一卷中說：「勞動過程的簡單要素是：有目的的活動或勞動本身，勞動對象和勞動資料」[94]。勞動，一方面如傅立葉所說，「因為每個人天生都愛好或著喜歡某種勞動，所以這些個人愛好的全部總和就必然會形成一種能滿足整個社會需要的力量。」恩格斯在《大陸上社會改革運動的進展》中認為這是「無可辯駁的、幾乎是不言而喻的道理」（這和康德等人假設人天生就有一種「不合群的社會性」其實是一樣的，馬克思並不見得就認可這一點。[95]）；另一方面，勞動在資本主義制度下又發生了「異化」。

「異化」這一概念當然來自黑格爾和費爾巴哈；黑格爾說自然界是絕對精神的異化，在「主奴關係」中，主人與奴隸之間也有一個相互異化的結構：主人的一切都靠奴隸，他的那種「主人性」其實是通

---

[94] 第 202 頁。
[95] 恩格斯的話，見《全集》第 1 卷，第 578 頁。

過奴隸體現出來的，奴隸才是真正的主人；反過來，奴隸的一切都屬於主人，他自己把自己異化為一個別人的所有物。在費爾巴哈，當然是說宗教是人的本質的異化。從精神到宗教，再到政治，再把「彼岸」的政治關係歸結為「此岸」的經濟關係，歸結為所有制、階級、剝削等方面的關係，這就是馬克思所延續下來並加以革命性改造的「青年黑格爾派」的思路。其中最精彩的就是有關「勞動異化」的論述。

「勞動異化」講的是「有目的的活動或勞動本身」的異化，即不再是作為「勞動本身」（即不再是「每個人天生都愛好或喜歡某種勞動」）的那種勞動，而成為了迫不得已的謀生手段。馬克思又把這種「勞動本身的異化」稱之為「生命活動的異化」；在此基礎上，才有了「勞動異化」的第二層意思，即勞動者與其勞動產品的異化（產品屬於不是勞動者的那些人）。

到底是私有制使異化勞動成為可能還是異化勞動使私有製成為可能？馬克思在《1844 年經濟學——哲學手稿》中當然會說它們之間是一種相互作用的關係，但他主要強調的是「工資是異化勞動的直接結果，而異化勞動是私有財產的直接原因。」[96]

請注意，馬克思整個的研究方法都是「從結果到原因」：比如從商品到勞動、從工具機或工作機到發動機和傳動機制、從工資到私有制；也就是說，從「事實」的角度看，商品、工具機或工作機、工資是最後的「結果」，這都是一些我們能看到的「事實」；但從「邏輯」的角度看，剩餘勞動、發動機和私有制又是隱藏在這些「結果」後面的、我們所看不到的「結果」，因為這些看不到的「結果」恰恰應該是分析問題的「起點」或「原因」。

在「事實」上，異化勞動（商品、工具機）應歸咎於私有制（剩餘勞動、發動機），也就是說，私有制是「在先」的；但在「邏輯」上，異化勞動又應該是「在先」的，是邏輯分析的起點。

---

[96] 單行本，第 55 頁，人民出版社 1979 年版。

　　以此類推，從結果到原因，從物到人，從歷史的事件到事件後面的必然，這就是馬克思的方法；也就是說，我們的「唯物主義」過去所講的「物」，只是「結果」，是我們敘述問題的出發點；「物」後面的「人」才是「原因」，是分析問題的邏輯上的出發點。這兩個「出發點」是交織在一起的。

　　分析的方法體現著邏輯的力量，這種邏輯的力量自然是一種精神的力量；但同時又相信這種邏輯的或精神的力量受著經濟的、階級的這些現實而又是物質的力量的支配，這就是馬克思學說中常常會把我們引入一種「僵硬」的唯物論的原因之所在。

　　但馬克思為什麼要這樣分析問題呢？除過所心領神會到的黑格爾辯證法的思維訓練（概念如何從抽象達到具體，也就是如何使「剩餘勞動」、「發動機」、「私有制」這些概念具體化）之外，最重要的，在於馬克思更看重的是「邏輯的必然」，也就是說，私有制起源於異化勞動，沒有了異化勞動，也就沒有了私有制。所以無論是馬克思還是恩格斯，都必須先行假定勞動是人的本能，勞動本身也就是人的生命活動本身；人「天生都愛好或喜歡某種勞動」。這其實也就是對人的本質或人性的一種規定。看來任何哲學都必須對此有所假定，否則也就無法展開邏輯的論證。這一點，是我們許多研究哲學（不僅僅只限於馬克思主義哲學）的人都一直沒有弄明白的一個問題。

　　有關「勞動異化」的話題，人們已經說了很多很多。1983 年，在紀念馬克思逝世一百周年的一個大會上，周揚專門講到了異化問題，隨後就受到了批判。緊接著，在全國性的「清污」和「反自由化」的運動中，無數的人因討論異化問題而受到批判。那時候，異化和人道主義是完全不能提及的兩個概念。筆者所在的單位在那一時期也處於天天開會、人人過關的狀態之中。也正是那場運動（文化大革命的迴光返照），筆者所在的哲學研究所被徹底搞垮了，好不容易聚集起來的一批人只好各自逃生，而所謂「理論權威」在當時所寫的文章，今天看來真是毫無價值──當然在當時就已經覺得是不能接受的，只不過

不敢或不讓說話而已。馬克思一個半世紀前所論述的問題，在一個半世紀後的一個以馬克思主義為指導思想的國度裏竟成為理論禁區，這不是滑天下之大稽嗎？事情可以荒唐到這種地步，馬克思若在地下有知，何以面對無數生靈的痛不欲生？

　　本節在一開始就提到了《資本論》中的那段論述：人們並不過問「用來滿足一般的社會需要」的這「剩餘勞動的那個部分的產品」是如何分配的，也不問誰在執行這種社會需要的代表的職能。在任何時代、任何制度下，一般來說，人們當然都不會「過問」此類問題。但馬克思過問了。既然有馬克思的先例，後人當然也可以過問，至少作為一種理論探討總是可以的，而且在「過問」中使用「異化」這樣的範疇也完全正當。馬克思與其他所有人的區別就在於他並不是在講精神的、觀念的、意識形態的或心理上的異化，而講的就是人為了衣食住行而不得不進行的勞動這一最為「物質」的活動的異化。

　　問題只在於我們是否相信人的本質或本性就是勞動（在這裏，本質或本性這樣的概念依舊有些抽象，但馬克思並不想在這方面達到具體，他的注意力在社會的經濟結構以及人與人的社會關係上，也就是說，他不想使有關人的本性或本質的討論重新成為一個經院哲學的話題），相信人「天生都愛好或喜歡某種勞動」；如果相信，我們也就（在邏輯上）相信異化勞動以及與之相適應的私有制是一個「歷史的暫時現象」；或者說，（在事實上）相信隨著私有制的消滅，勞動也終究會回歸為人的本性，就如他在《1844 年經濟學——哲學手稿》中所說的那樣：「因此，私有財產的廢除，意味著一切屬人的感覺和特性的徹底解放；但這種廢除之所以是這種解放，正是因為這些感覺和特性無論在主觀上還是在客觀上都變成了人的。

第五章

馬克思主義與當代中國

　　並不需要多大的聰明就可以看出，關於人性本善和人們智力平等，關於經驗、習慣、教育的萬能，關於外部環境對人的影響，關於工業的重大意義，關於享樂的合理性等等的唯物主義學說，同共產主義和社會主義之間有著必然的聯繫。既然人是從感性世界和感性世界中的經驗中汲取自己的一切知識、感覺等等，那就必須這樣安排周圍的世界，使人在其中能認識和領會真正合乎人性的東西，使他能認識到自己是人。既然正確理智的利益是整個道德的基礎，那就使個別人的私人利益符合全人類的利益。既然從唯物主義意義上來說人是不自由的，就是說，既然人不是由於有逃避某種事物的消極力量，而是由於有表現本身的真正個性的積極力量才得到自由，那就不應當懲罰個別人的犯罪行為，而應當消滅犯罪行為的反社會的根源，並使每個人都有必要的社會活動場所來顯露他的重要的生命力。既然人的性格是由環境造成的，那就必須使環境成為合乎人性的環境。既然人天生就是社會的生物，那他就只有在社會中才能發展自己的真正的天性，而對於他的天性的力量的判斷，也不應當以單個個人的力量為準繩，而應當以整個社會的力量為準繩。

——馬克思，《神聖家族·第六章》，

《全集》第二卷，第一六六 —— 一六七頁

　　儘管上面所引述的馬克思的這段話中有許多用語都是我們所陌生已久並反覆批判過的，比如「人性」、「天性」、「享樂」、「利益」、「自由」、「生命力」等等，但我們不能不承認，馬克思在這裏所表述的就是從西方哲學中傳來的「唯物主義」這一概念的本來含義，也就是馬克思所理解的社會主義與共產主義的基本原理。但從什麼時候起，當我們在所有的教科書中大講「唯物主義」時，卻有意無意地回避了馬克思的這段論述，或者說，當我們堅持要以馬克思主義為自己的指導思想時，是否想到過它對任何一個執政黨所具有的天然的威脅？比如「必須這樣安排周圍的世界，使人在其中能認識和領會真正合乎人性的東西，使他能認識到自己是人」（這才有了人的尊嚴），比如「應當消滅犯罪行為的反社會的根源，並使每個人都有必要的社會活動場所來顯露他的重要的生命力」（而不是靠「嚴打」之類的強權行為來遏制犯罪）等等。

　　1988 年底，也就是蘇聯解體前不久，蘇聯開始修改他們從史達林時代所沿襲下來的哲學教科書，開始推出一版全新的《哲學導論》。

　　我手中一直保存著我們國家 1989 年的第二期《哲學譯叢》，裏面有「蘇聯的新哲學教科書（專欄）」；在此「專欄」前面，首先刊登的是布哈林的一篇文章：《馬克思的學說及其歷史意義——理論分析的經驗》。

　　讀了布哈林的文章，再細讀當時發表在蘇聯《哲學問題》上的有關《哲學導論》一書的寫作意圖、總體構想、前言和結束語，總的感覺就是這一切都來得太遲了。

　　是蘇聯的哲學家們明白得太遲了，還是由於某種原因，他們終於可以公開說出自己的觀點這一時刻來得太遲了？對此，我們只好不予討論。下面，我只簡略地概述一下圍繞著新版的《哲學導論》所表達出來的幾個與過去迥然不同觀點。

　　這期的《哲學問題》之所以要重新刊登布哈林的文章，就是想澄清這樣一個問題：「直至 30 年代末，我國並無講述馬克思主義哲學的『正式經典』，於是《聯共（布）黨史簡明教程》便成了『經典』」；

馬克思列寧主義哲學的全部豐富內容被壓縮在《聯共（布）黨史簡明教程》第四章的一些僵硬公式之中。正是對辯證法的這種講解，在哲學教學讀物中統治了長達數十年之久。其結果是，甚至那些正確的重要的東西，也變成了空洞的陳詞濫調，喪失了任何一點生命力。並且，這種教條越是想靠官方建立威信，在現實的社會生活中它就越是威信掃地。因此，很遺憾，在我國嚴肅的哲學中所取得的為數不少的真正成果，也很難在社會意識領域得到認可。[1]

布哈林的文章就是在這種情況下重新發表的；而布哈林特別強調了馬克思、恩格斯在《德意志意識形態》一開始就指明了的一個基本觀點：

> 我們僅僅知道一門唯一的科學，即歷史科學。歷史可以從兩方面來考察，可以把它劃分為自然史和人類史。但這兩個方面是密切相聯的；只要有人存在，自然史和人類史就彼此相互制約。自然史，即所謂自然科學，我們在這裏不談；我們所需要研究的是人類史，因為幾乎整個意識形態不是曲解人類史，就是完全排除人類史。意識形態本身不過是人類史的一個方面。[2]

這裏最重要的一個前提就是「只要有人存在」。所以，新的《哲學導論》就沿著當初布哈林的思路，概括出了這麼幾個方面的問題：

第一，「在哲學教學中，在哲學教材和通俗讀物中，教條主義風靡一時」。什麼是「教條主義」？就是「採取生硬的思想控制手段，借此扼殺對新的現實進行創造性思維的嘗試，消除任何背離教條化的經典原理的情況。……馬克思主義哲學永遠是對現實生活的批判性思維，而官僚主義體制則不要批評，只要頌揚，它不要求大膽地預見未來，而只

---

[1]　《哲學譯叢》，1989 年第 2 期，分別參見第 8 頁和第 18 頁的論述。

[2]　《選集》第 1 卷，第 21 頁注釋。

需要危險性的政策做辯護，對已採取的決策作事後的論證。喪失了批判能力的哲學智慧用社會主義的理想模式冒充社會主義的經驗現實。」

第二，哲學失去了其整體性的特徵，被劃分為辯證法與唯物論、辯證唯物主義與歷史唯物主義，「好像辯證唯物主義世界觀基本上是在自然科學的基礎上建立起來的，它根本就不涉及社會問題和人的問題。馬克思主義哲學世界觀的諸原理是離開人而加以敘述的。這種敘述形式只講物質和意識、時間和空間、發展的規律和過程、本質的和非本質的聯繫，而人在這一切之後卻消失不見了。」

第三，哲學的基本問題不是物質本身的問題，而是物質與意識的關係；而從唯物主義的角度看，除了人的意識是不存在任何別的意識的。所以人的問題應當貫穿於歷史唯物主義，因為正是人才把物質與意識、自然與社會聯繫了起來。在《哲學導論・結束語》中，作者說，「哲學分析決定著思維的廣度，在這一廣度中得以理智地對待產生於人的生活和社會生活中的種種問題的情況。換言之，哲學分析使我們能從概念語言表達我們的利益、志向、我們對自身和周圍事物的不滿，總之一切喚起我們行動（這樣行動而不是那樣行動）的因素，進而使所有這些都變成理智思考的對象。」兩千多年來的哲學所面臨的是某種具有一致性的東西，「這種一致性是由下述情況決定的：其中每個問題都是這種問題的特殊表現，即在各個時代對哲學而言都是決定性的問題，而今天和在兩千年前一樣仍不失為新的、探索性的問題。這裏所說的就是人的問題──任何哲學思考的真正起點。」

第四，新的教科書必須把「存在」作為哲學的一個最重要的問題加以討論；而且不應把「存在」歸入「物質」的範疇，不應把對「存在」問題的討論與唯心主義及形而上學觀點聯繫在一起，「如果這樣看問題，存在對於人的意義的一切重要課題，實際上都永遠不能探討了。」此外，新的教科書「拋開了業已形成的傳統的歷史唯物主義敘述模式」，「該模式的主要缺點是，它生硬地劃定了辯證唯物主義和歷史唯物主義的界限，限定了人們去描述個別社會現象或某些社會生活領

域，說明什麼是生產方式、基礎和上層建築、階級和國家等等」;「另一個嚴重的缺陷是，很少指出（或者說完全沒有）迫切的現實問題，例如文化、文明、個性等問題以及對社會進行哲學思考所得出的最重要的結論，這些結論反映在當代充滿矛盾的世界的整體性觀念之中，反映在全人類的利益重於一切的思想中」。

最後，但在我看來並非就無關緊要的，就在於新的《哲學導論》的「前言」中明確指出:「哲學是一個特殊的知識領域，它同所有別的學科在某些方面有著本質的差別。哲學的這種特殊性也反映在哲學著作的文體上」;也就是說，「哲學不是通常所理解的那種嚴格的科學，但是它的嚴格性有自己的尺度，論證它所提出的見解時有自己的方法」。在這方面，應該吸收「某些非馬克思主義哲學派別為認識本世紀人類所承受的多種多樣的而又往往是獨一無二的經驗」所提供的一切有價值的東西，其中也包括文體上的多樣性（比如以格言的形式敘述自己的學說，表現自己的風格）。作者說，「所有這些都說明，哲學不僅影響人的理智這一方面，而且影響人的情感，影響他的精神功能的所有方面。正是在這一意義上，哲學與文學和藝術沾親。」所以，新的《哲學導論》不僅把與「非馬克思主義」哲學的對話和創造性合作作為前提，而且「如何以新的方式敘述哲學教程，作者們也做了許多嘗試」。

其實在近 30 年的哲學實踐中，我個人就一直想嘗試著用「另一種表達方式」來談論哲學問題，甚至認為形式本身就是內容，而且比內容更豐富。對於傳統的那種板起面孔的哲學說教，不要說內容上的陳腐，就是語言與論述形式上的生硬與千篇一律，也足以讓任何一個對哲學感興趣的人也會把自己的興趣自然而然地轉移到外國哲學家那裏。

這就是刊登在這一期《哲學譯叢》上的有關蘇聯在 1988 年底出版新的《哲學導論》時所表達出來的幾個基本觀點;它也表現出當時的蘇聯哲學界在對馬克思主義重新進行認識時所達到的水平。

但這一切不僅對於今天的我們來說已經顯得太晚，就是對當時的蘇聯來說也已經太晚。這種「太晚」的一個結果就是人們把對理論上

的壓抑、歪曲、強制的不滿轉化為現實的怒氣，於是一方面是理論興趣的消退，沒有多少人再願意思考理論問題、哲學問題，特別是馬克思主義的哲學問題；另一方面就是期待著一個機會的整體爆發，而理論的熱情與興趣本身所受到的損害則無可彌補。）

我們自然不能滿足於這一點。我們既不是在寫教科書，也不存在是否允許吸收「非馬克思主義者」的成果（包括文體上的新穎與獨特）等方面的問題。儘管在教科書的模式上我們與前蘇聯有著許多近似之處，但在幾乎 20 年後的今天，我們畢竟又獲得了許多新的、多種多樣但又往往是獨一無二的經驗。我們必須在我們自身經驗的基礎上重新尋找我們心目中的馬克思，因為「幽靈」又以它獨特的方式顯現在我們面前。

第一節　馬克思主義與現代性危機

如何理解我們的「現代性危機」？我們真有這樣的危機感嗎？本節主要涉及到兩個方面的問題，一是與傳統的關係——在這一關係中，體現著保守主義與激進主義的分野，它與「一切價值的重估」（尼采語）有關，與現代社會中逐漸密集起來的「相對主義」、「虛無主義」的社會現象密切相關；二是與工業、與技術的關係，因為海德格爾給現代社會所下的一個定義就是「技術化的生活世界業已形成」，在我們這裏，政治民主、社會公正、道德重建之所以顯得如此緊迫，人們之所以把注意力更多地轉向法哲學與政治哲學，轉向宗教與神學問題，更多關注於手段與目的的關係（注意：是二者的關係，而不單純就是只關注於手段或目的），關注於人生的意義到底何在，關注於人類生存環境的根本變遷，都與「技術主義」徹底改變了我們與自然、與社會、與他人的關係有關。

　　讓我們先從美國的馬歇爾・伯曼的一本書的書名說起。這本書就叫《一切堅固的東西都煙消雲散了——現代性體驗》[3]，在「企鵝版前言」中，作者給「現代主義」所下的定義是：這是一種鬥爭，一種想把這個不斷變化著的世界改造為自己的一個舒適的家園的鬥爭；但這又是一種註定了要失敗的鬥爭，因為「我們最有創造性的建設和成就都遲早會轉化成一些監獄和石墓——只要生活還在繼續，我們或我們的子女就將不得不逃避或加以改造的監獄和石墓。」圍繞著這一定義，作者說出了許多精彩的警句和儆語，如「現代生活就是過一種充滿悖論和矛盾的生活」、「最深刻的現代性必須通過嘲弄自己來表達自己」、「有些現代人寧願『為了擺脫現代衝突而拋開現代技術』；另一些現代人寧願以新式封建主義或新式專制主義的政治倒退來換取工業的進步」、「這種聲音以現代性自身創造出來的各種價值觀念來指責現代生活，希望——常常與希望相反——明天和後天的現代性將會治癒毀了今天的現代男女的傷痛，它是嘲弄的和矛盾的、是多音調的和辯證的。」（參見該書「導論」部分）如此等等。作者所列舉出的幾個最具有現代主義特徵的代表人物就是歌德、馬克思、基爾凱戈爾、波德賴爾、托斯妥耶夫斯基，而該書的書名則摘取自《共產黨宣言》中那段最為著名的話：

> 生產的不斷變革，一切社會關係不停的動盪，永遠的不安定和變動，這就是資產階級時代不同於過去一切時代的地方。一切固定的古老的關係以及與之相適應的素被尊崇的觀念和見解都被消除了，一切新形成的關係等不到固定下來就陳舊了。一切固定的東西都煙消雲散了，一切神聖的東西都被褻瀆了。人們終於不得不用冷靜的眼光來看他們的生活地位、他們的相互關係。[4]

---

[3]　馬歇爾・伯曼：《一切堅固的東西都煙消雲散了——現代性體驗》商務印書館 2003 年版。

[4]　《選集》第 1 卷，第 254 頁。

作者說：只要我們還沒有超越「一切堅固的東西都煙消雲散了」之後所必然產生的兩難窘境，我們就仍生活在馬克思那個時代，生活在現代性的巨大陰影之中。

應該承認，我們以前是以歡欣鼓舞的心情來閱讀和理解這段話的：我們期待著這樣一個新世界的到來，一個「一切固定的古老的關係以及與之相適應的素被尊崇的觀念和見解都被消除了，一切新形成的關係等不到固定下來就陳舊了。一切固定的東西都煙消雲散了，一切神聖的東西都被褻瀆了」的新世界的誕生。

與此相關，我們也相信生活在一個「全新」社會裏的人將會是一個「全新」的人；所以如何「改造舊人」也就成為題中應有之義。

按照作者的說法，整個西方世界第一位以 19 世紀和 20 世紀的使用方式來使用「現代主義」這個概念的就是盧梭，而且他也是最重要的現代傳統的源泉；在他的浪漫主義小說《新愛洛怡斯》中，主人公「正是從這樣的感受——焦慮和騷動，心理的眩暈和昏亂，各種經驗可能性的擴展及道德界限與個人約束的破壞，自我放大和自我混亂，大街上及靈魂中的幻象等等——之中，誕生了現代的感受能力。」[5]

我們的這種感受，幾乎可以說比盧梭晚了整整兩百多年；把這個意思換一種說法，就是我們對商品、市場、勞資關係、農民失去土地與進城務工、契約論與法制的必要、私有制、還有物權法、企業所得稅法、民法典的理解，在「改革開放」前還遠遠沒有達到馬克思在當年所達到的水平（不僅我們是這樣，俄國十月革命時的領袖人物也同樣沒有達到馬克思的水平，因為沒有過那樣的生活體會）。

當然，對於權力與資本是如何勾結在一起的，我們又有著馬克思在當年所體會不到的經驗。所以馬克思對資本主義的批判，從本質上來說，對我們其實都是一些很遙遠、很抽象的概念與理論（就如現在，我們對於資本主義的自由、民主、平等也依然很陌生、很抽象一樣；

---

[5]　《一切堅固的東西都煙消雲散了·導論》。

當十屆人大五次會議結束，我們在報紙上看到「讓正義成為社會主義的首要價值」的通欄大標題時「2007年3月17日《新華每日電訊》」，我們難道不感到「正義」對我們來說依舊是一個很抽象的概念與理想嗎？）。我們僅從《包身工》、《日出》、《上海的早晨》等幾本小說就想獲得對資本家或資本主義的感性認識，充其量只能是一些想像（就連作者也只有在想像中才能虛構出他從概念出發而需要的好人與壞人的典型），或把黃世仁、南霸天與楊白勞、吳瓊花的關係（無非就是剝削與壓迫）等同於想像中的資本家與工人們的關係。

就我個人而言，這種「焦慮和騷動，心理的眩暈和昏亂，各種經驗可能性的擴展及道德界限與個人約束的破壞，自我放大和自我混亂，大街上及靈魂中的幻象等等」的現代感受力，也不過只是近20年來才有的一種切身體會。

當然，馬克思生活在那個時代，對資本主義初期社會變動的一切感受都是真實而深刻的；在這一意義上，我們可以說馬克思就生活在「現代主義」的社會思潮中，也正是工人運動和要求獲得某種解放（為承認而鬥爭）的歷史力量推動著他思考社會變革的普遍規律。所以馬克思的學說真正說來只是一種歷史的產物，而他自己也許並沒有意識到這一點，所以才誤以為他的學說揭示了人類社會任何一個歷史時期的普遍規律，而且適用於所有民族的所有情況——當然，這並不是馬克思自己說的，而是那些「創造性地發展了馬克思主義」的人說的。

馬克思是自由資本主義最早的批判者，但也許我們可以這樣來理解馬克思的批判：他批判資本主義，批判的是那種把毫無節制的競爭、貪得無厭的掠奪視為合理，把自私自利的個人主義視為人的普遍本質的社會觀念（以及與之相關的「德意志意識形態」）；他認為這種社會觀念是為人的社會存在所決定的，但這不意味著他所反對的就是現代資本主義，而是認為現代資本主義恰恰為一個嶄新的社會形態提供了一種可能；因為他已經看到、並且完全承認現代資本主義所給人類社會帶來的巨大而又深刻的變化：

> 資產階級在它不到一百年的階級統治中所創造的生產力，比過
> 去一切世代創造的全部生產力還要多，還要大。自然力的征
> 服，機器的採用，化學在工業和農業中的應用，輪船的行駛，
> 鐵路的通行，電報的使用，整個整個大陸的開墾，河川的通航，
> 彷彿用法術從地下呼喚出來的大量人口，──過去哪一個世紀
> 能夠想到有這樣的生產力潛伏在社會勞動裏呢？[6]

伯曼在他的書中說，馬克思感興趣的並不是巨大的物質財富，而是人類生產活動在資本主義制度下所表現出來的一種全新的組織形式（請高度注意這裏的「組織形式」，馬克思到列寧，再到毛澤東，終於完成或實現的全社會的「組織化」，特別是對農民的高度組織化，它一直到今天都是我們這個國家具有非凡的國家動員能力的組織保證）。馬克思看到了這種組織形式在創造巨大的物質財富的同時，實際上只能扭曲地發展人的個性，使人把自己的品格、衝動和才能都納入市場的軌道，就如同剩餘勞動一樣受到無情的壓榨，「而我們身上其餘的沒有市場價值的一切，則受到了無情的壓抑，或由於缺乏運用而衰亡，或根本就沒有出生的機會。」[7]所以馬克思和恩格斯才在《共產黨宣言》中說「代替那存在著階級和階級對立的資產階級舊社會的，將是這樣一個聯合體，在那裏，每個人的自由發展是一切人的自由發展的條件」。[8]這裏重要的地方在於：馬克思認為古代的生產方式在本質上是保守的（兒童性質的古代社會，人們追求封閉的模式，看起來更高尚），現代的資本主義的生產方式卻是以不斷地變化（這種變化不但引起生產的技術基礎的變化、工人職能的變化、勞動過程的社會組織的變化，同時還使勞動分工革命化）為特徵的，所以才導致「一切堅固的東西都煙消雲散了」；在這樣一種敘述的後面，投露出馬克思的這樣一種想法：

---

[6]　《選集》第 1 卷，第 256 頁》。

[7]　《一切堅固的東西都煙消雲散了》，第 124 頁。

[8]　《選集》第 1 卷，第 273 頁。

> 馬克思想要一種為了每一個人的對財富的無限追求，不是用金錢表現出來——即『狹隘的資產階級形式』——的財富，而是以慾望、經歷、能力、感受力、轉變和發展表現出來的財富。[9]

問題在於，在「一切固定的古老的關係以及與之相適應的素被尊崇的觀念和見解都被消除了，一切新形成的關係等不到固定下來就陳舊了。一切固定的東西都煙消雲散了，一切神聖的東西都被褻瀆了」的情況下，人是否還能充分展現出自己在「慾望、經歷、能力、感受力、轉變和發展中所表現出來的財富」呢？人如果沒有確信的東西，也就不會有困惑與痛苦，不會有內疚與渴望，那麼，到底什麼才是對人而言的「財富」呢？或者說，人還真能知道什麼才是「財富」嗎？

這裏有兩個不同的問題，一個是通過刺激人的發財的慾望而使整個社會都處於不停的變動之中，於是人在別的方面的潛力和才能就得不到發展；另一個是如何才能在既壓制或扭轉人的發財慾望的同時又不壓制社會部分領域的人的自主能力、潛力和才能的基礎上，協調全社會的發展，特別是精神領域裏的發展，這就是歷史所留給我們的正反兩個方面的教益。

哈貝馬斯 1988 年 11 月在回答當時一位東德的哲學家 H·P·克魯格的問題時，曾指出我們在翻譯《共產黨宣言》中的這段話時，在「一切固定的東西都煙消雲散了」的前面，曾漏譯了「一切現存的東西」（Alles Stehende）這句話。[10]我沒有核對過馬克思的原文。假設哈貝馬斯的指明是正確的，那麼馬克思和恩格斯所要表達的意思就要嚴重得多，因為這裏不僅指的是「一切固定的東西」，而且指的是「一切現存的東西」，這可真有一點「好一似食盡鳥投林，落了片白茫茫大地真乾淨」的味道了。當然，馬克思是不會有這樣的意思的，他的真實想法倒近似於新的社會形態必須「白手起家」或「一張白紙，好畫最新最美的圖畫」

---

[9]　《一切堅固的東西都煙消雲散了》，第 475 頁，注釋 9。
[10]　參見《哲學譯叢》1992 年第 6 期中刊登的哈貝馬斯的《生產力與交往》一文。

的意思。這我們從他關於巴黎公社的論述中就能體會得到，而且他也確實主張「與傳統觀念的決裂」；但也許正因為「怕」人們把這種「決裂」的對象擴展為「一切現存的東西」，所以我們才故意「漏譯」了這一句話。

我在這裏說出這一往事，無非是想證明馬克思的這段話確實事關重大，而我們在讀出這句話時，「或者是自鳴得意的」，或者是「絕望的」，除此之外，似乎想不出還會有別的心態。

在今年 3 月 8 日的《社會科學報》第 8 版上有曹兵武的一篇文章：《悵然若失說北京》，說的是一位老外很想在北京買房子，但就是不敢買，因為一切變化太快，你完全不知道幾年後你所居住的地方還有沒有，會變成什麼樣子。不僅是北京、上海這樣的大城市，任何一個小鎮都在發生著劇烈變化，原有的、或剛剛一兩年前的地圖就完全失效了。作者說當他居住在美國的聖·路易士時，根據一張小小的地圖，你就可以找到很久以前的街道和門牌號碼，一切都清清楚楚。作者說，「那才是一個穩定的地方和社會。人和城市的面貌被基本固定起來了，變化的只是文化，是科技，是空間之間的關聯手段和空間之內的質量，人在一個熟悉的地方享受著生活質量的不斷提高。」

當我們說我們居住的地方兩三年就全變了樣，變得幾乎完全不認識了時，是「自鳴得意的」還是「悲哀的、悵然若失的、無奈的、懷舊的甚至絕望的」？

這一點，恰恰也就是我們所理解的「現代性危機」：無論是「自鳴得意的」還是「絕望的」；儘管距離馬克思的時代已經過去了一百多年，但這兩種心態的轉換卻真真切切地落在了我們的頭上。當我們切身感受到市場和金錢的力量時，我們也就同時感受到了傳統的失落與思想資源的匱乏。有關這些方面的思考，請參見我近期所寫的一系列文章，包括《古今中西意，覺道資無窮》[11]和《2006：一個需要沉下心來想想清楚的年份》[12]。

11　《文景》，2006 年第 12 期。
12　《開放時代》，2007 年第 1 期。

馬克思在《資本論》第一卷中說,「勞動過程的簡單要素是:有目的的活動或勞動本身,勞動對象和勞動資料。」[13]這裏的「勞動資料」就指的是技術;也就是說,「勞動過程是自然力和勞動力在技術性勞動手段幫助下的協作,人可以將勞動力、自然和技術看成是生產過程的三種建設性的因素。」[14]

當我們終於認識到「科學技術是生產力」,當我們發現我們的落後就在於技術手段的落後時,往往會自然而然地把「生產力」理解為「技術力量」,把技術與生產方式混為一談,認為馬克思的唯物史觀不過是一種技術史觀,認為「某一經濟部門的技術變革和技術進步永遠走在該部門內部生產關係變革的前面」。

自然,我們可以在馬克思和恩格斯的論述中找到大量的言論來證明他們對工業和技術力量的重視,比如他們認為階級的消滅就是以生產達到高度發展為前提的,而生產的高度發展首先依賴的就是技術的進步(到列寧,更是把共產主義簡化為「共產主義=蘇維埃政權+電氣化」這樣一個公式);勞動時間的縮短,勞動從沉重的負擔變成生活的第一需要,變成一種快樂(《反杜林論》),其實都離不了技術手段的改進。馬克思在《剩餘價值論》中更是直截了當地說:「在這裏,生產率正是取決於以機器形式使用的資本量」;而在恩格斯那裏則以技術力的熟巧程度來劃分人類文化的發展階段,如此等等。

但我們都不能忘記,在馬克思看來,所有的生產力中,地位最重要的還是人;而人,不僅指他的體力,更重要的指的是他的智力,他所具有的精神力量,因為勞動本身即為體腦並用。

也正因為在馬克思有關生產力概念中人是第一位的,所以恩格斯才在《家庭、私有制和國家的起源》中想格外強調一下「人」,於是就把「生產」這一概念區分為兩種:「一種是生活資料即食物、衣服、住

---

[13] 第 202 頁。

[14] 庫諾:《馬克思的歷史、社會和國家學說》,第 505 頁。

房以及為此所必需的工具的生產；另一種是人類自身的生產，即種的繁衍。」[15]庫諾在他的書中說，恩格斯把「生活資料的生產」（經濟方式）與「人的生產」（性交方式）相提並論，「就完全打破了唯物史觀的統一性」，因為千百年來，「生活資料」的生產總在不斷的變化之中，整個進程都是按照一定的為社會所制約的規律進行著；而「人的生產」（性行為、懷胎、胎兒的成長等等）卻按照同樣的自然規律進行著，改變了的只是「締結婚姻的方式，兩性生活的方式，夫妻之間的地位，父母和子女之間的關係，分娩時的習俗等等」，而這些變化並不是由永恆的自然規律決定的，而是由歷史存在的社會制度決定的。所以在庫諾看來，「人的生產」無論如何不能視為經濟發展的一個「單獨因素」；哪怕就是在原始的群體中，兩性之間的關係也取決於經濟活動：婦女對於男子來說不僅只是異性，更多的是一個勞動力。如果認為人類的社會生活中有一部分是經濟方式起決定作用，另一部分則是性生活起決定作用，這就有些「為所欲為」了，因為誰也說不清楚經濟方式與性交方式之間的相互制約關係[16]。

　　我不知道在現代漢語中，把婦女生孩子稱之為「生產」是否受到了恩格斯的影響。也許庫諾的說法有他的道理，但恩格斯為了扭轉人們以為馬克思的理論只是一種經濟決定論的偏見，特別強調了「人」（的生產），總有他的用意。這一「用意」也許從馬克思的唯物史觀來看有失偏頗，但從「另外的角度」，比如唯物史觀也並不那麼統一，並不那麼必然服從歷史因果的決定論來看，恩格斯在「直接生活的生產與再生產」中特別強調了「人」（的生產），就自有他的道理了，因為我們不僅要如庫諾那樣按照歷史唯物論的觀點從經濟生產的方式、歷史存在的社會制度來理解男女的性行為，還應該反過來，把男女雙方的性行為本身就理解為一種政治行為，一種道德的或審美的行為，就

---

[15] 《選集》第 4 卷，第 2 頁。
[16] 《馬克思的歷史、社會和國家學說》，第 482 頁前後。

如福柯在《西方和性的真相》一文中所說的那樣：我們現在正處於有
關性的三條比較公開的演變線的會合點上，這三條線就指的是最近的
通過醫學實驗從心理學、昆蟲學的角度對性和諧的研究；第二條線指
的是從雷蒂夫和薩德開始的使色情文學傾向於尋求其想像的場面，力
求展示享樂的某種真實；第三條線是最古老的，自中世紀起貫穿於整
個信奉基督教的西方，它講的是個人應盡的義務和對自己內心深處的
情慾的審查。[17]所有這些領域的研究，並不一定非要按歷史唯物論的
思路用社會歷史的經濟生產形態加以說明（而且庫諾自己也知道，任
何一個唯物史觀的捍衛者所主張的決不是如人們所說的那樣意識形態
直接依賴於經濟方式的觀點[18]）。所以恩格斯關於把「生活資料的生產」
與「人的生產」相提並論的思路，說不定可以給我們更多的啟示。當
我們注意到計劃生育問題（避孕套的發明被認為是近一百年來人類最
偉大的發明之一），注意到人口的質量（特別是在環境受到工業生產越
來越嚴重的污染的情況下），注意到現代通訊手段對人們的愛情觀、生
育觀的影響（網戀、丁克家庭、嬰兒中男女性比例的失調以及離婚率的
高升等問題）時，也許就會想到恩格斯所單獨講到的「人的生產」，甚
至會認為在某種意義上，「人的生產」比「生活資料的生產」更為直接，
更為緊迫。美國的凱特·米利特在《性政治》[19]一書中把分析的重點就
放在性行為中的政治內涵中，如強權與支配性觀念，還有通過分析男女
兩性的社會關係對作為一種政治制度的男權制的歷史回顧，而所有這些
方面均與「性行為本身」即庫諾所說的「性交方式」這一總的話題有關。

　　「性交方式」在今天已經成為了某種意義上的單純的」技術性行
為」，這是一個更為有趣的話題，說明」技術」真的改變了傳統的人與
自然（比如懷孕、生育的需要）、人與他人（比如異性或同性間感情的
需要）的關係。

---

[17]　參見《福柯集》，上海遠東出版社 2003 年版，第 391 頁。
[18]　參見該書第 533 頁。
[19]　江蘇人民出版社 2000 年版。參見前言部分。

　　越遠古的時代，人、自然、社會三者的關係也就越和諧；那時的「神職人員」也就是社會中的「特權階層」，由他們負責解答有關自然（主要是神秘感和敬畏感）、有關人生（主要是生死、快樂、道德、意義）等方面的問題。只是在以後，按馬克思的說法，在有了階級關係（按別人的說法，在有了私有財產、有了社會契約或武力征服）以後，才有了新的社會「特權階層」。這裏面最重要的一個因素就是「技術」（政治強人和軍事強人也就是在政治和軍事領域裏最有技術、最有能力的那些人，而中國又是最盛產這方面的技術人才的一個國度，看看《孫子兵法》和《資治通鑒》就一目了然；相比之下，認識和征服自然方面的技術就相應地薄弱了許多，也就是說，我們最擅長的還是處理人與人的關係而不是人與自然的關係）。「技術」使得一切都成為人的體力與智力的延伸；它本是人的手段，但基於其科學性和實用性，「技術」很快就打破了人與自然、人與他人的平衡，成為了一種獨立於人的意志之外的力量，而人，反倒只有通過調整自己的天賦才能並使之專門化才能在一個技術化了的生存環境中生存下來。

　　在這一意義上，「生活資料的生產」是為了滿足人的需要；但在滿足過程中，滿足的手段，也就是「技術」終於成為了可以取代或構成為「人的生產」的最大威脅，所以最初才有工人毀壞機器的舉動，才有了今天這樣一種需要計劃生育或鼓勵生育的社會問題。

　　總而言之，把哲學領域中所涉及到的某一方面的問題歸結為「哲學基本問題」，然後使所有討論都要從這一「基本問題」的「基本觀點」出發，顯然是不太恰當的。恩格斯自己在把「兩種生產方式」並列時就違背了他關於「哲學基本問題」的論述（庫諾就此對他展開了尖銳批判），但也許正是這種「違背」才開拓了我們的視野，給了我們更多的啟迪。

　　但不管怎麼說，唯物主義與技術主義總有著某種內在的聯繫，因為既然經濟因素是歷史和社會探討的最根本的原因，那麼技術進步對於理解「生產力」這個概念來說就無論如何都是本質性的。馬克思在

《資本論》中也多次把技術稱之為「人類勞動力發展的測量器」、「社會關係的指示器」。[20]如果說在馬克思心目中，技術進步還被認為是一種達到一個合乎理想標準的社會（合乎人的尊嚴、平等與自由、個性的豐富與發展）的手段或過程的話，那麼到今天，核武器的發明、基因研究、生物技術基本上已經成為了一個可以從根本上改變人類作為一個「物種」的生存與毀滅的問題；而所謂的資訊化不僅自身就是一個全球性問題，而且構成了戰爭與和平、環境與污染、能源與開發、言論的開放與封鎖等方面的問題；或者說，也正是這些方面的問題才構成了全球化的問題本身。這一切都說明，技術是完全可能獨立於人的生產過程而起到某種決定性作用的。

在這一意義上說，馬克思的學說也是完全合乎「現代思潮」（我們可以在總體上把「現代思潮」理解為對傳統哲學或形而上學的拒斥）的，因為他在《關於費爾巴哈的提綱》中公開擯棄了「哲學」（也就是我們所說的形而上學），認為重要的只是「改變世界」（當然就得有一個工具或手段的問題）；在《德意志意識形態》中揭露了哲學（形而上學）的虛幻，認為正是這種哲學（形而上學）的虛幻性才滿足了德國人民在幻想中的精神萎靡[21]，而且僅靠觀念是無論如何也不能「改變世界」的。馬克思對人類活動中的動機、目的、理想的力量都是承認的，但同時又堅決要把這些東西看成是經濟生產方式所起的作用，看成是經濟生產方式所起作用的因果系列中的思想環節──僅僅是思想中的一個環節而已。所以馬克思的學說並不僅僅滿足於拒斥哲學（形而上學），幾乎也就可以等於說在考慮人類社會的歷史與國家學說時，完全可以不理睬哲學（形而上學）。這是一種很徹底的態度。而這一點，可以解釋為什麼馬克思後來轉向政治經濟學的研究，為什麼更多的人把馬克思視為一個與齊美爾、韋伯和杜爾海姆齊名的社會學家，庫諾

---

[20] 參見庫諾的《馬克思的歷史、社會和國家學說》，第 511 頁。
[21] 《全集》，第 3 卷，第 15 頁。

也把他的《馬克思的歷史、社會和國家學說》統稱為「馬克思的社會理論」。所有這一切，都在有意識地回避著「哲學」；而馬克思的「1844年經濟學——哲學手稿」的發現之所以會使人們以為又發現了一個「新馬克思」，就是因為那個作為「政治經濟學家」和「社會學家」的馬克思又成了一位「哲學家」。後來幾乎所有的「新馬克思主義者」都想多多少少在馬克思那裏發現更多「哲學」的東西，比如與黑格爾的聯繫等等，這無疑都是對的，因為他那套思維的方式確實來自於黑格爾，但所關注的問題卻不再是傳統的哲學（形而上學）問題。這一點，大家還可以討論，但也許正是這一點，使得在馬克思後期的著作中有關精神、道德、價值的論述相應減弱，而有關技術、市場、統計、手段、經驗、利益的份量卻大大加重。總之一句話，馬克思越來越像一位骨子裏是「德國哲學家」的「英法實證主義者」。

「哲學死了」，「哲學終結了」的聲音（或理解為呼聲）自黑格爾時代結束以來就不絕於耳。文德爾班在他的《西方哲學史教程·下》的最後一節就專門談到：

> 十九世紀哲學更多的是在自身的周圍和邊緣進行多方面的緊張工作，並調整同特殊學科的關係；而它自身的中心任務的進展卻陷入了泥坑，停滯不前；從歷史角度看這種停滯是很容易理解的，這必須承認。形而上學的精力的消耗殆盡和經驗興趣的蓬勃高漲，這兩點就足以對此作出令人滿意的解釋。[22]

馬克思也是這一趨向及發出這一聲音中的一員。當然尼采也一樣。而胡塞爾則是一個頑強抵抗並以自己的現象學對哲學的科學性進行最後挽救的一個最為突出的代表人物。

「哲學」在什麼意義上「死了」？我們又在什麼意義上把哲學理解為「政治哲學」，把「現代性危機」理解為「政治哲學」的危機？一

---

[22] 該書第 911 頁，商務印書館 1993 年版。

且自然權利取代了自然正當，哲學成為世俗權力抵抗神權政治和宗教律令的武器，那麼哲學也就從此失去了其自身的整體性與統一性，為「技術至上」開了先河，這裏首先指的就是政治成為了一種單純的技術性活動（換成《論語》中的話，就是「治」與「仁」從此分離開來：千乘之國，百乘之家，可使治其賦，可使為之宰，但「不知其仁也」[23]），成為一種社會歷史的實踐活動，而不是探討政治共同體成員的權利與義務、其行為的手段與目的、共同體內部及各個共同體之間的戰爭與和平等方面的問題，總之不再為共同體的合法性、正當性奠基，所以也就不再是一種生活方式，不再回答「何為正當」的問題[24]。

當然，說「哲學」在馬克思那裏「死了」畢竟不能讓人信服。

事實上，在馬克思的學說中也有一個矛盾，這就是一方面，馬克思把人類歷史看成是一個「自然歷史的過程」，也就是，人類社會具有它的「自然性」，歷史的進化也具有自然進化的意味，比如他在《政治經濟學批判·序言》中說，我們在考察社會變革時，應該看到的是那種「生產的經濟條件方面所發生的物質的、可以用自然科學的精確性指明的變革」；從這一點出發，他相信「無論哪一個社會形態，在它們所能容納的全部生產力發揮出來以前，是決不會滅亡的；而新的更高的生產關係，在它存在的物質條件在舊社會的胎胞裏成熟以前，是決不會出現的」[25]。這種「自然目的論或決定論」的信仰顯然更多具有哲學思維所要求的客觀必然性，它強調的是某種不以人的意志為轉移、但在哲學上必須加以「設定」的前提，我認為這對任何一種哲學來說都是必不可免的[26]；但另一方面，馬克思又決不是一個迂腐到相

---

[23]　《論語·公冶長篇第五》。

[24]　參見邁爾的《為什麼是政治哲學？》，載萌萌主編的《啟示與理性》第二輯，第 9 頁。

[25]　《選集》第 2 卷，第 83 頁。

[26]　更具體的論述可參見拙著《哲學的基本假設與理想國》，中國人民大學出版社 2007 年 1 月版。

信資本主義會在發揮出自己的全部生產力之後「自動滅亡」的「哲學家」，他認為哲學不在「認識世界」而在「改造世界」，這本身就具有著以人為力量來打破或改變「自然進程」的含義，特別是當巴黎公社爆發以後，馬克思就更傾向於用暴力打碎舊的國家機器從而實現普遍勞動義務的「手段」。在從「目的」向「手段」的轉移中，馬克思也就使自己從一個「哲學家」轉變為一個「社會革命家」，儘管哲學的思辨和邏輯的推論依舊有著巨大的力量，但其思辨和推論的對象卻不再是意識形態，而是社會的經濟關係，因為說到底，意識形態不過是經濟關係的「思想形式」而已。

第二節　馬克思主義與異化、人道主義問題

這是一個本來就不應該成為問題的問題。

一個本不應該成為問題的問題為什麼成了問題，而且是很大、大到許多人因此而受難的問題，這還應該慢慢從頭說起。

在 1985 年的第 6 期《哲學譯叢》中，我看到了美國的一位名叫 J‧A‧杜迪（Doody）的人寫的一篇文章，裏面說，大約 30 年前，一本在美國出版的名為《哲學、政治學與社會》的叢書的主編曾非常自信地說：「無論如何，政治哲學現在已經喪失了」；他主要針對的是英美的語言分析哲學。

誰也沒有想到，到 1985 年，政治哲學忽然成為了美國哲學領域裏的一個最為熱門的話題（羅爾斯的《正義論》出版於 1971 年，列奧‧斯特勞斯和約瑟夫‧克羅波西合著的《政治哲學史》從 70 年代到 80 年代不斷再版，麥金太爾的主要著作也出版於 80 年代，如此等等）；當然更沒有人想到，政治哲學在今天也終於成為了我們國家最為關注的哲學話語中的「顯學」。

　　作者說，於是，所有對政治哲學感興趣的人都不得不把目光重新聚焦於馬克思的學說，而馬克思的著作也成為當代大部分政治思想的出發點。

　　這是一個有點令人哭笑不得的歷史玩笑：當馬克思準備告別哲學，用「改造世界」來代替「解釋世界」，用經濟學、社會學、人類學來取代哲學時，他自己也沒有想到哲學的生命力其實就表現在他所最為關注的問題上，這一問題與傳統的形而上學（一種關於存在者整體，關於存在者與存在「或無」之關係的學說）有關，但所關注的卻不再是一般意義上的本體論（其實本體論本身就不僅是哲學的，而且是政治的）、認識論（事實與價值的關係是一個誰也躲不過去的問題）、方法論（使用任何一種方法的人都生活在自己的情緒性體驗之中）上的問題，而就是馬克思所關注的問題，即本章標題下所引述的馬克思所說的那段有關「既然怎麼怎麼樣，就應該怎麼怎麼樣」的論述：「既然人天生就是社會的生物，那他就只有在社會中才能發展自己的真正的天性，而對於他的天性的力量的判斷，也不應當以單個個人的力量為準繩，而應當以整個社會的力量為準繩。」

　　事情本來並不複雜的一個原因就在於：馬克思並不是離開人去談論「不以人的意志為轉移的客觀規律」，因為任何社會－歷史領域裏的規律都只能通過人的實踐活動才能體現出來，所以在談論規律時，應該把人的有目的、有意識的創造性活動放在中心位置上加以考慮；馬克思也不可能離開「精神」單獨談論「物質」的「第一性」問題，他談論的是「精神」與「物質」間的關係。

　　著名的馬克思主義哲學家盧卡奇晚年所完成的最後一本書題為《社會存在本體論》。在這本書中他認為世界上一共有三種存在形式：物理的、有機的、社會的；它們都涉及到與人的關係，因為它們看起來都既具有外在的強制性，又似乎可以為人的內在意志所控制。所以「關係」這一範疇才應該成為本體論的出發點；而任何對「關係」的強調，都意在對一種倫理學進行論證。這種倫理學應該由人與人之間的道德關

係和確定這種關係的道德法則所構成，因為人事實上既可以聽命於這種關係，也可以設法改變這種關係，所以只有「關係」才最能體現出人的自覺性，這也就是馬克思所理解的「勞動」：人的有意識的活動。

既然馬克思所著眼的始終是「關係」，在「關係」中又著眼於「人的有意識的活動」，那麼「勞動異化」在馬克思的思想中就具有著首要的重要性，因為正是「勞動異化」才使「勞動」成為強迫性的活動；而如何「將勞動從無自主性狀態中解放出來」（哈貝馬斯 語）也就成為馬克思有關社會主義與共產主義的理論出發點。盧卡奇逝世前在回答一位記者的提問時，特別強調說正是馬克思的《1844 年經濟學──哲學手稿》整個改變了他的哲學觀念，使他一直處於極度的興奮之中，並把自己的主要力量投放在出版這部《手稿》的工作中。

顯然，《手稿》使盧卡奇又看到了一位作為哲學家的馬克思；而且他認為這樣的哲學家在西方哲學史上一共只有三個人，這就是亞里斯多德、黑格爾和馬克思。[27]

關於「異化」，一共涉及到這樣幾個含義不同但又相互關聯的概念：對象化、物化、異化、自我異化、勞動異化，等等。

對象化：黑格爾的用語，指精神把自身變為某種客觀產物，意志把自己付諸行動。這是精神活動的本質特徵。當康德說「人為自然界立法」，當黑格爾講「理性的狡計」時，其實都講的是對象化了的人的精神。

物化：這是一個極其重要的概念，它講的是人的精神對象化後被「物化」了的其實只是那些具有經濟價值、使用價值的東西，而精神自身的價值是不可能「物化」的，也就是說，精神的價值只能以精神的或意識的形態存在於那裏，它不可「物化」，就是說不可計量、不可交換、不可當成一種商品或工具。這也就是我們平常所說的精神自身

---

[27] 參見《哲學譯叢》1985 年第 3 期所刊登的盧卡奇的文章：《我的生活與工作》。

的無價性。當精神（其實也就是人）的價值被「物化」，被等同於人體之外的「物」的價值時，人自身的價值也就消失在「物」的價值之中，比如相對於妓女而言的身體，相對於金錢而言的愛情，相對於謀生而言的勞動。

自我異化：費爾巴哈用來解釋宗教的起源，認為那種把自身的某種特性提高到絕對的水平並轉移到某種超驗的存在物身上時，這就是人的自我異化，因為這種存在物所體現的本是人的特性，而且它本身也就是人所創造的。人自身的特性變得與人相異，這就是人的自我異化。

波蘭的哲學家沙夫曾在一篇專門講《異化和社會行動》的文章中說：對象化是人類社會生活過程中的一個必然結果；異化只是一種可能會出現的社會現象，它是某種社會結構、社會關係造成的，所以人在這裏就需要自我意識，意識到自己與自己的特性、自己與他人、自己與自己的產品處於某種異化了的狀態之中；在此前提下，才有了馬克思所說的「既然怎麼怎麼樣，就應該怎麼怎麼樣」的那段論述。它的前提就是隨著社會的進化，人們也就從宗教異化到經濟異化，到政治異化，再到技術異化；與之相應的，人也就生活在自私、懷疑、悲觀、焦慮和怨恨這樣的情緒之中。（出處同上，見該刊所刊登的沙夫的文章）

勞動異化或異化勞動是馬克思《1844 年經濟學－哲學手稿》中的一個核心問題。一般來講，人們都在邏輯上認可了馬克思有關異化勞動的這樣一種思路：勞動是人的本質，但勞動產品卻作為異己的東西同勞動者相對立，馬克思稱之為「對象化表現為對象的喪失和為對象所奴役，佔有表現為異化、外化」。[28]

這裏既涉及到「自然界的異化」，也涉及到人的「生命活動的異化」；前者指自然界僅僅成為了人藉以維持自己的生命存在的資料（人與自然界的一切豐富多彩的關係都不存在了，比如自然界的美、鬼斧神工般的奇妙在只知道謀生者的眼中就變得不復存在），後者指的是勞

---

[28] 《1844 年經濟學——哲學手稿》單行本，人民出版社 1979 年版，第 44 頁。

動在勞動者的生活中成為了某種不屬於它的本質的、外在的、難受的、強迫的活動（而勞動本應成為人的生命活動本身的體現）。

馬克思說，「異化勞動是私有財產的直接原因」；這也就是說，並不是私有財產導致了異化勞動，而是異化勞動導致了私有財產。泰·伊·奧伊則爾曼在他的《馬克思的「經濟學─哲學手稿」及其解釋》中說：

> 因此，應當把產生了私有財產的異化勞動的原始形式，同它後來在私有財產基礎上跟私有財產一起存在和發展的歷史形式區別開來。不這樣區分就不能理解，為什麼私有財產在一定社會發展階段上的廢除，同時也就意味著異化勞動的消滅。[29]

請注意：奧伊則爾曼在這裏的說法與前引沙夫的說法是矛盾的。奧伊則爾曼認為是勞動異化導致了私有財產；沙夫則認為異化勞動「是某種社會結構、社會關係造成的」。到底是哪一個導致哪一個？這裏的前後因果關係如何確定？其實這裏在邏輯上本來就存在著一個兩難困境，而且作者只能語焉不詳：不把私有財產理解為結果，理解為一定的歷史的產物，就無法理解它的暫時性，無法說明私有財產制是完全可以廢除的，當然前提是要使整個人類的勞動不再具有任何強制性，成為完全自主的、自覺自願的生命活動；但如果把私有財產制理解為異化勞動的原因，那就必須重新解釋私有制的起源；如果不從人性、不從征服及主奴關係在生死之爭中的出現去解釋，那就又必須從「原始形式的勞動異化」入手把私有財產制歸結為「人的本質力量未發展的結果」。這話也是馬克思自己說的。在《1844 年經濟學──哲學手稿》中，馬克思說：

> 我們已經把私有財產的起源問題歸結為外化了的勞動同人類發展進程的關係問題，因而我們已經為解決這一問題得到了許

---

[29] 人民出版社 1981 年版，第 65 頁。

多東西。因為當人們談到私有財產時，人們以為他們是在談論人之外的某種東西。而當人們談到勞動時，則以為是在直接談論人本身。問題的這種新的提法就已經包含著問題的解決。[30]

這也就是說，馬克思在這裏區分了「原始形式的勞動異化」（其實也就是黑格爾所講的「外化」）與結合著某種生產關係而言的「勞動異化」。前者置根於人的勞動活動本身，只要人勞動（這是人的生命活動），「原始形式的勞動異化」就必不可免；而「原始形式的勞動異化」轉變為現在所說的「勞動異化」，則「是某種社會結構、社會關係造成的」。而「原始形式的勞動異化」又是怎麼回事呢？那是因為人在階級社會以前還處於自然的奴役之下，生存十分困難；這時候的勞動肯定不能成為人的自由的自我活動。所以第一步，「私有財產是生產力的低發展水平的產物」（即所謂的「原始形式的勞動異化」）；第二步，才在私有財產的制度下有了我們現在所理解的「異化勞動」。歸根結底，只有私有財產制的誕生及其消滅才能為異化勞動的消失提供前提，儘管私有財產的出現確實離不開勞動異化（這裏應該區分開原始的和後來的這兩種形式）。

我想我已經把馬克思的思路梳理清楚了。

這裏面是不是可以有這樣一種設想，就是儘管馬克思談的是異化勞動（無論是原始的還是後來的），但心裏其實一直想的就是社會關係問題，想的是勞動這一活動所結成的生產關係；也就是說，人的勞動不僅生產出了勞動產品，而且同時生產出了人與人的生產關係。「異化」這個概念說到底，就指的是人生產出來的這種生產關係或社會關係「作為異己的東西同勞動者相對立」。

如果勞動完全是自主自願的，那麼在邏輯上也就可以產生一種與之相適應的生產關係；這種方式及其與之相適應的生活方式，就並不異化於人的主觀意願，它能夠實現人的尊嚴與價值。

---

[30] 《1844 年經濟學——哲學手稿》，單行本，第 56 頁。

　　這當然只是一種設想，在理論上也講得通，但第一，離開了人的自由競爭與發財慾望，離開了市場在勞動、生產、獲利這一機制中的自然運作方式，社會能這樣充滿活力，經濟能這樣大步前進嗎？第二，如果不靠市場機制和人的發財慾望，國家有足夠的力量在抑制人的獲利慾望的同時又能滿足「物質的極大豐富」嗎？在某一非常時期（比如戰爭時期）也許可以，但在平時，動用國家的政治力量來達到促進與保證合乎人的尊嚴與自由這一實質性的生活目的，手段與目的總是不相對襯的，而且最後的結果很可能就是手段取代了目的。

　　勞動應該具有一種自主性，人應該通過勞動獲得一種自我確證，從中體現自己的尊嚴與價值，也就是自由，這應該是全部問題的根本；我不相信靠國家的行政手段或政治力量就能通過一種精細的「設計」或「安排」來達到這樣的目的。

　　我們在生活中已經習慣了「如果怎麼怎麼樣，就能怎麼怎麼樣」這樣一種語式，也就是用「理想的語境」來預設和解釋現實的可能；這種「方法論上的烏托邦」遠比作為人類理想的烏托邦更為可怕，因為它不再把烏托邦作為人生理想，而是作為了如何認識與解決現實問題的思想方法或組織原則。

　　1983 年，因著馬克思逝世 100 周年，在我們國家曾有一場激烈的關於異化與人道主義的爭論──說「爭論」並不合適，因為至少是「爭論」的一方代表著黨與國家的「聲音」，儘管這種「聲音」很快又被「黨與國家」制止了，否則，其後果可能與 1957 年的「反右」或 1966 年的「文革」相似，使無數認真讀書、獨立思考的人蒙受冤屈與折磨。

　　筆者經歷了這一整個過程，而且曾在一個「批鬥會」上聲淚俱下地闡釋了我對馬克思的「異化」與「人道主義」的理解。

　　談論這樣一個已經並不太新穎的理論問題需要「聲淚俱下」、而且要冒著生命危險，現在的人已經很難理解當時的那種環境與氣氛了；也許正因為「很難理解」，所以也就沒有多少人再會對這一問題發生興趣。我們這個國家的理論思維，至少就對馬克思的「異化」與「人道

主義」的理解而言，幾乎還停留在 25 年以前的水平上。這也就是我今天依舊需要重新討論這一問題的一個原因，一個不得不讓人感到深深的悲哀與無奈的原因。當我們談及 30 年來經濟改革的偉大成就時，可曾有人想到過這種精神上的萎縮與困頓？而馬克思討論異化與人道主義，難道不正是為了讓人在精神上獲得自立與自由嗎？難道任何一個社會的「進步」（讓我先假設社會有著不同意義上的進步）不應該以是否增進了人的自由的可能性、是否使社會關係更人道化為其衡量標準嗎？除過物質生產的標準外，我們難道不知道對「社會進步」的任何證明都只能立足於道德的標準嗎？而對異化的克服和人道主義的理想難道不正是一種道德上的要求嗎？

　　我至今仍保留著那一時期的有關爭論文章，特別是這樣三本書：《關於人的學說的哲學探討》（人民出版社 1982 年版，1.25 元），《關於馬克思主義人道主義問題的爭論（譯文集）》（生活・讀書・新知三聯書店 1981 年版，1.10 元），《馬克思主義與人》（北京大學出版社 1983 年版，0.97 元）；這三本書的出版都與馬克思逝世一百周年有關，也都與發生在中國的那場「爭論」有關。我之所以注明了這三本書當時的價錢，無非是想給人一種似乎很遙遠、很遙遠的感覺；而這種感覺是只能通過價錢這一最微不足道的細節體現出來的，至於書中所涉及到的問題，就是直到今天也並未過時，那樣一種論說方式還在繼續，那樣一些陳詞濫調也仍在氾濫。不時翻閱一下這些「遙遠年代」的書刊，總會給人帶來更多感情上的波瀾。我認為這樣一種情緒上的起伏與衝動，正是我們生存著的證明與學術探究的動力 。

　　所有這些「遙遠年代」（真那麼遙遠嗎？）的、在論述馬克思主義有關異化和人道主義的「主流話語」一般來說都是這樣認為的：

　　——所有馬克思以前的資產階級思想家所認為的「自由」與「解放」都只限於精神的自由與解放，而不包括人的現實的物質生活條件，也不涉及如何才能把人從對抗性社會強加在他身上的私有制羈絆下解放出來。

——原因就在於所有資產階級思想家都把個人自由看作是私有主的特權，所以當你談到消滅私有制的暴力革命時，他們就會把這種暴力與壓制個人、否認自由混為一談，所以這些人心目中的人道主義都是「抽象的人道主義」。

——「抽象的人道主義」不知道絕對的「人道」與「自由」都只是空洞的抽象，真正的人道主義和自由只有在全人類都獲得解放，自由的個人的利益也就是獲得解放的、全社會的普遍利益時才是可能的；對待解決人權問題的馬克思主義的觀點是要求通過解放集體、解放整個社會來解放和提高人民群眾，提高個人。

——所以克服異化的現實途徑，如同真正的人道主義的深刻表現一樣，在於廢除私有制，在於組織共產主義勞動，因為只有共產主義才能把個人從龐大而複雜的社會機體（在其中勞動的人只是一個小螺絲釘）內部抽取出來，大大提高他的意義和尊嚴。

如此等等。

所有這些，我們幾乎不能說它有什麼不對；但在人們的現實生活、也就是前蘇聯的國度中，這一切到底都意味著什麼呢？其實只意味著這樣一個極其簡單的事實，這就是統治者只有通過把一切權力都集中在自己手中才能實現自己的宏偉目標。當我想到當年為此做過長篇論述的人現在已經生活在一個完全「變了顏色」的俄羅斯時，心中真有說不出的悲愴與荒涼！為什麼一個永遠把「人民」、「群眾」、「全人類」、「全社會」、「普遍利益」、「現實途徑」掛在嘴上的國家政權，最後卻總是讓「個人」（永遠都只是作為「少數人」的個人）生活在壓抑與不能發表「個人見解」之中呢？為什麼一個國家政權總要禁止有人說出「皇帝沒穿衣服」這一事實而且幾乎所有的人都會迎合國家輿論的控制，就如馬克思當年所說的非要使一個國家的意識形態就只能是統治階級的利益體現呢？反過來，當馬克思也只是「少數人」中的一員時，他所生活的那個資本主義國家為什麼就能允許他最先發出推翻資本主義的倡議？

　　有差異、不統一是對個人自由的最恰當描述和最有效保護；至少在精神領域裏是這樣；那麼反過來，我們也有足夠的理由說，只有生活在有差異、不統一中的個人才會有現代性的困惑與苦惱。

　　盧卡奇逝世前在《我的生活和工作》中高度概括了「資產階級民主」的核心就在於把人區分為「公共生活中的公民」（享有普遍平等的政治權利）和「私人生活中的資產者」（是為特殊的、不平等的經濟利益的體現者）[31]

　　從這一點出發，我們就可以發現有這樣兩條不同的思路（也就是馬克思與其他人的根本區別之處）：一是按照康德及幾乎所有的「資產階級思想家」的說法，從法哲學的角度，以「存在的東西」為出發點要求人作為「公共生活中的公民」享有普遍平等的政治權利，這裏首先要把「人」作為不同存在著的個體肯定下來；同時從歷史哲學的角度，以「應當的東西」為出發點要求把人作為「私人生活中的資產者」而在道德上享有自由與尊嚴上的平等；所謂「為承認而鬥爭」，就指的是在這一領域裏的以「應當」（應是）而不是以「存在」（是）為目標的鬥爭；再就是馬克思的思路：只有私有財產制（也就是私人生活中特殊的、不平等的經濟利益的體現者）才是市民社會最為根本的特點，「公共生活」（政治國家）中人與人的關係只是市民社會中「私人生活」的折射，而且是異化的、不真實的折射；所以看起來人們在「公共生活」中有著平等的政治權利，但這只是一種不真實的、瞬息即逝的「公共生活」，因為真實的生活在市民社會的「私人生活」中，而那是一個彼此孤立（原字式的個人）、由於競爭和每個人都力求得到更多利益而相互對立的世界。這也就是馬克思在《論猶太人問題》中所表述出來的一個基本觀點。在馬克思看來，資產階級的民主，在消滅「政治上的不平等」的同時，實際上又把它作為自身存在的基本前提（也就是私人生活中的不平等）保存了下來。

---

[31] 《哲學譯叢》，1985 年第 3 期。

　　所以在馬克思看來，不解決「私人生活中的不平等」，也就談不上消滅異化與真正的人道主義的實現；或者說，沒有經濟生活中的平等，所謂的人道主義只能是虛假的、空洞的抽象。

　　在《關於馬克思主義人道主義問題的論爭》（譯文集）中，我們看到波蘭著名的馬克思主義哲學家塔・雅羅舍夫斯基在《馬克思主義奠基人著作中的人道主義問題》中，把馬克思主義的人道主義（作者又稱之為「真正的人道主義」）概括為三個基本原理：

　　第一，對人的解放、對完整的新人和新社會的發展的論證方法，不是分析被自然主義地解釋的人本主義（不管這種人本主義是以『愛』還是以『理性的利己主義』為根據都一樣）的一般原則，而是分析作為一種受生產力和生產關係的發展所制約的社會關係的人的關係。

　　第二，自由的趨勢不是從對人的本質的分析中，而是從對生產發展的客觀傾向以及在這一傾向基礎上所產生的社會需要的科學分析中得出的。

　　第三，為使自由的假設能夠從道德理想變為現實，確定了現實的社會條件和有效的活動手段（無產階級的階級鬥爭，政治革命，積極消滅私有制，發展人們之間的共產主義關係）。」[32]

　　作者強烈強調共產主義革命不是目的，目的是實現真正的人道主義；於是這裏就發生了「革命的手段」與「人道主義的目的」之間的矛盾：有的人用人道主義的倫理理想反對共產主義革命的解放觀；有的人則把本該是手段的東西描述為目的本身。

　　其實，「共產主義革命」的歷史實踐已經告訴我們，廢除或推翻了資產階級的財產私有制並沒有、也不可能自然或自動形成無產者的自我管理或財產共有；無產者的新的共同體生活依舊需要一種外在力量的組織與管理。

　　但我們拿什麼擔保這種「外在力量」只以實現「真正的人道主義」（哪怕就只是全心全意地為人民服務）為目的呢？在過去的年代，甚至連

---

[32] 該書第 93-94 頁。

「人道主義」這樣的概念都不准提及，都認為是「資產階級的貨色」，那麼我們又當以何種手段來抵制或扭轉這種「把手段當目的」的「手段」呢？

對人的所誘導的訓練都是為了使「手段」具有一種「內在價值」，也就是使手段成為目的本身；我記得美國的分析哲學家奎因曾在一個地方說過：一旦垂釣者的目的不在鱒魚，而在享受「垂釣本身」，手段就成了目的，一些看起來微不足道的價值也就不僅僅只是為了實現「更高價值」的「手段」，而就具有了它的「內在價值」。

人道主義說到底就是要實現人的「內在價值」。

當然首先得承認人有「內在價值」；這「內在價值」與生俱來，也可以理解為人與生俱來的「內在能力」，比如人有思考、說話的能力，有愛、有進行性行為的能力，女人有生孩子的能力，等等，壓抑人的這些「內在能力」或使人的「內在能力」受挫就是「惡」，促進、幫助、有益於人的「內在能力」的實現即為「善」。

馬克思的最偉大的貢獻就在於他從「勞動」（也就是人的生命活動本身）及其異化入手去理解和解釋人的「內在價值」或「內在能力」是如何被扭曲的；於是有關「人性」是否「本善」的爭論就轉變為「關於『善』的社會根源的學說」。

所以人道主義說到底與「人學」即對人的本質的認識有關，與是否相信有著「非經濟」（非具有著某種實用性）的「精神價值」（它應該屬於全人類）有關，與在什麼意義上把哲學理解為一種「生活方式」（生活藝術）有關，與《共產黨宣言》中所說的「每個人的自由發展是一切人的自由發展的條件」有關，與什麼才是真正的人類共同體這一「哲學的基本假設」有關[33]。

當然，也許最有關的，就是一種哲學形而上學的思維模式（我曾經很想努力掙脫這種模式，誰知最後又想返回到這種模式，當然帶上了新的經驗——這些都是後話，此處不贅）。

---

[33] 參見拙著《哲學的基本假設與理想國》。

在這裏，我們也許應該討論一下薩特的《存在主義是一種人道主義》和海德格爾的《關於人道主義的書信》。

1945 年底，在二戰過後的廢墟上，薩特作了關於存在主義是一種人道主義的演講，1946 年正式出版。薩特說，他所理解的存在主義是一種使人生成為可能的學說；他說，有兩種人道主義，一種是基督教的人道主義，如雅斯貝爾斯、馬塞爾，還有一種就是存在主義的人道主義，包括海德格爾和他，共同特點就是認為存在先於本質：

> 它不能被視為一種無作為論的哲學，因為它是用行動說明人的性質的；它也不是一種對人類的悲觀主義描繪，因為它把人類的命運交在他自己手裏，所以沒有一種學說比它更樂觀的，存在主義的核心思想是什麼呢？是自由承擔責任的絕對性質；通過自由承擔責任，人和人在體現一種人類類型時，也體現了自己──這樣的承擔責任，不論對什麼人，也不管在任何時候，始終是可理解的──以及因這種絕對承擔責任而產生的對文化模式的性對性影響。[34]

1945 年 10 月，薩特在《現代》雜誌上發表文章，提出了知識份子參與政治的義務，認為無論你參與不參與，實際上都是一種參與，於是知識份子與時代的關係，就成了判斷前者身份的一個標準。法國作家讓－弗朗索瓦·西里奈利在《知識份子：薩特與阿隆》一書中說，「結果就是這樣，在 30 年代，讓－保羅·薩特從來不是參與政治的知識份子的模範，但在法國解放後，他卻迅速成了這類知識份子的典型。從此，薩特的『榮耀』時代到來了。」[35]

在這裏，哲學，或薩特所理解的「人道主義」，無論如何都成為了一種生活方式或生活態度。

---

[34] 《薩特哲學論文集》，安徽文藝出版社 1998 年版，第 125、127 頁。
[35] 該書第 229 頁，江蘇人民出版社 2001 年版。

　　1946 年秋，海德格爾以與拜訪過他的法國朋友讓‧波弗勒通信的方式，回應（也可以理解為反駁）了薩特把存在主義在人道主義的意義上理解為一種生活方式的問題，並於 1947 年把這封《關於人道主義的書信》正式收錄在他的《柏拉圖的真理學說》一書中；而此文也幾乎被公認為是海德格爾從前期向後期轉向的一個標誌。海德格爾自己在這封信中說，形而上學自柏拉圖以來就是本質先於存在，當薩特認為存在先於本質時，只不過把原來的形而上學命題顛倒過來，「但是，這種對一個形而上學命題的顛倒依然是一個形而上學命題」；他認為他自己的「轉向」並非一種對《存在與時間》的觀點的改變，不如說，在此轉向中，我所嘗試的思想才通達那個緯度的地方，而《存在與時間》正是由此緯度而來才被經驗的，而且是根據存在之被遺忘狀態的基本經驗而被經驗的。」[36]

　　海德格爾在這封信中所表達的一個基本意思就是：任何一種人道主義，「人道的人的人性或人道，總是從一種已經確定了的對自然、對歷史、對世界、對世界根據，也就是說對存在者整體的講法的角度來規定的」；「任何一種人道主義要不是奠基於一種形而上學中，就是其本身即為一種形而上學的根據。……據此看來任何一種人道主義總是形而上學的」；「就此而言，《存在與時間》中的思想就是反對人道主義的。但這種反對並不是說《存在與時間》中的思想投到人道的反面而去贊成非人道、維護非人性、貶低人的尊嚴了。這種思想反對人道主義，是因為人道主義把人之人道放得不夠高。當然，人之本質的高貴並不在於：人是存在者的實體而成為存在者的『主體』，以便作為存在的統治者讓存在者之存在狀態消融在那種被過於讚揚了的『客觀性』中。」[37]

　　關於「形而上學」、「存在者整體」、「存在的統治者」這些概念在海德格爾那裏到底是什麼意思，這裏就不細說了，因為可參看的東西

---

[36] 《關於人道主義的通信》，《海德格爾選集》（上），第 372 頁，此處參考了收錄於《路標》中的譯文。

[37] 同上書，分別參見第 366、374 頁。

太多，筆者也專有一長文，題為《倫理與政治──從「關於人道主義的書信」說起》[38]，可供對此感興趣的人參考。

與本書有關，以及我們之所以要在這裏提及當年曾發生在薩特與海德格爾之間的有關如何理解「人道主義」這一概念的爭論（相對於這一爭論，我們在上世紀 80 年代初的那場爭論就太可憐、太淺薄、太無知了，當然更可悲的就是對此的無意識），無非是因為薩特曾自認為自己是一位馬克思主義者，而且要用他的存在主義的人的概念來補充或修正馬克思主義；而在海德格爾的這封書信中，他也多次提到馬克思，並認為「因為馬克思在體會到異化的時候深入到歷史的本質性的緯度中，所以馬克思主義的歷史觀就比其他歷史學優越。但由於無論是胡塞爾還是薩特──至少就我目前看來──都沒有認識到存在中的歷史性因素的本質性，所以無論是現象學還是存在主義都還沒有達到有可能與馬克思主義進行一種創造性對話的那個緯度。」[39]

薩特曾在《存在主義與馬克思主義》中說「馬克思主義是當代唯一不可超越的哲學家」；現在，海德格爾又說，現象學與存在主義還沒有獲得與馬克思主義對話的資格。

到底是什麼東西是馬克思主義獲得如此高的地位呢？

其實就是對傳統哲學（形而上學）的拒斥與否定，就是因為馬克思拒不接受傳統哲學（形而上學）為我們的社會研究、人的研究、人道主義、人性乃至歷史的發展規律所提供的普遍的假設前提。

我想，這大概就是我們在馬克思的著作、特別是他後期的著作中很少看到他談論「人」、「人性」、「人的本質」、「人道主義」這些概念的原因；因為從黑格爾出發，特別是基於對異化這樣一個概念的理解，馬克思已在「歷史事物的本質性」中擯棄了任何形而上學的「普遍本質」。但也如同海德格爾所說的那樣，這並不意味著馬克思的思想就是「贊成

---

[38] 《浙江學刊》，2005 年第 3 期。
[39] 同上，第 383 頁，參見《路標》第 401 頁。

非人道、維護非人性、貶低人的尊嚴」，而是他對「人性」、「人道主義」有著自己的獨特理解；而且主要是通過表達自己「反對什麼」這樣一種形式來「暗示」自己支持什麼。所以我們幾乎看不到馬克思的正面論述；看到的，就只是對資本主義的譴責、對工人群眾的同情，以及對階級鬥爭的強調和對社會主義的讚美。而且，按照阿爾都塞的說法，後人所使用的「社會主義人道主義」本身就是個矛盾的用語，因為「社會主義」是個科學的概念，而「人道主義」則只是個意識形態的概念。

與此相關，後期的馬克思也不再把人的本質當作理論基礎，不再把自由認作人所固有的東西（在《第六節萊茵省議會的辯論》中，馬克思確實說了：「自由確實是人所固有的東西，連自由的反對者在反對實現自由的同時也實現著自由，……沒有一個人反對自由，如果有的話，最多也只是反對別人的自由。可見各種自由向來就是存在的，不過有時表現為特權，有時表現為普遍權利而已。」[40]），這一切，都說明瞭馬克思想與傳統哲學作一個了斷，或者說，想拒絕哲學（我們最好在這裏把哲學理解為形而上學，在這一點上與海德格爾是一樣的），使哲學成為一門具有實證性質的的經濟學或社會學（這又與海德格爾完全不同）；在某種意義上，我們也可以把這種拒絕理解為對意識形態的拒絕，而「人道主義」就正是這樣一個屬於意識形態的概念。

如果說費爾巴哈是一位「公開的理論人道主義者」的話，後期的馬克思就想使自己成為一個並不那麼公開的「理論反人道主義」（這些都是阿爾都塞的用語），因為「馬克思在歷史唯物主義中的理論反人道主義，也就是在對社會形態及其歷史的解釋中從根本上否定人的概念是個理論概念，換句話說，就是從根本上否認人是其需求、思維、行為和鬥爭的原始主體（即所謂經濟的人、理性的人、倫理的人、法律的人和政治的人）。」[41]如果一切從「人」出發（所謂的「以人為本」），

---

[40] 《全集》第 1 卷，第 63 頁。

[41] 阿爾都塞：《馬克思主義和人道主義》、《馬克思和理論人道主義》，載《關於馬克思主義人道主義問題的論爭》（譯文集），第 220、259 頁。

那就會在人的「內在需要」、「內在能力」的幌子下「掩蓋另一種真正有力的力量，即資本主義的力量」；為了拒絕建立在資本主義生產關係基礎上的意識形態並與其斷絕關係，馬克思在《資本論》中才從現有的經濟形態出發，從資本主義的生產關係出發，因為正是這些關係才決定著人的本質和標誌著人的特性。

這就是馬克思作為一個並不那麼公開的「理論反人道主義」的全部含義；之所以「不那麼公開」，之所以只是「理論反人道主義」，就在於在現實生活中，意識形態還是必要的，因為「歷史任務和歷史條件的不相適應，恰好可以說明人們需要向意識形態求助的原因」；諸如「人性」、「人道主義」這些意識形態的概念，可以幫助我們揭露「在史達林時代被掩蓋了起來」的歷史的、經濟的、政治的和意識形態的新問題，告訴我們「應該實行哪些個人發展的新形式，使國家不再以強制手段去指導和監督每個人的命運，使每個人從此在客觀上具有選擇自己命運的權利，就是說，承擔起從事該項選擇的困難任務。」[42]

總而言之，「真正人道主義」的「真正」就真正在社會現實生活中，知道決定和識別社會形態的因素歸根到底不是虛無飄渺的「人」或「人的本性」，不是抽象的人或具體的人，而是與經濟基礎合成一個整體的生產關係；所謂的「人學」或關於人的本質的認識不再指的是對「單個的人」的「本質」的認識，而就指的是人的社會關係、生存環境、勞動性質，指的是在人的集團和生產資料的關係上所出現的人與人或集團與集團之間的關係。

這裏面還應該把「神學的或形而上學的人道主義」與「世俗的或日常生活的人道主義」區分開來。美國哲學家保羅・庫爾茨在《保衛世俗人道主義》中就這樣說：民主的世俗人道主義是人類文明所必不可少的。理智的人肯定會認識到它對人類幸福的巨大貢獻。在該書第二章「世俗人道主義宣言」中，他概括出「世俗人道主義」的十條原

---

[42] 同上，第 238 頁。

則，包括「自由探索」（這是首要原則，要求承認公民的自由權是必需的）、「政教分離」（任何把排他的真理、虔誠、美德或正義的觀念強加於整個社會都有害於自由探索）、「自由理想」（不僅使良心和信仰擺脫壓制它們的教會的、政治的和經濟利益的干擾，而且保護真正的政治自由，保護基於大多數做出決定的民主的統治，尊重少數人的權利，尊重法律的統治）、「基於批判理性的倫理學」（目標是發展自主的、有責任感的個體，使其能基於對人類品性的理解在生活中作出自己的選擇），等等[43]。

作者是把世俗人道主義與宗教原教旨主義所提供的思想原則對立起來的，但相對於我們的討論來說，真正的問題還在於這裏所提供的「原則與承認」是否需要形而上學的辯護；或者說，如果我們不似傳統的形而上學那樣論證人性與人道，那麼我們是否除了如海德格爾那樣認為真正的人道就在於「人在如此這般綻出地生存之際守護著存在之真理，以便存在者作為它所是的存在者在存在之光中顯現出來」，就只能如馬克思那樣認為第一性的不是人性、人道，而是構成人性、人道觀念的現實基礎，即社會的生產關係；正是這種現實的關係及其變動才構成了有關人性與人道觀念的發展變化；而在有關人性、人道的所有觀念（恩格斯列舉出最有代表性的三種，即宗教的、資產階級的、無產階級的）中，「代表著未來的那種道德，即無產階級道德，肯定擁有最多的能夠長久保持的因素。」[44]

這種理論上的論證是恩格斯在《反杜林論》中所說的。具體到我們現實生活中的「無產階級的不道德現象」，恩格斯在《英國工人階級狀況》中還做了這樣的辯護：「……實在不能責備工人們愛喝酒。在這裏，酗酒已不再是一種染上了就要受到責備的惡習。它逐漸成為一種必然現象，成為一定條件作用於沒有意志（至少在這方面沒有意志）的對

---

[43] 東方出版社 1996 年版，第 17-19 頁。
[44] 《選集》第 3 卷，第 133 頁。

象所必然產生的後果。」恩格斯在後面接著說,當宗教進行宣傳時,工人們「一切智力的、精神的和道德的發展卻都被可恥地忽視了」。[45]

所有這些話,與海德格爾截然不同而又類似於薩特的,就是也是一種介入生活、干預政治的生活態度;而且,它對社會的批判或威脅的力度更大,至少,它也適用於對我們今天的社會現象的認識;提醒我們,在如何理解諸如「酗酒」之類的惡習時,應看到其根源也並不在「人」、不在「人性的善或惡」,甚至不在「國民性」,而在其生活的客觀環境之中,特別是制度環境之中。

薩特、海德格爾、馬克思都是無神論或世俗意義上的「人道主義者」;薩特把這種人道主義者與行動、承擔、自由聯繫在一起;海德格爾則與守護、解蔽、藝術聯繫在一起,只有馬克思,講的是以無產階級為代表的人類未來。聯想到「時代背景」,薩特是戰後才成為一名政治的積極介入者的;海德格爾寫這封關於人道主義的書信時也是在戰後,但卻表現的是從也曾有過的一段的「慷慨激昂」後的「轉向」。

只有馬克思似乎一直生活在慷慨激昂的樂觀主義情緒之中。

能一直這樣嗎?

歷史逼著我們不得不面對今天的現實。

第三節　馬克思主義的當代命運

只有生活在我們這樣一個國家裏的、像我們這樣一些人才真正關心馬克思主義的當代命運,儘管知道這種關心完全是多餘的;因為這是一種並不僅僅局限於理論上的關心,更不僅僅只是一種理論上的興趣。

---

[45] 《全集》第 2 卷,第 387、396 頁。

　　上節的最後，我特別突出了阿爾都塞所講到的馬克思並不那麼公開的「理論反人道主義」；這裏面就有著理論與現實之間的不統一。我們還不能單純地只把馬克思主義當成一種「理論框架」來加以研究。我們知道我們從小就是在這樣一種教育下長大成人的，這種教育使我們把哲學中的最為基本的範疇「存在」理解為「物質」，於是也就等於取消了哲學；也是這種教育讓我們把「辯證唯物主義」理解為辯證法加唯物論，於是就把哲學問題變成了一種自然科學的思考模式，因為裏面沒有了人；還是這種教育，使得有關時間、空間、物質、精神、倫理、道德、政治、歷史、文化、本質、現象的思辨都變成了一些空洞抽象的概念，當然最重要的是把「人」變成了空洞抽象的「人民」，變成了無個性、無慾望、無鬱悶、無焦慮的「神」。

　　這裏面給人一種很強烈的「命運感」。

　　1917年十月革命，1919年日本思想界出現社會主義熱潮，被稱為「馬克思年」；當時正在日本的李達就覺得現在終於有了一個改造舊國家的「新思想」，因為「社會主義有兩面最鮮明的旗幟，一面是救濟經濟上的不平均，一面是恢復人類真正平等的狀態」；李達在關於《唯物史觀解說》的譯著中給社會主義下的定義就是：「社會主義在使個人不能榨取個人的勞動，以增進社會全體自由幸福的目的；實行將生產機關歸為共有，將生活與享樂各種資料公平分配。」[46]像這樣一種既通俗好懂、又切中時弊的學說怎麼能不讓人信服？更重要的是，有階級鬥爭的理論，有無產階級的隊伍，有十月革命的榜樣，所有這一切，都使人覺得一個美好的「新社會」和被這種「新社會」所決定了的「新人」（社會存在決定社會意識）就在眼前。

　　我在這裏之所以提到李達，一是因為他對當時在中國通俗性地傳播馬克思主義起了決定性的作用，二，也是更重要的，就是在王炯華所著的這本書中附有李達在文化大革命開始時寫給毛澤東的一張紙

---

[46]　王炯華著《李達評傳》，第33、37頁，人民出版社2004年版。

條：「李達（武漢大學）要求主席救他一命」，毛的批示是：「陶鑄閱後轉任重同志酌處」。

14 天後，李達被迫害致死。

事過 40 年後，讀到這樣的紙條，讓人有驚心動魄之感。

不要說李達，就是誰，又能想到這位最早、最系統地在中國傳播馬克思主義的人會落得一個這樣的下場？

也許有人早就意識到了，比如胡適，比如張東蓀，比如梁啟超，他們的一個共同的觀點就是多研究些問題，少談些主義的「改良主義」，認為中國沒有勞動階級，不能行社會主義；若要行社會主義，惟有獎勵資本家生產，即所謂「有資本階級，然後有勞動階級，有勞動階級然後社會主義運動有所憑藉」（梁啟超）；反正在中國只能「漸造紳商階級」而不能「越階」行社會主義，也不能發生布爾什維克的「勞農制」即實行勞農專政制，否則就會出現「純粹破壞」、「必定害民」的「偽勞農革命」（張東蓀）。[47]

李大釗、陳獨秀、李達他們自然都群起而反駁這種「改良主義」。

但這種「反駁」，在今天看來，更像是「馬克思反對馬克思」或「一個馬克思」反對「另一個馬克思」。

在亨利希·庫諾所著的《馬克思的歷史、社會和國家學說》第十二章，專門有一節的標題就是「馬克思反對馬克思」；更具體地說，就是作為政治家的馬克思與作為社會學家的馬克思在論述自己的思想時發生了嚴重衝突：

作為社會學家的馬克思說，階級是從經濟過程中在社會之內自由形成的，社會的發展乃是階級統治的真正原因，所以把階級統治的罪責歸之於國家是顛倒了因果關係；國家制度主要是貫徹被社會所認可了的法律制度，所以作為社會學家的馬克思也就一直警惕自己不要將

---

[47] 同上書，第 44、47 頁。

社會狀況怪罪到資產階級的國家身上。在《道德化的批判與批判化的道德》中，馬克思就說：

> 「財產關係上的不公平」以現代分工、現代交換形式、競爭、集聚等等為前提，決不是來自資產階級的政治統治，相反，資產階級的政治統治倒是來自這些被資產階級經濟學家宣佈為必然規律和永恆規律的現代生產關係。[48]

作為政治家的馬克思如果認為社會關係取決於國家組織，那麼國家就要對社會弊端負責；於是不是社會（或者說在社會中掌權的階級）奴役國家，恰恰相反，是寄生的國家欲豁難填，要使自己成為凌駕於社會之上的強權，並來奴役社會，所以，社會才要從國家手中解放出來。越到後來，作為政治家的馬克思就越占上風，終於，恩格斯就在為《法蘭西內戰》所寫的第二個導言中說出了這樣的話：

> 實際上，國家無非是一個階級鎮壓另一個階級的機器，這一點即使在民主共和制下也絲毫不比在君主制下差，國家最多也不過是無產階級在爭取階級統治的鬥爭勝利以後所繼承的一個禍害；勝利了的無產階級也將同公社一樣，不得不立即除去這個禍害的最壞方面，直到在信的自由的社會條件下成長起來的一代能夠把全部國家廢物徹底拋掉為止。[49]

作者無疑是支持作為社會學家的馬克思的。在他看來，馬克思之所以後來把注意力聚焦於國家，是因為有三個原因：一是對國家強權所懷有的政治敵意（其中肯定有包括自己的祖國在內的好幾個國家強權對自己的驅逐，當然更主要的還是國家強權對巴黎公社的鎮壓）；二是在當時的資本主義國家已經出現了這樣一種趨向，即隨著社會自我

---

[48] 《選集》第 1 卷，第 171 頁。
[49] 《選集》第 2 卷，第 336 頁。

調節能力的加強，社會已經不再過多地依賴於國家法規的監督；也可以說，國家甚至已經部分地消亡了。在這種情況下，國家真的幾乎可以等同於一個「禍害」，所以應該儘早使國家消亡；第三，就是以後的「庸俗馬克思主義」更加相信「無產階級只要奪取了政權，社會主義就會自動到來，整個社會變革就會順利進行」；而十月革命等於對此提供了一個生動的例證。

　　作為社會學家的馬克思只是一個「書齋裏的革命家」；成為了革命家的馬克思卻是一位走上了街頭的社會學家。

　　馬克思反對馬克思：一個馬克思就是社會改良主義者，另一個馬克思則是激進的、只以奪取政權為目的的行動主義者。

　　這兩個馬克思幾乎同時出現在中國，而且幾乎同時支配著一批人的思想與行動，直到徹底相信「槍桿子裏面出政權」。

　　這真是一個由「一系列的複雜過程所構成的一個必然結果」；晚年的恩格斯肯定重新思考了這一理論發生和演進過程，並通過書信的方式想把自己的重新思考作為一筆思想遺產傳遞下去；而 1922 年 11 月，已到生命最後關頭的列寧也注意到了《恩格斯未發表書信中的政治遺囑》[50]，並囑咐值班秘書「妥為保存」，以便重新研究。[51]

　　恩格斯在這些書信中首先要回答的就是當時還只是一位數學系的大學生布洛赫所提出的一個問題：「經濟關係是唯一的決定性因素呢，還是從一定意義上說僅構成後來自身也可起作用的其他所有關係的堅實基礎？」

　　恩格斯在他的回信中所表達的一個最重要的觀點就是：「應該重新研究整部歷史……」；其中主要是經濟基礎與精神法規的上層建築、社會存在與社會意識，總之是人的生活中物質的東西與精神的東西之間辯證的相互作用問題；而回答了這些問題，也就回答了無產階級政黨

---

[50] 莫斯科 1922 年版。

[51] 《哲學譯叢》，1991 年第 1 期，《恩格斯關於歷史唯物主義的書信和當代》。

在 19 世紀末資產階級民主範圍內如何擴大合法鬥爭等方面的問題。這時的恩格斯，不但強調了社會意識形式、上層建築諸要素與非經濟的甚至是非社會的因素（如地理環境）的相互關係，而且特別強調了經濟的最終作用只有通過必然性和各種偶然性的相互作用才能實現，並用相互作用的三種偶然性補充了他在《自然辯證法》中關於偶然性與必然性的論述；概括起來，就是在歷史中，人的意向是相互交錯的，所以必然性是透過各種偶然性來為自己開闢道路的。[52]

必然性是透過各種偶然性來為自己開闢道路的。

恩格斯想在過於讚美勞動、讚美生產關係的變革決定一切的基礎上把視線轉向在精神層次上更多的存在方式和偶然因素。社會越發展，我們也就越感受到這些方面才最切近我們的生活與感受；而且，影響著我們的有意識選擇。資本主義的本質特徵恰恰在於大量的理性行為者依據資本運行的規律所作出的選擇。這些選擇不一定與直接的商品生產有關，比如文物、藝術品的收藏與倒賣。

> 我們所研究的領域愈是遠離經濟領域……我們在它的發展中看到的偶然性就愈多，它的曲線就愈是曲折。[53]

也正是在這種偶然性與必然性的相互關係中，我們感受到了命運的力量。

海德格爾在《技術的追問》提到了「命運」這個概念，他說：

> 但是命運決不是一種強制的厄運。因為，人恰恰是就歸屬於命運領域從而成為一個傾聽者而又不是一個奴隸而言，才成為自由的。[54]

---

[52] 同上，第 4 頁。
[53] 《全集》第 39 卷，第 200 頁。
[54] 《海德格爾選集》（下），第 943 頁。

　　要引導出「命運」這一概念，前面還有在海德格爾的獨特意義上才能理解的「座架」、「擺置」、「促逼」、「解蔽」等一系列概念需要重新理解（均見《技術的追問》一文的譯文）。我們不可能詳細進行解說，其核心意思就是說，技術本身不僅是工具、一種手段，而且就是一種「解蔽」的方式，即「揭示那種並非自己產生出自己並且尚不在眼前現有的東西」，比如我們建造一座房子，其實就是揭示那「有待產生」的東西，從直觀中的質料（鋼筋、水泥等等）中使「房子」顯現出來；這一過程，就是海德格爾所理解的「技術」。現代技術不同於古代的地方，就在於它使得「解蔽」成為了一種「促逼」，即強行要求自然提供它能被開採的能量。如果說古代人的「耕作」本身還具有關心和照料的意思的話，現代人的耕作則是一種「促逼」，一種「擺置」，如「太陽熱量為著熱能而被促逼，熱能被訂造而提供出蒸汽，蒸汽的壓力推動驅動裝置」，等等，最後就是我們人也被「促逼」、被「訂造」、被「擺置」。

　　這是一種「命運」。但我們人類並沒有因此而被「囚禁於一種昏沉的強制性中，逼使我們盲目地推動技術，或者──那始終是同一回事清──無助地去反抗技術，把技術當作惡魔加以詛咒。」[55]原因就在於命運同時也給我們指點了一條解蔽的道路，使我們走向一種可能性的邊緣。

　　然後海德格爾就談到了「家政」與「國體」，談到了藝術之不同於技術之所在。總之是要告訴我們「哪裡有危險，哪裡也有救」。

　　我之所以在談到馬克思主義在當代中國的命運時提到海德格爾對「命運」一詞的解釋，就是在感受到某種「促逼」的同時，也感受到一種「解蔽」的可能，一種危機狀態中「得救」的可能。

　　命運是一種把我們帶入某種關係之中的力量；但也只有在這樣那樣的關係中，我們才能認識我們自己，才能認識我們的處境。

---

[55]　同上，第 944 頁。

　　這不僅與馬克思主義有關，也與我們人類的整個處境所發生的變化有關。

　　人類命運從來沒有像現在這樣決定性地依賴於它與地球上的其他生命的態度與關係。不斷蔓延著的生態滅絕，地球上維持生命的能力的不可逆轉的退化，核武器、基因研究和生化武器（包括破解遺傳密碼、合成核糖核酸、微波輻射、低溫試驗、超導性、納米技術等等）已經完全可以從根本上改變「人」這一「物種」，而且很可能在某一天使人類完全毀滅；資訊化時代的到來更是一把雙刃劍：它本身既是一個全球性問題，同時又是其他全球問題的一個核心內容，如戰爭與和平、環境與保護、能源與開發等等。更重要的是我們不知道如何從哲學上理解「資訊」，是把它視為一種「存在」，還只是一種「功能」（在「功能」裏又可以細分為「現象」與「假像」，「似真」與「擬像」等等）？是「物理實體」還是「概念實體」？它和我們所講的「唯物主義」之間是什麼關係？

　　而且，當我們想到人類所面臨的共同問題時，馬克思主義真能為一種「全球倫理」或「世界共和國」提供思想資源嗎？馬克思設想過這樣一個共同體的道德依據嗎？

　　不管怎麼說，馬克思是一個市場經濟和議會民主的激烈批判者，在這種情況下，我們當然可以把我們的「市場經濟」和「議會民主」理解為「社會主義」的市場經濟和議會民主（全國人民代表大會），就如我們當初說我們的人道主義是「社會主義的人道主義」一樣，但自由的市場經濟和法制狀態，更多促進人的自由，使社會各項措施更人性化、人道化，難道不就是資本主義國家已經或正在施行的著的社會改革嗎？是不是首先需要達到一個文明社會所必要的社會水平，然後才談得上馬克思主義的文明批判？而這種批判所依據的恰恰又是文化的標準，即以每個人的自由發展為所有人的自由發展的前提？

　　但也許正如阿倫特在某個地方所說的那樣：這些高度發展的個人到底靠什麼力量凝聚在一起？阿倫特覺得馬克思看到了人的高度發

展，但其學說又缺乏一種權威的基礎；這種權威當然不能建立在外在的國家力量上，它本身應該成為一個政治共同體的道德基礎。

也正是在這一點上，讓我強烈感受到了一種「斷裂」：歷史的、時間意義上的斷裂與人和共同體之間的、空間意義上的斷裂。

還是《共產黨宣言》中的那句話：「一切堅固的東西都煙消雲散了」。

馮天瑜先生在他的《「封建」考論》[56]中說：

> 以選官制度為例，漢行選舉制，中央集權的官制大奠；兩晉行九品中正制，特權貴族把持政柄。隋代廢止鄉官，剝奪貴族在出生地擁有的政治權利，又廢止九品官人制，代之科舉制，庶族士子得以登士，中央集權官制復振。唐承隋制，科舉趨於完備，但吏部銓選官員，輔以體貌、言談取仕，突顯貴族式選官標準。至宋代，科舉制方擺脫貴族主義，帝王得以直接選拔庶族士子，中央集權的官制更落到實處。故秦以下政治雖多有更張，但總的走勢是君主專制趨於強化。[57]

劉惠恕先生在《中國政治哲學發展史——從儒學到馬克思主義·附錄》[58]中也有與此大體相似的論述。他說，回顧中國歷史，共有兩次貴族政治和平民政治交替發展的情況，或者說，一共有兩次，都是以平民政治戰勝貴族政治而告終，一次是戰國時代以前存在的「世卿世祿」制度，結果為秦政權的平民化了的「察舉制度」所戰勝；再一次是魏、晉時期的「士族－門第制度」為隋、唐時興起並完善了的「科舉制度」所戰勝。作者認為「它開闢的是中國文官制度的新時代，這也是世界文官制度之起源」；「科舉制度對『九品中正』制度的否定，最終使國家在法律上認可了凡受過教育的男子都有可能成為國家命官，由非統治集團進入到統治集團的政治平等精神，這也是中國封建

---

[56] 武漢大學出版社 2006 年版。
[57] 該書第 403-404 頁。
[58] 上海社會科學院出版社，2001 年版。

時代政治所取得的最高成就。」這就與馮先生的論述相去甚遠了。因為馮先生所強調的是那種曾為或專為貴族階層所獨有的道德品性（先秦君子風範中的進德修業、禮賢下士、人格節操、義士情懷、恭敬謙和等等）在所謂的「平民政治」獲勝中的流失。沒有了貴族政治，沒有了士族一門第制度對皇權的制約，不僅客觀上導致了相權（政府）的式微（只有貴族階層才可能進入政府），導致了中國式的「君主立憲」實際上只能「有君無憲」（再無「元老院」式的貴族集團制衡皇權，所以一面是君主專制趨於強化，另一面就是整個社會的一盤散沙），因為事實上早就沒有了需要通過「維憲」來維護自身利益的貴族（封建主、領主）階層（正如沒有了「士」這一階層，中國的經學傳統事實上也就沒有了承續者一樣）。

一種在道德上使人提升的、共尊共信的社會凝聚力到底應該是屬於「君子」的道德還是屬於「小人」的道德？我們千萬不能把孔子所說的「君子」與「小人」等同於「好人」與「壞人」；就正如在柏拉圖的《理想國》中，正義、勇敢、智慧、節制本身並無好壞之分一樣，問題只在於你要成為「自己的主人」，要「各就其位，各成其是」。

司馬光在《資治通鑑》中說：

> 才能和品德是兩碼事，才能品德兼備是聖人，才能和品德都沒有是愚人，品德勝過才能是君子，才能勝過品德是小人。[59]

一個社會最怕的，就是「愚人」當政，於是使「君子」成為「偽君子」，「小人」則成為惡人、強人和社會的典範，因為真正的「君子」會顯得一無所能。

在某種意義上，這也是現代性的一個發展趨勢，它與整個社會的通俗化、娛樂化、刺激化密不可分。於是哲學到底何為也就成為了一個問題。

---

[59] 《柏楊曰‧上》：第 6 頁，海南出版社 2006 年版。

　　哈貝馬斯在《現代性的哲學話語》中說，康德把哲學的「通俗概念」（涉及到的是人人都感興趣的東西）與作為理性認識的系統的「學院概念」區別了開來。而黑格爾第一個把帶有時代診斷特徵的哲學的通俗概念與學院概念融為一體。黑格爾死後，學院哲學與通俗哲學又分道揚鑣，而且是空前激烈地「決裂」；學院哲學不得不全力應付被趕出校門的私人講師、作家、報紙編輯以及個體寫作者，如費爾巴哈、馬克思、鮑威爾兄弟、克爾凱郭爾，甚至包括自動放棄巴塞爾大學教授職位的尼采。結果，在政治科學、社會科學、歷史科學、文化人類學，包括物理學、心理學、生物學等領域達到現代性自我理解的，差不多都是「非學院派」所佔據的「非哲學」的領地，而且對時代意識施加了最強有力的影響的，也正是這樣一些人。他說，只是到了二十世紀，情況才發生了變化，通過馬克斯・韋伯和海德格爾等人，現代性的哲學話語才又一次回到了學院裏的課堂上。

　　馬克思以「非學院」的立場與傳統哲學（形而上學）決裂，同時又以典型的「學院」立場邏輯地推證出人類歷史的發展規律，論證了社會歷史運動的終極目的；這與他站在「反現代性」的立場上在與資本主義實行徹底決裂的同時，又高度讚美工業和技術力量的發展一樣，都是一種「悖謬」式的推進；而只有大哲學家才可能使自己處於這樣一種矛盾之中。類似的矛盾我們還可以在馬克思的著作中發現很多，比如他自然是資產階級自由主義學說（其實也就是個體主義學說，認為社會只是個人的集合）的反對者，但他同時又相信「每個人的自由發展是一切人的自由發展的條件」；他反對任何有關「永恆人性」、「普遍道德」的說教，認為功利主義、實用主義的道德原則把「善」歸結為「幸福」，其實是「倒果為因」，因為人們之所以稱頌某一行為，認為其為「善」，並非因為它給了人「幸福」，而是因為它合乎了人們的「道德感」，這「道德感」也並非來自他自身，就如與功利主義相對立的康德那樣把「道德感」歸結為內在普遍的道德絕對命令（你要這樣行動：你意志的標準在任何時候同時也具有普遍立法的效力）一樣，

認為所有諸如「我為人人，人人為我」（功利主義的信條）和「己所不欲，勿施於人」（絕對主義的信條）的古老教誨，其實都是某種社會生活條件所凝煉而成的道德習俗。

馬克思毫無疑問是相信存在著一種趨向於物質和道德雙向進步的歷史運動的。他的歷史唯物論就是要為這種「雙向進步」提供一種有關運行機制的理論。馬克思從創立自己的學說起，就關注的是「非個人的客觀因素」，這顯然與他在某種程度上接受的是黑格爾的遺產有關；但西方傳統的哲學家（包括現代西方的馬克思主義者）更願意把這種「非個人的客觀因素」理解為文化；只有馬克思堅持經濟的觀點、生產力和生產關係的觀點，這不能不認為是馬克思的獨到之處。當然，這一理論嚴格來說，太偏向於社會生產力的發展這一方面，而沒有強調社會生產力的發展其實並不一定促進社會道德的進步。當然，我們在這裏把社會道德主要與從事社會實踐的人逐漸能意識到自己的價值追求（比如自由、平等）聯繫在一起。

無論是邊沁的功利主義還是康德的絕對主義，也許反映出的都是自由主義、個人主義在獲得勝利或期望勝利時的某種樂觀主義的心態，他們把社會秩序只理解為從個人出發就可以自然得出的一種現實；一種相應的心理學也把道德理解為達到個人目的的手段（因為人們永遠可以問：人為什麼非要有道德？）馬克思其實是接受這樣一種理解的，從本質上說，他也許更傾向於功利主義（因為在涉及道德問題時，他更傾向於英國的經驗主義或唯物主義，包括費爾巴哈的唯物主義），因為在《神聖家族》中他多處說過：思想一旦離開了利益，就會使自己出醜。但由於資本主義的社會關係本身是不合理的，而要重建一種合理的社會關係，道德又無能為力（「思想根本不能實現什麼東西。為了實現思想，就要有使用實踐力量的人」[60]），所以他也才不講道德，只講「有使用實踐力量的人」。

---

[60] 《全集》第 2 卷，第 152 頁。

　　但馬克思所有對資本主義的抗議（比如「剝削」），包括有關勞動異化的學說，難道不都證明他心中其實是有一種「正義觀」或「公正觀」的；如果把這種「正義」或「公正」僅僅視為是無產階級的「專利」，那顯然並不符合馬克思的意思。馬克思曾經是一位激進的人道主義者，比如就說過「人是人的最高本質」；但馬克思更是一位要求社會公正的現實主義者：社會對人的公正要求負有責任；而公正（比如按勞取酬，按需分配）本身就含有「權利」上的要求。在談到道德、權利、義務這些概念時，馬克思並不著眼於個人，而是著眼於社會，著眼於個人與社會的關係，這是他從黑格爾那裏所繼承下來的與英國的功利主義者所截然不同的一個特點；也正是這種著眼或注重，才使得馬克思心目中的社會主義應該使所有公民都享有最低限度的生活；要求社會必須限制個人間權力的差距，並為失去勞動能力的人提供一定的社會保障。這也就是今天北歐許多資本主義的市場經濟體系與社會主義的社會保障系統揉合在一起後所出現的一種新的社會形態（有的人稱之為「第三條道路」）。盧卡奇在晚年寫出《社會存在本體論》，在某種意義上也就是要為「本體論」正名，告訴我們傳統哲學（形而上學）中的本體論概念，不僅是哲學的，同時也是政治的，因為它起到了為「應是」提供根據的作用。

　　可惜馬克思有關這方面的論述，在還沒有獲得澄清的情況下，就被革命、推翻、砸爛舊的國家機器、實行生產資料的國家所有制所中斷，並因這種種中斷而喪失了澄清的可能。但這一切也許正如英國肯特大學的理查·諾曼所說：

> 在此我想提出與此密切相關的兩點建議：
> 如果把馬克思主義理解為一種完全自足的哲學或完滿的社會理論，那末它就是一種死的東西。如果把馬克思主義看作一種廣闊的思維傳統的一個組成部分，沒有它將是不完滿的，那末馬克思主義就是一種活的東西。

　　馬克思主義需要從這種傳統中吸取的最重要的東西是一系列的
　　價值觀，這些價值觀是任何活的馬克思主義理論的核心部分。[61]

　　從這本書的「譯後記」中我們知道「分析馬克思主義出現於 1979
年。當時在英國工作的加拿大哲學家 G·A·柯亨和挪威政治學家約·
埃爾庫斯以及來自其他幾個國家八、九個志趣相投的學者在倫敦召開
了一個會議，討論當代馬克思主義中的一系列理論問題。從那時起，
每年 9 月都要舉行一次為期三天，來自四、五個國家的十來個分析馬
克思主義者參加的會議。每次參加會議的基本上是同一批人（埃爾斯
庫於 1993 年離開了），會議通常在倫敦舉行。這就是現在被人們稱為
『9 月小組』的分析馬克思主義者的定期聚會。」

　　就整個歐洲大陸而言，特別在二戰前後，「馬克思主義傳統」最弱
的是英國（儘管馬克思晚年生活在倫敦而且安葬在那裏），行動力量最
強的是法國、德國，理論上最強大的就是義大利；這種「強」，一則因
為義大利的馬克思主義者全都是知識份子；二則因為他們從一開始對
馬克思主義採取的就是一種分析、批判的態度，而且早在拉布里奧拉，
就認為馬克思關於歷史發展的客觀規律的學說是一種必要的假說，它
的實現需要種種偶然的因素；到葛蘭西，強調真正的革命，不是正面
進攻，而是改變群眾的「感覺」，這也就等於是對整個社會力量的改變，
從而使人們有了明確的方向。在葛蘭西看來，無產階級必須在知識和
道德上佔有優勢，才能把知識份子爭取到馬克思主義這邊來；到陶裏
亞蒂，更是認為只有把民主與自由、民主與社會主義聯繫在一起，才
能把人民群眾的現實要求同社會主義目標聯繫在一起，提出了他的「政
治主動性的歷史決定論」。到上世紀六十年代，義大利進入壟斷資本主
義階段，如何才能將馬克思主義變成一種真正的絕對優勢，變成一種
能改造國家和生產關係並能使民主與社會主義結合在一起的領導力量
就成為了一個核心的話題。當時義大利的馬克思主義者所理解的「回

---

[61]　《分析馬克思主義新論》，第 50 頁，中國人民大學出版社，2002 年版。

到《資本論》，也就是用《資本論》回答社會形態發生變化的根本原因，理解工人群眾在成為社會的主人之前就已經是社會的主人了（這裏所依據的就是黑格爾關於「主奴關係」的學說），而這一理論應該成為政治作用的基礎。[62]

所有這一切，充分體現出了馬克思主義在當代所面臨的困境及所有的馬克思主義者在理論上所作出的巨大努力。

回到我們中國，當溫家寶總理在十屆全國人大五次會議 3 月 16 日舉行的記者招待會上說：「民主、法制、自由、人權、平等、博愛等等，這不是資本主義所特有的，這是全世界在漫長的歷史過程中共同形成的文明成果，也是人類共同追求的價值觀」[63]時，更說明瞭「馬克思主義需要從這種傳統中吸取的最重要的東西是一系列的價值觀，這些價值觀是任何活的馬克思主義理論的核心部分。」

在法國作家貝爾納－亨利·雷威所著的《自由的冒險歷程》中，最後一章寫的是「路易·阿爾都塞，最後的大師……」，在訪談中，人們必須思考：即將告別這個世界的阿爾都塞，他不再讀書，不說話，也很少聽人說話，只在靜默中思考，但他是怎樣能夠發揮一種無與倫比的絕對影響的呢？其實就在於在他那裏，有一種「智慧的結構主義與意志的救世說的結合」；那是一種「告別獸化人道主義的幻想，同時進行最後一次扭轉乾坤的嘗試」。在該書的倒數第二章，作者在柏林牆倒塌的那一年，訪問了一位名叫史蒂芬·赫穆林的人，「這是一位史達林派的老作家，是下野的知識份子中的典型，他已滿頭白髮，淺藍色的眼睛，傲慢，驕矜，帶著共產主義的『王家主教』的神氣」；但在與他的談話中，聽到的都是共產黨人當年與納粹進行鬥爭的英勇故事，而且他懷念史達林主義鐵人般的威武和神勇，在兩個多小時裏，竟然絕口不提「希望」、「復興」、「革命」、「新人」這些司空見慣了的詞語。

---

62 參見「法」多塞爾所寫的《義大利的馬克思主義哲學》，載《哲學譯叢》1983 年第 6 期。

63 2007 年 3 月 17 日《新華每日電訊》。

當作者向他指出這一點時，他說，您以為我相信這些？您以為像我這樣的人還會對這些女孩子的夢一樣的東西再相信一秒鐘？

作者說，「這是一種冷靜的共產主義，一種既無任何救世主降臨說，也無任何末世論的共產主義。」

「為說得簡單化一點，這第二種共產主義，人們可以將它稱之為『無神論的』共產主義，或稱之為『無信仰』的共產主義也可」；持這種觀點的人說，社會總是壞的，世界總是不完美的。人是一個失敗的種類，不可能無限地自我完善。

而第一種共產主義相信歷史，這個神聖而又神聖的歷史從來就是一個耶穌再臨人間的場所，或至少是一種完成的場所。

於是作者區分了樂觀的共產主義與悲觀的共產主義：前者以它的理想與純粹，以其「愛人類」的狂夢與「恨敵人」的殺氣吸引人；後者則給人一種黑色、絕望，也有些令人疲憊的景觀，它不那麼招人喜歡，沒有威脅性地外表，雖然意識到歷史總是走向惡，但也相信社會自身會給人類提供一種社會聯繫和人類利益管理的形式。

作者說，「這兩種主義哪一個都不值得絲毫的寬宏。至少在我看來，這是用不著辯論的。但是，是不是應該認為對二者的共同譴責就提出了這樣的問題：即：就整體而言（還要再強調一遍），樂觀主義的共產主義和悲觀主義的共產主義，哪一個更好一些呢？」[64]

不管哪一個「更好一些」，馬克思，這個長著一臉大鬍子的外國老人已經以他特有的修辭、邏輯、語氣、概念、理想與反抗，出現在我們面前，就如作者在全書最後所說的那樣：當天下大亂，舊世界看起來在終結，新世界似乎在出現，我們舊有的方位標都已動搖的情況下，作者很想再見見阿爾都塞：「不行了，我必須見一見阿爾都塞，難道他不是這一切冒險經歷的最好見證嗎？」

作者得到的答覆是：「太晚了，阿爾都塞今天早晨已經死了」。

---

[64] 《自由的冒險歷程》，第 394 頁前後，中央編譯出版社 2000 年版。

一個在其時代最想改變時代的人死於這個時代正在發生變化的當口。

阿爾都塞作為一位誓死保衛馬克思（這是他的一本書的書名）的「最後一位大師」離去了，但人類冒險的歷程仍在繼續，而且不得不繼續，就如馬克思所教導我們的那樣：人其實並沒有永恆的固定本質，有的只是歷史；人類永遠無法超越「在時間中」、「在世界中」的根本處境，問題只在於你如何面對未來作出決斷。

這似乎也是海德格爾，這個 20 世紀的偉大哲學家所告訴給我們的話。

在海德格爾的《技術的追問》中，他特別討論了「命運」問題，認為「命運決不是一種強制的厄運。因為，人恰恰是就他歸屬於命運領域從而成為一個傾聽者而又不是一個奴隸而言，才成為自由的。」[65]

不管怎麼說，古老中國在自己的百年近代史中遭遇到馬克思主義，只能理解為一種命運，一種我們無法抗拒的力量把我們強行拖入一種關係之中，我們只有通過在此關係中努力使自己成為一個「傾聽者」而不是奴隸才可成為自由的。

在「加」艾倫・伍德所著的《新社會主義》的第一章，作者一開始就揭示出「當代馬克思主義」所面臨的七個方面的「新問題」：（1）工人階級沒有像馬克思所期望的那樣，發動一場革命的運動。也就是說，它的經濟形勢並沒有必然產生一個相應的政治力量；（2）這在總體上反映了經濟與政治之間並沒有必然聯繫。階級與政治之間的任何聯繫都是偶然的；（3）這同時說明工人階級與社會主義之間並無必然的或特定的聯繫；（4）因此，社會主義運動的形成在原則上是不依賴於階級的；（5）任何一種政治力量都可以把形形色色的「人民」組織起來，而不必考慮他們之間的階級聯繫與對立；（6）確當的社會主義目標一定是超越階級的全人類的目標；（7）社會主義鬥爭可以被看作

---

[65] 《海德格爾選集》（下），第 943 頁，上海三聯書店 1996 年版。

是多元的「民主」鬥爭，它把不同形式的對於不平等和壓迫的反抗聯合在一起。作者在此基礎上還補充了第（8）條：比較而言，某些類型的人可能更容易接受普遍的、理性的社會主義話語，以理性的、人道主義的目標反對物質利益的目標，而這些人，就可能成為社會主義的「天然選民」[66]。

我不知道這七個方面的問題是否適合我們現在的理論處境，也不知道就第八個方面而言，我自己，或如我這樣在某種天性上就屬於社會主義的「天然選民」的人還有多少。但不管怎麼說，至少，艾倫·伍德的這本書就告訴了我們：馬克思依然活著，馬克思的幽靈也依然徘徊在我們四周。

最讓人有些哭笑不得或多少有些欣慰的，就是艾倫·伍德因她的堅定的馬克思主義立場而當選為加拿大皇家學會會員。

我甚至有些相信，如果馬克思還活著，他也會當選為各種類型的、標誌著最高學術成就的「學會」、「學院」的成員。畢竟，在西方文化的背景下，兩千多年間，也就只有一個馬克思對人類社會產生了如此巨大的影響。

---

[66] 江蘇人民出版社 2005 年版，第 3-6 頁。

在歷史的地平線上

　　這本書純屬偶然之作，是應朋友之邀而完成的；但也許它暗中迎合了我內心深處的某種宿願，這就是對馬克思的學說進行一番理論上的清理。

　　這種「清理」只是一種理論上的自我反思。所謂「反思」，也就是對自己所一直堅持的批判立場進行一番理論上的清理。在黑格爾的邏輯中，這種批判立場居於「反題」的特殊性位置上，它所針對的就是作為「正題」所預先設定下來的一些具有普遍性意味的原則立場的根據，我們可以把它理解為「人性」、「天理」、「道統」或乾脆就是西方人所理解的「上帝」，總之與久遠的、人們共尊共信的傳統、習俗有關，而且就世世代代活在人們的心中。馬克思無疑是一位要竭力體現出自己的特殊性權利（Recht）的思想家；我們堅持批判的立場，也是想維護這種權利本身所具有的普遍性。事實上，也只有權利意識才能把任何特殊性的立場提升為普遍性原則。可惜馬克思至少在理論建設上對此有所忽視──儘管在行為上一直體現著他的憤怒與維護；他更願意從人類學的人本主義或作為遠大理想的共產主義信念中體現出自己理論上的普遍性。那麼我們呢？什麼是我們所面臨的共同問題？這一問題在什麼意義上具有著普世性的倫理價值？當我們前望無路，根本就無法如黑格爾所期望的那樣經過「反題」而使「正題」達至具體時，恐怕就只有回到抽象的「正題」這一條出路了。所以無形中，自己也就變成了一個在悲切與悲觀中有所保留的黑格爾主義者。

　　我並不想「改變世界」，也「改變」不了；在這一意義上，我也就並不認同馬克思在《關於費爾巴哈的提綱》最後一條中所表述的觀點；當然，我也知道語言本身也可以理解為一種行動，一種想改變什麼的行動，但這種行動畢竟與馬克思在那裏所說的「改變」是不一樣的。我知道，馬克思是想突破西方傳統哲學「內在反思」的模式，認為只有實際的行動才可能對理論本身作出檢驗。但我依舊相信理論並不需要這樣的檢驗，而且就哲學研究而言，反思的、邏輯的、理解的優越性是不可能被事實的、應用的、工具性的行為所取代的。一個極其簡

單的道理就在於：慾望、情感、權利（權力）、性格、心理、利益之間的關係要比我們所能想像的複雜得多，所以我也就懷疑那種以為用實踐就可以證明瞭的真理。

正因為這樣，我也才不相信實踐或事實就已經證明瞭馬克思的學說一無是處，不相信馬克思的學說就如「鐵板一塊」一樣那麼完整、那麼不可懷疑。

資本主義的一切並沒有滿足我們人類的理想，至少在現在看來，許多實現了民主化的國家，民眾的投票也依然受著某種操縱；對於未來，人們總會提出新的要求，總會有新的設想和論證——如果這一切都只能以實踐的方式得到檢驗，而且都想以此「改變世界」的話，那麼我們就只能生活一種可怕的、無休無止的爭鬥與廝殺之中。所以，我更願意以一種冷漠的、旁觀的態度來不斷返回自己的內在生活。

在歷史的地平線上，我們就恰恰處於這樣一個階段，而馬克思及其主義，也就恰恰與我們發生了如此這般的關係。回到本書最後一節所談到的「命運」，我們恐怕也只能「認命」——當然並不是無所作為的「認命」；那怕如海德格爾所說的那樣成為一個「傾聽者」，這種「傾聽」也與語言的顯現有關，而語言對我們來說就是最最重要的事情：離開了語言，我們何以生存？

所以哪怕講「行動」，在這裏也最好如海德格爾那樣理解為語言的顯現。

「幽靈再現」，「再現」的永遠都只能是語言，或廣義的符號。

我們是在那樣一種充滿激情、樂觀向上的教育中長大成人的。文化大革命中，我們都模仿過馬克思的文風和語調來書寫大字報，於是也就有了我一直反思著的「文革話語」。

具體的論點、論據都忘記了，但那種話語方式卻一直存活在我們的口中與筆下；離開了那樣一種方式，我們幾乎不會說話，特別是不會反駁別人，不會參與論爭。

　　就此而論，復興傳統文化，也許最重要的就是知道在我們的祖先那裏，還有著另外的話語表達方式。也許當年嚴復的翻譯之所以有那麼大的影響，一個很重要的、也許是最重要的，就在於他把新思想與舊文體完美地結合在一起。這種結合既預示著一種新的話語方式的出現，也是古文體，那種堪稱完美的文采與意境的最後的迴光返照。

　　俱往矣。我們只知道新的道德觀、價值觀、人生觀需要有新的表達方式，確未意識到表達方式本身就確立或體現著某種意識形態的統治。

　　然後就是新文化運動，或理解為新的話語方式的運動。

　　一切就這樣成為了一種不可逆轉的歷史必然。

　　當馬克思主義傳入中國時，隨著另一種新的道德觀、價值觀、人生觀的確立，所真正改變了或使我們的思維方式定型的，就是確立了在某種意義上可以稱之為共產黨的「專利」的話語方式。當年的整風運動和《在延安文藝座談會上的講話》就是這種確立的明證。

　　我很想通過自己的寫作來改變自己的這種習以為常了的話語（行為）方式，特別是對哲學問題的討論；但事實上也知道很難，因為「離開了那樣一種方式，我們幾乎不會說話」。

　　在這本關於馬克思及其主義的書中，我嘗試著想把對馬克思及其主義的研究變成我「個人」的一件事，說出我個人的喜好與感受。我不知道這是不是真的（當然不會真的就只是我個人的喜好與感受），也不知道允許不允許（當然在理論上總是允許的，但同時又是我們所不習慣的）。

　　各種各樣的論證聽起來總是鏗鏘有力，而新聞媒體在爭奪人們的眼球之戰中，又總會以其逼真的仿真來磨損、耗費我們的感情，特別是俗之又俗的風氣日甚一日（我曾有一打油詩，前兩句就是「娛樂無極限，理論有禁區」），在此情境下，我寧肯如貝爾納－亨利・雷威在他的書中所說的那樣當一個「悲觀主義者」：它「給人一種黑色、絕望，也有些令人疲憊的景觀，它不那麼招人喜歡，沒有威脅性地外表，雖

然意識到歷史總是走向惡，但也相信社會自身會給人類提供一種社會聯繫和人類利益管理的形式。」也許我更渴望的，就是與這樣一種情調相適應的話語方式，或者說以那樣一種方式來表達自己的所思。

我得承認，我事實上並做不到，最多也只是在「結語」中說說而已。

陳家琪

2007 年 3 月，在氣候已變得越發不可捉摸中成稿於上海寓所

後記

這本書在寫成後的兩年多時間裏，轉了好幾家出版社，有好幾位編輯都為這本書的編輯出版費過力，特別是北京的「老金在線」（金剛先生），不但整理、規範了這本書的體例、注釋，而且就行文中的許多問題都提出了很好的建議。可惜這些努力都未能就書的出版起到關鍵的作用，能起關鍵的地方在哪裏，沒有人知道，能知道的也只有一點：這是一個很敏感的話題。

當然，這也是一個誰也不願意多事的時代，更何況這種多事說到底又有多大的意義？這是一個理論在權力與金錢面前日益蒼白無力的時代，一切都很好理解，我也安之若素，直到程巢父先生把這本書推薦給臺灣的蔡登山先生。

臺灣？那裏會有多少人能對這本書感興趣？我是說給大陸，說給生活在這塊大陸上的人聽的；當然，也只說給極少的一些人聽。我甚至能想像得出這些人是誰，但在臺灣，我確實不知道會有些什麼人能對這種生澀、繁瑣、翻來覆去的話語方式感興趣。

如果一開始就知道這本書會在臺灣出，那我就不會寫成這個樣子。會寫成什麼樣子呢？不知道，最好的回答就是根本不會涉及這一話題。

金融危機一起，各地報刊又在紛紛大談馬克思，說是在世界各國《資本論》都供不應求；就連那位提出了「歷史終結論」的弗蘭西斯·福山（Francis Fukuyama）也說面對「中國模式」要修正他的理論……，如此等等，這就讓我更覺得這本書的「書名」還多少有了一點特殊的意義，儘管寫這本書時還沒有金融危機；但這種「再現」的景象其實早在人們的預料之中。

　　馬克思自己的學說和馬克思主義應該有所區別，馬克思主義和中國式的馬克思主義也應該有所區別，這應該是一個基本共識。本書原是想做一點「還原」的努力，還原馬克思本人的學說，但又知道所謂本真的「還原」其實是不可能的，我們不得不從我們的當下出發去理解自己心目中的馬克思；而且這種理解也不得不有著某種「價值優先性」上的考量。但馬克思的學說、馬克思主義與中國式的馬克思主義在什麼意義上又具有著某種一致性呢？我想，這就涉及到了一個現代性問題。哈貝馬斯（Habemas）在《現代性的哲學話語》和《後形而上學思想》中多次強調說「黑格爾是第一位清楚地闡釋現代概念的哲學家」，並且認為「我們的處境和黑格爾的第一代弟子並沒有本質差別。」[1]無論在邏輯上還是在事實上，馬克思都是一位屬於現代性的思想家，而且，他的全部學說都建築在如何才能使現代性方案在全球實現這一宏大理想之上。

　　他的現代性方案有何特徵呢？為什麼符合了上世紀初以來中國人民的要求與理想呢？我們可以想到無產階級的全面解放、共產主義的實現等等，但就馬克思所生活的那個時代（按哈貝馬斯的說法，也就是我們現在這個時代）而言，他與他的老師黑格爾一樣，都是相信「歷史終結論」的，自稱是一位「馬克思主義者」的福山的理論資源無疑也來自於這裏。其實，只要把基督教有關彼岸世界的末世論學說移接到此岸，相信人類可以在此岸實現自己的理想，那麼「歷史終結論」本就是題中應有之義；我們沒有這樣的宗教背景，但在相信人類會有一個大同世界的未來上應該是一致的。

　　《共產黨宣言》中有兩段話對於我們理解馬克思的現代性學說是至關緊要的：一段已被人們廣泛引用，這就是：

　　　　一切固定的古來關係以及與之相適應的的素被尊崇的觀念和
　　　　見解都被消除了，一切新形成的關係等不到固定下來就陳舊

---

[1]　分別參見這兩本書的中譯本第5，第28頁，譯林出版社2001年版，2004年版。

了。一切固定的東西都煙消雲散了，一切神聖的東西都被褻瀆
了。人們不得不用冷靜的眼光來看他們的生活地位、它們的相
互關係。

另一段則很少被引用，甚至不大為人所知：

> 資產階級，由於一切生產工具的迅速改進，由於交通的極其便
> 利，把一切民族甚至最野蠻的民族都捲到文明中來了。它的商
> 品的低廉價格，是它用來摧毀一切萬里長城、征服野蠻人最頑
> 強的仇外心裏的重炮。它迫使一切民族——如果它們不想滅亡
> 的話——採用資產階級的生產方式；它迫使它們在自己那裏推
> 行所謂文明制度，即變成資產者。一句話，它按照自己的面貌
> 為自己創造出了一個世界。
> 資產階級使鄉村屈服於城市的統治。它創立了巨大的城市，使
> 城市人口比農村人口大大增加起來，因而使很大一部分居民脫
> 離了鄉村生活的愚昧狀態。正像它使鄉村從屬於城市一樣，它
> 使未開化和半開化的國家從屬於文明國家，使農民從屬於資產
> 階級的民族，使東方從屬於西方。[2]

　　我想，這兩段話已經把話說得十分清楚了，儘管我們對「野蠻」、
「仇外」、「未開化和半開化」等字眼很不舒服，但我們不得不承認：《共
產黨宣言》在這裏說的是事實；而且我們今天依然處於這一過程之中。
　　也正是在這一意義上，我當時曾同意把這本書的書名從《幽靈再
現》改為《尋找馬克思》，因為在我心目中所要尋找的就是這樣一個馬
克思，一個相信歷史的終結，相信全人類有共同目標，相信是資產階
級的城市生活把我們帶入現代社會，相信我們作為東方人目前還不得
不從屬於西方的馬克思。這裏的「從屬」，我更願意理解為生活理想、

---

[2]　《馬克思恩格斯選集》中文版第一卷，第 254-255 頁，人民出版社 1972
　　年版。

價值觀念、分析和認識問題的範式、框架、方法、參照系統上的從屬——這是一種很不情願但又不得不的從屬，包括對馬克思及其主義的從屬，我們幾乎拿不出自己的東西來應對這個全然陌生的時代。

無論是「再現」還是「尋找」，也無論是對現代性的反思還是對馬克思的重新認識，我們都應該立足於現代性問題，並從這裏出發，看我們在「從屬中」到底能否「脫離」出來，並在「多元現代性」的信念中真正走出自己的路，因為，路，畢竟是要靠我們自己走出來的。

謝謝為這本書的出版付出了各種各樣努力的所有的人！謝謝海峽對岸的臺灣！

陳家琪

2009 年 9 月 21 日於上海寓所

哲學宗教類　PA0037

幽靈再現
——馬克思及其主義的前世今生

作　　者 / 陳家琪
主　　編 / 蔡登山
責任編輯 / 林千惠
圖文排版 / 鄭伊庭
封面設計 / 陳佩蓉

發 行 人 / 宋政坤
法律顧問 / 毛國樑　律師
印製出版 / 秀威資訊科技股份有限公司
　　　　　114 台北市內湖區瑞光路 76 巷 65 號 1 樓
　　　　　電話：+886-2-2657-9211　傳真：+886-2-2657-9106
　　　　　http://www.showwe.com.tw
劃撥帳號 / 19563868　戶名：秀威資訊科技股份有限公司
　　　　　讀者服務信箱：service@showwe.com.tw
展售門市 / 國家書店（松江門市）
　　　　　104 台北市中山區松江路 209 號 1 樓
　　　　　電話：+886-2-2518-0207　傳真：+886-2-2518-0778
網路訂購 / 秀威網路書店：http://www.bodbooks.tw
　　　　　國家網路書店：http://www.govbooks.com.tw
圖書經銷 / 紅螞蟻圖書有限公司
　　　　　114 台北市內湖區舊宗路二段 121 巷 28、32 號 4 樓
　　　　　電話：+886-2-2795-3656　傳真：+886-2-2795-4100

2010 年 9 月 BOD 一版
定價：410 元

國家圖書館出版品預行編目

幽靈再現：馬克思及其主義的前世今生 / 陳家琪
著. -- 一版. -- 臺北市：秀威資訊科技，
2010.09
　　面； 公分. -- (哲學宗教類；PA0037)
BOD 版
ISBN 978-986-221-578-4(平裝)

　1. 馬克思(Marx, Karl, 1818-1883) 2. 學術思想
3. 馬克思主義

147.57　　　　　　　　　　　99015657

讀 者 回 函 卡

感謝您購買本書，為提升服務品質，請填妥以下資料，將讀者回函卡直接寄回或傳真本公司，收到您的寶貴意見後，我們會收藏記錄及檢討，謝謝！如您需要了解本公司最新出版書目、購書優惠或企劃活動，歡迎您上網查詢或下載相關資料：http:// www.showwe.com.tw

您購買的書名：_____

出生日期：_____年_____月_____日

學歷：□高中 (含) 以下　　□大專　　□研究所 (含) 以上

職業：□製造業　□金融業　□資訊業　□軍警　□傳播業　□自由業
　　　□服務業　□公務員　□教職　□學生　□家管　□其它____

購書地點：□網路書店　□實體書店　□書展　□郵購　□贈閱　□其他

您從何得知本書的消息？

　　□網路書店　□實體書店　□網路搜尋　□電子報　□書訊　□雜誌

　　□傳播媒體　□親友推薦　□網站推薦　□部落格　□其他_____

您對本書的評價：(請填代號　1.非常滿意　2.滿意　3.尚可　4.再改進)

　　封面設計____　版面編排____　內容____　文／譯筆____　價格____

讀完書後您覺得：

　　□很有收穫　□有收穫　□收穫不多　□沒收穫

對我們的建議：_____

_____

_____

_____

11466
台北市內湖區瑞光路 76 巷 65 號 1 樓

秀威資訊科技股份有限公司 　　　收
BOD 數位出版事業部

....

（請沿線對折寄回，謝謝！）

姓　　名：＿＿＿＿＿＿＿＿＿　年齡：＿＿＿＿　性別：□女　□男

郵遞區號：□□□□□

地　　址：＿＿＿＿＿＿＿＿＿＿＿＿＿＿＿＿＿＿＿＿＿＿＿

聯絡電話：(日) ＿＿＿＿＿＿＿＿＿＿＿ (夜) ＿＿＿＿＿＿＿＿＿＿＿

E-mail：＿＿＿＿＿＿＿＿＿＿＿＿＿＿＿＿＿＿＿＿＿＿＿